오키나와로 가는 길

Passages to Uchina

오키나와로 가는 길
Passages to Uchina

한림대학교 일본학연구소 | 한림일본학신총서 6

오키나와로 가는 길

이지원 · 정영신 · 김민환 · 주은우 · 진필수 지음

小花

국립중앙도서관 출판시도서목록(CIP)

오키나와로 가는 길 = Passages to Uchina / 지은이: 이지원, 정영신,
김민환, 주은우, 진필수. -- 서울 : 소화, 2014
p. ; cm. -- (한림일본학신총서 ; 6)

색인수록
ISBN 978-89-8410-460-0 94080 : ₩22000
ISBN 978-89-8410-438-9 (세트) 94080

오키나와현[沖縄縣]

913.49-KDC5
952-DDC21 CIP2014024383

故 야카비 오사무(屋嘉比收) 선생을 기리며

서문

오키나와[우치나]로 가는 길

우리나라의 남단 제주도에서 더 남쪽으로 곧장 내려가면 오키나와(沖繩) 본섬을 만나게 된다. 이 섬을 중심으로 동북쪽으로는 일본 규슈(九州)의 아마미(奄美) 제도부터 남서쪽으로는 대만 부근까지의 섬들이 오키나와 열도를 이루는데, 그 모양이 마치 활처럼 반원을 그리고 있어 류큐호(琉球弧)라고도 불린다.

오키나와는 멀리 선사시대부터 한반도와 교류가 있었지만 가까이는 근세 조선과 류큐왕국의 왕래, 어민의 표류 등이 기록으로 남아 있다. 더 가까이는 19세기 말에서 20세기 전반에 걸쳐 함께 일제 치하에서 차별받은 경험을 지니며, 또 제2차 세계대전 후에는 미군 통솔하 '극동의 반공 군사기지'로서의 공통점을 갖고 전략적인 관계망이 만들어졌다. 하지만 일반 대중의 일상생활 차원에서 오키나와에 대한 관심이 늘어난 것은 아무래도 1990년대 이후의 일일 것이다. '탈냉전' 이후 오키나와에 있던 한국 영사관은 없어졌지만, '해외여행 자유화'와 더불어 관광과 휴양의 장소로 일반인에게 오키나와는 가까이 다가오게 된 것이다. 또 한국의 추운 겨울을 피해 따뜻한 오키나와에서 야구팀이나 축구팀이 전지훈련을 하는 모습도 자주 볼 수 있게 되었다. 에메랄드 블루로 불리는 아름다운 바다, 남방의 정취가 넘치는 산야, 느긋하고 여유 있는 성품, 고유한 전통문화와 류큐왕국의 유산, 일본이면서도 일본이 아닌 (우리에게는 이중적인 의미에서의) '이국성' 등 여러 면에서 오키나와는 참으로 매력적인 곳이다.

이처럼 오키나와가 '남방의 파라다이스'이기만 하다면 '오키나와로 가는 길'이라는 제목의 이 책은 관광여행 안내서가 되어야 할 것이다. 아니 이미 시중에 나와 있는 여행 안내서만으로도 충분할 것이다. 그러나 국내에도 심심찮게 보도되는 오키나와의 기지 문제는 '관광의 섬'의 이면도 존재함을 깨닫게 한다. 일본 전체 면적의 1퍼센트도 안 되는 곳에 미군기지의 4분의 3이 집중된 '기지의 섬'이라는 사실, 또 그로 인한 폐해와 부작용이 해결되지 못한 채 반세기 이상 재생산되고 있다는 것도 이제 많이 알려졌다. 1995년 소녀폭행사건으로 대두된 후텐마(普天間)기지 이전 문제를 둘러싼 논란 하나만으로도 이미 20년을 바라보고 있지 않은가! 또 그 역사를 조금이라도 접하게 되면, 제2차 세계대전 때 전체 주민의 무려 4분의 1 이상이 사망한 오키나와전투의 참상, 그리고 과거 일제하에서나 미군 통치하에서나 변함없이 희생양이 되어 온 현실을 무시하기 힘들다. 나아가 그와 무관할 수 없는 우리의 역사와 현실에 대해, 동아시아의 굴곡진 운명에 대해 다시 생각하게 된다. 이것이 우리가 오키나와를 학문적 연구의 대상으로 삼게 된 계기였다. 이 책의 저자들은 2004년부터 2년간 '오키나와 미군기지의 정치사회학'이라는 주제로 한국학술진흥재단의 연구과제(서울대학교 사회발전연구소 동아시아연구센터 주관)에 참여하였고, 그 성과는 『기지의 섬, 오키나와』 및 『경계의 섬, 오키나와』라는 두 권의 책으로 2008년에 출간되었다. 사회학, 문화인류학, 국제정치학, 행정학, 역사학, 여성학 등 다양한 분야의 전공자들이 참여하여 29편의 논문을 엮어 만든 이 책은, 오키나와와 관련된 인접 학문 간 학제적 작업으로는 국내에서는 이제까지 없던 최대 규모의 시도였다. 그럼에도 우리는 오키나와에 대한 스스로의 이해와 공부가 턱없이 부족하다는 것을 절실히 깨닫고 있었고, 그래서 공식 연구 일정이 종료된 이후에도 관련 정보를 주고받으며 더 연구하자고 마음을 먹었다. 특히 오키나와를 각자의 관심 분야에 따라 접근하게 되더라도 가능하면 그 내면과 동학을, 즉 오키나와가 어떤 길을 걸어왔고 또 어떤 길을 지향하는지, 이웃으로서 또 함께 굴곡을 안고 살아가는 처지로서 더 깊이 이해할 필요를 절감하였다.

물론 세상일은 마음 같지 않아 오키나와 연구에만 집중할 수도 없고, 각자의 현업에 쫓기는 상황에서 체계적인 공동연구를 수행할 수도 없었다. 하지만 개별적으로 모두 애초의 문제의식을 공유하면서 후속 연구 성과를 산출하였다. 오키나와 아이덴티티의 행로, '조국복귀운동'의 구조와 배경, 오키나와현 평화기념공원(沖縄縣平和祈念公園) 조성과 위령의 방식을 둘러싼 내부의 각축, 다큐멘터리영화 제작을 통해 본 기억의 정치에 대한 연구, 전통문화를 통한 아이덴티티의 재생산 등 모두 오키나와의 내면과 동학에 관련된 주제로 수렴한다는 면에서 공동연구에 준하는 결과를 거두었다고 생각되어 한 권의 책으로 펴내게 되었다. 그저 기존의 글을 모은 것이 아니고, 오키나와의 내면과 동학을 이해한다는 취지에 맞추어 19세기 말 일본으로의 병합 이후 오키나와가 걸어온 길은 어떤 것이었는지(제1장과 제2장), 또 스스로가 겪은 일들을 어떻게 기념하고 기억하려 하는지(제3장과 제4장), 그리고 '오키나와다움'을 어떻게 재생산하고 있는지(제5장)라는 틀로 편성하였다. 또 학술지 게재논문에 따르는 형식상의 제약에서 벗어나 가급적 학생들이나 일반 독자들도 접근하기 쉽도록 분량에 구애됨이 없이 내용을 상세히 보충하거나 각주 형태로 설명을 덧붙였다. 또 이해를 돕기 위해 논문에는 없던 사진들을 모든 글에 추가하였다.

*

이 책의 장별 내용은 다음과 같다.

제1장에서는, 전근대에서 현대에 이르기까지 세계체제의 중심국가들 사이에서 수차례나 '귀속변경'을 겪어 온 오키나와의 행로를 추적하면서 오키나와인의 아이덴티티 혼란과 고투의 양상을 살피고, 오키나와어를 비롯한 자문화를 스스로는 어떻게 인식하고 어떠한 태도를 취했는지를 중심으로 아이덴티티의 반전(反轉)을 거듭한 기제를 해명하고자 했다. 시기적으로는 근대 일본으로의 병합(1879년 '류큐 처분') 이후 현대 일본으로의 재편입(1972년 '조국복귀') 전후까지를 주로 다루되, '복귀' 이후의 자문화 인식의 변화 및 앞으로의 오키나와 아이덴티티 및 문화와 관련된 논점에 대해 언급하고 있다. 이러한 점에서 책의 개괄에 해당하는 성격도 띤다. 오키나와인의 아이덴티티와 자문화에 대한 인식은 부정에서 긍정으로 크게 변화하였으나 이것이 일본으로의 다문화주의적 통합을 강화할지, 오키나와 독자의 진로를 추구하는 발판이 될지는 지속적인 관심의 대상이 된다.

제2장에서는, 1972년 '오키나와 반환 / 복귀란 무엇이었는가'에 대한 문제를 대중의 역사상(像)의 변화, 사회운동의 기본 이념의 변화라는 측면에서 검토하고 있다. 그러한 시각에서 오키나와 '조국복귀운동'의 역사적 동학은 우선적으로 동화주의와의 관계 속에서 규정된다. 복귀운동의 한편에서는 전전(戰前)의 식민지 시기부터 대중의 생활 속으로 깊숙이 침투한 나머지 그들의 '역사적 체질'로 자리 잡은 동화주의적 지향이 강력한 힘을 발휘하면서 '히노마루(日の丸) 복귀운동'이 폭발하였다. 다른 한편에서 일본과 오키나와가 베트남전쟁에 참여하고 복귀협상의 기만이 적나라하게 드러나자, '조국'을 버릴 것을 주장하는 '반복귀론'과 전전의 '차별'이나 오키

나와전(沖縄戰)에서 일본군의 '배신'을 문제 삼는 '오키나와 처분론'이 등장한다. 동화주의적 지향과 일본의 '차별 · 배신'에 대한 '원한'의 복합적 관계는 과거 복귀운동의 역동적 과정을 보여 줄 뿐 아니라, 현재의 오키나와 아이덴티티를 해석하고 보다 자립적인 미래를 구상하는 오키나와 대중운동을 이해하는 데에도 중요한 키워드라고 할 수 있을 것이다.

제3장에서는, 이제는 일반 여행자에게도 많이 알려진 오키나와현 평화기념공원의 '평화의 주춧돌'이 어떤 맥락에서 만들어진 것인지, 또 추모와 위령의 방식을 둘러싸고 어떤 생각들이 각축했는지를 면밀히 분석하였다. 평화의 주춧돌은 국적에 상관없이 '죽음 앞의 평등'이라는 원칙하에 오키나와전투와 연관되어 사망한 모든 피해자의 이름을 각명한 것으로 유명하며, 이는 종래의 기념공원과 달리 내셔널리즘(nationalism)과 밀리터리즘(militarism)의 한계를 뛰어넘었다는 상찬을 받기도 했다. 하지만 실제 형성과정을 검토하면, 한편으로는 제2차 세계대전 등 일본의 과거 고난이 1960년대 일본의 '평화' 및 '번영'의 기초가 되었다는 군국주의 미화의 논리, 다른 한편으로는 현실의 통치 세력인 미군을 고려할 수밖에 없었던 오키나와 보수세력의 입장을 모두 반영된 결과물이기도 하다는 점이 밝혀진다. 이는 국가와 민족, 가해자와 피해자를 아우르는 추모와 위령이 쉽지 않은 과제임을 깨닫게 한다.

제4장에서는, 영상 기록을 통해 오키나와전투의 실상을 자라나는 세대에게 알려 줄 목적으로 출발한 '1피트운동'을 다루었다. 이 운동은 오키나와전투 당시 미군이 촬영한 필름을 모금을 통해 시민 한 사람 한 사람이 1피트씩 사들이고, 이를 다시 오키나와 주민의 관점에서 재구성하여 전쟁의 참상을 알려 평화의 소중함을 되새기는 영상운동이자 평화운동이었다. 오키나와전투에 얽힌 '집단 학살' 등의 어두운 면을 일본 내 보수 세력은

역사교과서의 기술이나 박물관의 전시 내용과 관련하여 축소하고 왜곡하려 해왔는데, 이러한 움직임에 맞서서 이처럼 오키나와 고유의 기억을 확보하고 재생산하려는 시도는 '기억을 둘러싼 전쟁'을 위한 견고한 진지의 역할을 한다는 점에서, 또 이러한 기억의 정치를 시민들이 1피트씩 필름을 구입하는 민주적 참여에 기초하는 방식으로 수행했다는 점에서 이 운동은 주목할 가치가 있다.

제5장에서는, 현대 오키나와의 대표적 축제인 무라아스비(村遊び)를 통해 전통예능이 전승되는 양상과 그 효과에 대해 살폈다. 무라아스비란 음력 8월 15일 오키나와 각 마을에서 행해지는 전통축제인데, 이를 통해 류큐왕국 시대부터 각 지역에서 전해져 오는 전통예능이 전승되며, '시마'라고 불리는 오키나와 촌락공동체의 결속력이 유지 · 강화된다. 또 관광상품화나 문화재화의 흐름에 종속되지 않은 채 대중의 자발성과 창의성이 살아 숨쉬는 민속예능의 재생산의 장이 되고 있으며, 나아가 무라아스비가 마을 단위의 오락 행사를 넘어 전체 오키나와 공통의 취향과 정서를 각인시키는 문화적 실천의 장이 되고 있음을 밝히고 있다. 즉 일본에 대한 장기간의 동화 속에서도 오키나와 사람들은 자신들의 정체성을 자각할 수 있는 문화적 자원을 지속적으로 구성해 오고 있음을 알 수 있다.

*

이 책에 실린 글들의 공통점은 결국 '오키나와란 무엇이며 어디로 가려 하는가'에 대한 물음이다. 따라서 한편으로는 오키나와가 아니라 우리가 오키나와를 더 알아 가는 작업인 동시에, 다른 한편으로는 오키나와 스스로가 근현대 이후 계속 자신의 바람직한 모습을 어떻게 구성하고, 또 갈 길을 찾아 어떤 시도들을 해왔는지를 정리한 작업이다. 그런 뜻에서 이 책은 이중적인 의미에서 '오키나와로 가는 길'이다. 또 장차 오키나와의 향방은 일본으로의 '통합의 완성'이 될지, 반대로 오키나와의 '독립'으로 갈지 혹은 또 다른 제3의 길을 걸을지 누구도 확언할 수 없는 상태이다. 그런 점에서 영문 표기는 "'우치나'로 가는 길(Passages to Uchina)"이라고 하였다. 일반적으로 '오키나와'라는 일본식 명칭이 일본의 47개 도도부현(都道府縣)의 한 현으로 편입된 현재 상태를 상징한다면, '류큐'라는 명칭은 옛 왕조 시대의 독립국가, 일본에서 독립된 외부를 떠올리는 상징인 데 반해, 오키나와를 가리키는 고유어인 '우치나'는 그 어느 한쪽도 아니기에 모호함을 내포하며, 바로 그렇기에 '열린 가능성'을 나타내는, 또 토착적 개성과 자기결정성을 함축하는 표상일 수 있다고 보았기 때문이다. 또한 그 길은 탄탄대로가 아닌 협로들(passeges)일 수밖에 없다. 주변 강대국들의 이해관계와 압력이 줄곧 장애로 작용해 왔음은 물론이거니와, 오키나와 내부 또한 결코 단일한 통일체가 아니며, 오키나와란 무엇이고 어디로 가야 할지에 대한 입장을 달리하는 성원들로 이루어져 있다. 오키나와가 지난 근현대사와 같은 '악순환'에서 벗어나 앞으로 나아가기 위해서도 여러 갈래 길들을 놓고 서로 부딪히면서 스스로가 전망을 찾아가야 하는 상태에 있다. 그리고 우리 역시 전통과 기질, 지리와 풍토, 정치경제적 여건 등 작지 않은 차이를 갖고 있지만, 이를 넘어서서 현대사의 많은 고통을 공유하는 입장에서 공통의 접점을 찾고 미래를 모색해야 하는 입장에 있다.

이 책을 준비하는 동안에도 동아시아에서는 내셔널리즘이 고양되고, 역사 인식과 영토 문제 등을 둘러싸고 긴장을 더해 가는 듯하다. 특히 센카쿠/댜오위다오 문제와 관련하여 중국의 일각에서는 오키나와의 '관할권' 문제까지 언급하는 양상이고, 또 일본은 '집단적 자위권'을 행사하는 방향으로 해석 개헌을 감행하면서 '평화 국가'에서 '전쟁 가능한 나라'로 변모하고 있다. 이와 맞물려 오키나와에서도 '류큐민족독립총합연구학회'가 발족(2013년 5월)되고, 일본과 오키나와의 관계, 오키나와와 동아시아의 관계를 어떻게 (재)설정할 것인가에 대한 의식이 대두되는 등 상황은 긴박하게 전개되고 있다. 동아시아의 평화와 안정을 위해서는 남북한의 화해와 교류 못지않게 각국의 경계에 위치한 '변경' 지역들의 긴장 완화가 절실함을 느끼게 되는 나날이기도 하다. 그렇기에 주변 강대국의 동향 못지않게 오키나와의 내면과 동학에 관심을 갖고 오키나와의 향방에 더욱 주목할 필요가 있다. 이러한 점에서도 우리와 오키나와 모두 '오키나와〔우치나〕로 가는 길' 위에 있으며, 그 길은 복수의 협로이다. 따라서 이 책 역시 하나의 협로를 탐색하는 시도이며, 부족하지만 이 작업이 기존의 경계를 넘어 이웃들에 대한 이해와 공감을 높이고, 그들과 동아시아의 역사와 미래를 함께하는 연대 형성 과정의 작은 일부가 될 수 있기를 희망해 본다. 이 책의 제목은 E. M. 포스터(Edward Morgan Foster)의 「인도로 가는 길(A Passage to India)」에서 시사받은 것인데, '오키나와〔우치나〕로 가는 길'이라는 표현에 우리는 나름대로 이러한 여러 가지 뜻을 담아 보았다. 혹여 제목을 보고 이 책이 관광여행 안내서인 줄 알았다가 실망하거나 당황한 독자가 계시더라도 부디 분노하지 말아 주기를 빈다.

*

끝으로 이 책이 있기까지 도움을 주신 분들께 감사의 말씀을 덧붙이고자 한다. 이 책의 저자들이 오키나와에 관심을 갖고 연구하도록 이끌어 주신 서울대학교 사회학과의 임현진, 정근식 교수님, 인류학과의 전경수 교수님께 다시 한 번 감사드린다. 또 오키나와 현지에서도 많은 분께 도움을 받았다. 그중에서도 특히 류큐대학교의 나미히라 츠네오(波平恒男), 오키나와대학의 야카비 오사무(屋嘉比収) 선생님 두 분의 신세를 많이 졌는데, 오키나와 근현대사 및 사상사 분야에서 주목받는 학자이셨던 야카비 선생님은 2010년, 한창 연구를 왕성하게 하실 53세의 아까운 나이에 그만 별세하고 말았다. 누구보다 열정적으로 '오키나와[우치나]로 가는 길'을 고민하고 성찰하신 야카비 선생님의 넉넉한 웃음과 자상한 배려를 저자들은 오래도록 잊지 못할 것이다. 야카비 선생님을 기리는 뜻으로 그 이름을 책의 앞머리에 새겼다. 늦었지만 이 책을 통해 조금이나마 답례를 하고자 한다.

그리고 이 책의 기획 출판을 물심양면으로 도와주신 한림대학교 일본학연구소 서정완 소장님, 늘 세세한 일까지 챙겨 주는 심재현 연구원을 비롯한 연구소 성원들, 그리고 한 권의 책으로 펴내는 데 많은 도움을 주신 소화출판사와 그 밖의 여러분께 깊이 감사드린다.

2014년 8월

저자들의 뜻을 모아 이지원 씀

차례

제2장

오키나와 복귀운동의 역사적 동학

동화주의의 형성과 전환, 비판을 중심으로

| 정영신

제3장

오키나와평화기념공원 형성의 다른 경로

'초석론(礎論)'의 영향과 미 군정기의 경험

| 김민환

제4장

오키나와전투와 '1피트운동'의 기억의 정치

| 주은우

제5장

오키나와의 무라아스비(村遊び)와 '전통예능'의 전승 양상

| 진필수

일러두기

1. 외래어 표기는 한글맞춤법 통일안의 외래어 표기법을 따랐다. 일부 동떨어진 표기의 경우는 원음에 가깝게 표기하였다. 또 오키나와 고유의 표기는 원음에 가깝게 수정해 표기하였다.
   예) 쓰네오 → 츠네오, 야라 조뵤 → 야라 초뵤, 킨, 카챠아시
2. 한글로 번역된 외국인 저자의 단행본이나 논문의 인용 사례 중, 기존의 한글 표기가 한글맞춤법 통일안의 외래어표기법과 다를 경우에는 그대로 표기하였다.
   예) 아라사끼 모리테루(1998), 아라사키 모리테루(2003)
3. 오키나와전(沖縄戰)의 경우 각 저자의 이해 방식 및 문맥에 따라 '오키나와전' 혹은 '오키나와전투'를 혼용하기로 하였다.

제1장

오키나와의 아이덴티티 문제와 자문화 인식

이지원

1. 오키나와의 아이덴티티 문제

오키나와의 역사를 조금이라도 접해 보았다면 누구나 잠시라도 생각에 잠기지 않을 수 없을 것이다. 오키나와의 역사란 한마디로 굴절의 연속이었다. 전근대의 '류큐(琉球)왕국'(1429~1879)은 중화적 세계체제하에서 해상무역으로 번영을 누리기도 하였으나 1609년 사츠마번[1]의 침입 이후 중국과 일본 양쪽에 복속되는 '일지(日支) 양속체제'하에 놓이게 되었고, 19세기 후반 이후에는 근대 세계체제로 이행하는 일대 변동 속에서 불과 1백 수십 년 남짓한 기간 동안에 수차례의 '귀속 변경'을 겪어 왔다. 즉 자치 왕국이자 명(明) 조공국(1429~1609) → 명 · 청 및 사츠마 · 에도(江戶)막부 양속체제(1609~1879) → 근대 일본제국으로의 병합(1879~1945) → 미군 통치(1945~

1 薩摩藩. 현재의 가고시마(鹿児島) 지역의 옛 이름. 류큐 지배를 기반으로 실력을 쌓아, 이후 메이지유신(明治維新)에서 조슈(長州)번, 즉 현재의 야마구치(山口)현과 더불어 중심 역할을 담당한다.

1972) → 현대 일본으로의 재편입(1972~)이라는 경과를 겪어 왔다. 이 같은 대략의 흐름만 보아도 오키나와가 겪었을 혼란을 능히 짐작할 수 있다. 그리고 이러한 역사를 겪으면서 '과연 오키나와(인)란 무엇인가'라고 묻게 되는 것은 너무나도 당연한 일일 것이다. 이 물음은 '오키나와학'의 창시자 이하 후유[2] 이래 의식 있는 오키나와인들의 지속적인 화두가 되지 않을 수 없었다.[3]

더구나 이러한 물음은 세계체제의 중심 세력에 의한 아이덴티티의 분열과 위기 상황 속에서 이루어졌다. "17세기 초 사츠마의 침공 이래 오키나와는 중국인도 아니거니와 일본인도 아닌 상태에 놓이게 되었고…… 메이지(明治) 시대에는 중국인도 아니거니와 일본인도 아니라고 취급되었으며, 제2차 세계대전 이후에는 미국인도 아니거니와 일본인도 아닌 이른바 '무국적'에 다름없는 상태로 방치되는 등, 오키나와인은 항상 '뿌리 뽑힌' '아이덴티티 상실'의 상황"(大田昌秀 1980 : ii-iii)에 처해 왔던 것이다. 그렇다면 이처럼 거대한 외세의 틈새에서 오키나와인들은 어떤 식으로 자신의 아이덴티티를 모색하고 추구해 온 것일까?[4]

---

2 伊波普猷, 1876~1947. 류큐국 태생의 향토연구가로서 오키나와의 언어, 역사, 민속 전반에 걸쳐 뛰어난 업적을 다수 남겨 '오키나와학의 아버지'로 불린다.

3 가령 "오키나와인이란 무엇인가를 해명하는 일은, 메이지 시대에 이하 후유 선생이 착수한 이래, 우리들에게 큰 과제로 되어 있다"고 오타 마사히데(역사학자, 전 오키나와현 지사)는 밝힌 바 있으며(大田昌秀 1980), 오키나와 아이덴티티 관련 연구는 이후 지속적으로 산출되고 있다(伊高浩昭 1986, 2001 ; 高良勉 1996 ; 小熊英二 1998 ; 屋嘉比收 2000, 2006 ; 多和田真助 2000 ; 波平恒男 2003 ; 林泉忠 2005 등).

4 아이덴티티 개념은 주지하다시피 프로이트(Sigmund Freud)의 제자 에릭슨(Eric H. Erikson) 이후 널리 쓰이게 되었는데, 가령 오타 마사히데(大田昌秀 1980)는 프로이트와 에릭슨이 유대계였고, 또 에릭슨은 이민한 망명자였다는 점, 자신의 본래적 환경에서 분리된 '뿌리 뽑힘(uprootedness)'의 경험과 분투에 대해 소수민족 집단으로 공감하고, 아이덴티티를 자기 인식 혹은 귀속의식으로 단순화하는 것이 아니라 "수동적 · 운

이에 부분적으로 답할 수 있는 작업들이 최근 국내에서도 동아시아 연구의 확산과 더불어 진행되어 왔다. 일본 병합 시기의 자국 인식 및 19세기 말, 20세기 초의 동화주의에 대한 연구(박훈 2005, 2007), 점령 초기 오키나와의 지위와 정체성(임성모 2006a), 시티즌십을 통해 본 오키나와의 일본화(최현 2007), 오키나와인에 의해 제작된 영화를 통해 본 자기 정체성 분석(주은우 2007), 전통 의례를 통한 정체성의 재생산(진필수 2010) 등이 그것이다.[5]

사실 오키나와 근현대사의 수다한 굴절과 아이덴티티 문제가 갖는 특수성으로 인해 한정된 시기나 특정 측면만을 중심으로 한 고찰, 혹은 개략적인 시대사적 요약만으로 전체상을 이해하기는 용이하지 않다.[6] 그럼에도 불구하고 오키나와가 겪어 온 아이덴티티의 혼란과 고투를 재구성하는 것은, 오키나와에 대한 피상적 인식을 넘어서기 위해서는 필수적인 작업이다. 가령 오키나와가 현재 행정적으로 일본의 일부라는 점을 중심으로 접근한다면, 오키나와의 근현대사는 '일본화'의 역사가 되고 만다. 하지만 이 경우에는 "오키나와의 역사의 전모를 묘사할 수 없다. 특히 사람들의 내적

명적으로 주어진 여건을 (역경 속에서도) 능동적으로 자기의 것으로 만들어 가는 것"이라는 점에 주목하여 자신의 체험을 비롯한 여러 사례를 소개하고 있다. 이 글에서는 일단 이러한 고전적 문제의식에서 출발하여 논의를 전개하고 전형적 사례를 다루기로 한다. 다만 오타는 '오키나와인'으로서만이 아니라 '인간'으로서 아이덴티티와의 통합을 추구하고 있다. 또 근년 들어 '아이덴티티 개념의 유효기간 만료=탈(脫)아이덴티티' 논의(上野千鶴子 2005 등), 대외적인 오키나와 아이덴티티의 강조가 대내적 억압기제가 되지 않도록 상대화하여야 한다는 문제의식(屋嘉比收 2006)도 제기되고 있다.

5 그 밖에 패전 후 일본의 마이너리티 연구의 관점에서 재일 오키나와인의 정체성을 다룬 임성모(2006b), 윤명숙(2006)의 연구도 있다.

6 오키나와의 '귀속·변경' 및 그에 대응한 사회운동 등 관련된 기본적인 사실(史實) 및 주요 논의만 추려도 방대한 분량에 이른다. 가령 小熊英二(1998) 참조.

고투의 여정이 배제되어"(大田昌秀 1976) 버리기 때문이다.

이 글에서는 세계체제의 중심 국가들 사이에서의 수차에 걸친 '귀속 변경'을 계기로 오키나와인이 겪은 아이덴티티의 혼란과 고투의 양상을 추체험(追體驗)하면서, 아이덴티티의 반전을 거듭한 기제를 살피고 그와 관련하여 언어를 비롯한 자문화를 어떻게 인식하고 어떠한 태도를 취했는지를 검토하고자 한다. 시기적으로는 근대 일본으로의 병합(1879년 '류큐 처분')[7] 이후 제2차 세계대전까지의 흐름을 배경으로, 패전 후부터 현대 일본으로의 재편입(1972년 '조국복귀')까지를 주된 고찰 대상으로 한다. 내용적으로는 전전(戰前) 동화의 면모 및 전후(戰後) 초기의 '탈일본' 지향 이후 '조국복귀'로 반전을 거듭하는 기제 및 오키나와교직원회 및 '공통어(일본어) 장려'를 강조한 '국민교육운동'의 역할에 대해 주목한다. 끝으로 '복귀' 이후 현재에 이르는 자문화 인식의 변화 및 앞으로의 오키나와 아이덴티티 및 문화와 관련된 논점에 대해 언급하고자 한다.[8]

2. 근대 오키나와 : '동조(同祖)' 일본으로의 동화?

1) 류큐왕국 멸망과 일본제국으로 병합

오키나와는 현재 엄연히 일본의 한 행정구역으로 기능하고 있으나 지리적으로는 일본 본토에서 멀리 떨어진 열도로서 아열대기후에 속하며, 문

---

7 일본 역사학계에서 지배적으로 사용되는 '류큐 처분'이라는 용어 자체가 극히 일방적인 제국주의적 역사 해석의 산물이다. '민족 분단 / 통일' 및 '조국복귀'(시정권 반환) 역시 마찬가지이다(林泉忠 2005 참조). 단 편의상의 필요에 따라 인용 부호를 붙여 이들 용어를 사용하기로 한다.

8 현대 일본으로 재편입(1972) 이후의 흐름에 대해서는 이 책의 제2장 정영신의 글을 참조하기 바란다.

화적으로도 언어, 성씨, 음악, 무용, 장묘 관습 등 본토와는 판이하게 달라 여러 면에서 이색적인 지역이다(그림 1-1~1-5 참조). 역사적으로도 15세기 초에 통일 왕국인 '류큐왕국'을 수립하는 등, 일본 외부에서 독자적인 국가를 영위한 역사를 지니며 해양 교역의 거점으로서 명, 조선, 일본, 동남아 각국과 무역하며 번성하였다. 그러나 1609년 일본 사츠마번의 침략으로 속령(屬領)화됨으로써, 한편으로는 중국의 명 · 청 왕조에 조공을 하는 동시에 다른 한편으로 사츠마번에 의해 복속된 '일지 양속체제'하에 놓이게 되었다. 그 결과 류큐 왕조 자체는 존속되었으나 위정자들의 방침이나 외부 정세에 따라 대륙과 일본 사이에서 동요하게 되었다. 하지만 이 시기에는 오키나와의 아이덴티티 문제가 본격적으로 대두되지 않았다. 그 이유는 우선 신분과 지역을 초월하여 스스로를 오키나와라는 단일한 단위에 소속된 성원으로 인식할 만한 근대적 범주가 형성되지 않았기 때문이다. 또한 '양속체제'의 한 축인 명 · 청은 중화적 세계 질서 속에서 주변국들이 자신의 연호와 정기적인 조공 의무를 받아들이는 한 그 이상의 생활상의 변화를 요구하지 않았고, 오히려 정치적 · 문화적 복속의 대가로 조공국에 다량의 하사품을 제공하였다. 또 다른 한 축인 사츠마번 역시 류큐를 실질적으로 지배하면서도 진공(進貢)무역의 이익을 위해 류큐 왕조를 유지시켰을 뿐 아니라(福間良明 2005 : 24), 본토와의 차별을 명확히 하기 위해 류큐인이 일본풍으로 동화하는 것을 오히려 금지(小熊英二 1998 : 18)하였기 때문이다. 즉 중국(명 · 청)이나 일본 · 사츠마라는 타자에 대한 인식은 성립했지만, 역사적으로 영위해 온 주민들의 일상적 생활양식과 가치관이 전면적인 영향을 받는 일은 발생하지 않았다.[9]

9 단 사츠마번 복속은 전근대 단계부터 일본의 영향력 행사가 시작되고 류큐의 자율성

그림 1-1. 류큐왕국의 왕궁이었던 슈리성(首里城) 정전(正殿)
출처 이지원(2005. 8. 22. 촬영)

그러나 19세기 이후 근대 세계체제가 확장되면서 청의 위세 및 진공무역의 의미가 감소되었고, 근대 국민국가로서의 존립에 부심하던 일본의 입장에서는 더 이상 류큐의 독립성을 인정할 이유가 없어져 1868년 메이지유신(明治維新) 이후 류큐를 단계적으로 편입해 가면서 상황은 달라진다.

이 약화되었다는 점, 중국과 달리 무거운 조공 부담을 지워 류큐는 피폐해 갔다는 점에서 중요한 사건이다. 또 1650년경 시마즈씨(島津氏. 사츠마번 영주)의 영향을 받아 등장하여 정치 개혁을 추진한 하네지 조슈(羽地朝秀 혹은 尚象賢)의 '일류동조론(日琉同祖論. 일본과 류큐는 본래 하나였다는 사상으로 사츠마의 유학자에 의해 제창되어 전래되었다)은 오키나와의 아이덴티티 논의 시 짚어 두어야 할 사항이다. 민덕기(1999 : 20) 참조.

■ 그림 1-2. 슈리성 안내원의 복장
출처 이지원(2005. 8. 22. 촬영)

■ 그림 1-3. 오키나와의 전통악기 산싱(三線)
출처 이지원(2005. 2. 18. 촬영)

■ 그림 1-4. 오키나와 본섬의 전통 무덤
출처 이지원(2005. 8. 20. 촬영)

■ 그림 1-5. 오키나와의 전통 상징 시사(シーサー. 전설상의 동물)
출처 이지원(2005. 8. 19. 촬영)

1872년 류큐국을 류큐번으로 격하한 조치, 1874년 '대만 출병'[10] 및 1879년 '류큐 처분'을 거치면서 오키나와는 법제도상 일본의 영토로 편입되었는데, 이 와중에 류큐의 자율성(자치적 왕권)을 유지하려는 시도가 분출되었다. '류큐 항일복국운동(琉球抗日復國運動)'으로 불릴 만한 이 운동(林泉忠 2005 : 43)은 약 20여 년에 걸쳐 지속되었는데, 왕족과 지배층을 중심으로 주로 청에 대한 청원의 형태로 전개되기는 했으나, 일부 평민층 및 오키나와 본섬 외의 지역으로도 파급되었다. 또 그 과정에서 수백 년간의 사츠마번 지배하에서 쌓여 온 반일 감정을 강렬하게 드러내었고, 아마미(奄美) 제도를 포함한 류큐 열도 전체에 걸친 영토 의식을 통해 오키나와를 하나의 범주로 사고하는 등, '오키나와 내셔널리즘의 제1의 물결'(林泉忠 2005 : 30)이라 부를 만한 양상을 드러내기도 했다. 가령 류큐 복국이라는 '대의'를 위한 임세공[11]의 자살은 소속 집단에 대한 확고한 아이덴티티 없이는 불가능한 것이었다. 이러한 분위기 속에서 일본 병합 후에도 현지 관료와 주민들의 태업 및 불복종이 전개되는 등 일련의 저항이 지속되었다. 하지만 청일전쟁(1894)을 통해 청의 쇠퇴와 일본의 우위가 확증되면서 결국 이 운동은 소멸되고 만다.[12]

10 1871년 대만에 표착한 류큐 어민이 살해된 것을 이유로 일본이 대만에 파병한 사건. 청나라로부터 보상금을 받고 화약(和約)을 맺었다.

11 林世功. 류큐왕국 말기의 관료 · 정치가. 메이지 정부의 류큐 병합 추진을 막기 위해 1876년 밀사로 청나라로 건너가 관계 요로에 류큐 구원을 호소했으나 결국 '류큐 처분'이 이루어지고(1879), 이듬해 청일 간의 타협(일부 섬들의 할양 교섭)에 절망하여 자결하였다.

12 이 운동은 일본의 지배에 대한 저항과 자치 의지를 보여 주기는 했으나, 독립 및 국민국가화는 물론 내셔널리즘 형성에도 실패했을 뿐 아니라 근본적으로 청에 대한 의존, 왕조에 대한 충성심 및 지배층의 기득권 유지의 차원, 즉 전근대성에서 탈피하지 못한 근본적인 한계를 지녔다. 박훈(2005) ; 林泉忠(2005) ; 小熊英二(1998) 등 참조.

반면 근대 일본은 크게 두 측면에서 오키나와를 통합해 갔다. 한편으로는 정치 군사적·법제도적 통합을 추진하여, '류큐 처분' 등 군사력을 동반한 강제적 병합을 전개하면서 구관온존(舊慣溫存) 정책을 통해 본토보다는 뒤늦은 19세기 말에서 20세기 초에 걸쳐 오키나와에서 징병령, 헌정 및 선거를 시행하는 등 법제도적 통합을 이루어 갔다. 가령 일본 본토에서는 1889년 대일본제국헌법이 공포되고, 이에 기초하여 1890년 제1회 중의원 의원 선거가 실시되면서 근대적인 헌정이 시작되었지만, 오키나와에서는 1912년에 들어서야 부분적으로 시작되고, 결국 1920년에 이르러서야 전 지역에서 선거가 실시되었다. 또 다른 한편으로는 생활 문화 전반에 걸친 일본 문화로의 통합을 추진하였다. 즉 폐번치현(廢藩置縣) 이후부터 황민화의 일환으로서 오키나와 주민에게 국민정신을 주입하고 군국주의를 양성·강화하기 위해 오키나와의 방언을 폐지하고 표준어를 장려해 갔다. 오키나와 고유의 문화는 '열악'하다고 낙인이 찍혔고, 각종 차별이 가해졌으며, '개선운동' 등 생활 전반에서 '오키나와 색'을 배제하는 정책을 추진하였다. 이러한 일본 정부의 정책적 특색은 한마디로 본토 타 부현(府縣)과 상이한 풍속 습관은 "지체되었고, 수준이 낮으며, 따라서 타기(唾棄)해야" 한다는 것(大田昌秀 1996 : 262)이었다.

2) 오키나와 아이덴티티 추구의 협로

그렇다면 20여 년간에 걸쳐 반일 감정을 드러내며 미숙하지만 '오키나와 내셔널리즘'의 맹아적인 양상까지 드러내었던 오키나와 내부의 에너지는 이러한 분위기 속에서 어떤 식으로 표출되었으며 어떤 방향을 지향했는가?

그 대세는 오키나와의 근대적 발전을 이루기 위한 일본으로의 '수단적 동화론'으로 향했다(박훈 2007 참조). 이들은 일본으로의 병합 외에는 현실적으로 다른 선택이 쉽사리 발견되지 않는 상황에서 '독립'이나 폭력적 저항과는 일정한 선을 긋고, 오키나와의 생존과 발전을 위해서는 일본국의 헌법과 법률의 적용을 받는 일본 국민이 되는 것이 지름길이라고 생각하고 적극적으로 동화해 나갔다. 다만 그와 더불어 일본으로의 무차별적인 문화적 동화에 대해서는 소극적이며 오키나와의 고유성을 지키려는 경향을 띠었다. 즉 일류동조론(日琉同祖論)은 인정하나 류큐왕국의 역사를 인멸하는 것에 반대하고, 일본어 보급은 인정하나 오키나와어 박멸에는 반대하는 방식을 추구하였다.

대표적인 예가 '오키나와학'의 창시자 이하 후유의 '개성론'인데, 일본은 다민족국가로서 오키나와는 물론 조선, 대만 등을 포괄하는 지역적 · 민족적 편차나 차이를 승인하고 전국에 산재해 있는 무수한 개성, 각종의 서로 다른 개성의 인민을 느슨하게 포괄하는 다원적 통합을 주장하면서, 이러한 개성을 무시하는 것은 결국 '국가의 손실'이라고 지적한다.[13] 따라서 이하 후유는 일본인 행세를 하고자 오키나와인으로서의 존재를 부정하려는 양상에 대해서도 "오키나와인은 의지를 단련하여 강한 인간이 되어야 한다. …… 오키나와의 이른바 선배들은 도쿄에서는 금세 일본인인 척하고 동포를 멸시한다. 한번 가보아라, 문전박대하기가 일쑤"[14]라고 질타하였다.

물론 이러한 '수단적 동화론'은 '독립'이나 저항을 포기하고 '일본 국민'이

13 比屋根照夫(1981), 『近代日本と伊波普猷』, 三一書房, 198~199쪽 ; 박훈(2007 : 272)에서 재인용.

14 『比嘉春潮全集』 第四巻 評傳 · 自傳 篇, 沖縄タイムス社, 218쪽 ; 大田昌秀(1980 : 118)에서 재인용.

되는 것을 유일무이의 대안으로 삼은 결과, 황국신민화 및 강제적 동화의 길로 이어지는 한계도 지적받고 있으나, 적어도 그 기본적인 의도의 면에서는 오키나와의 독자적인 가치와 중심성을 포기하지 않았던 것이다. 가령 '수단적 동화론'의 대표 논자인 오타 초후[15]는 류큐 왕조의 구 사족(士族)층 출신으로, 류큐 왕조의 멸망이 기정사실화되자 마지막 왕이었던 쇼타이(尚泰)를 새로 설치될 오키나와현의 지사로 추대하여 오키나와의 자치권을 확보하는 공동회 운동을 전개하였다(福間良間 2005 : 26-27). 이 공동회 운동은 19세기 말 '류큐 · 오키나와' 아이덴티티를 내세웠던 최후의 시도이기도 했는데, 제1회 현비유학생으로 도쿄 유학까지 다녀온 오타의 이러한 행보는 전근대와 근대로의 전환 속에서 아이덴티티의 일정한 연속성과 변화를 엿볼 수 있는 사례인 동시에, 그가 추구한 동화의 '전략적 성격'을 시사한다고 볼 수 있다.

물론 이러한 자발적 동화주의뿐 아니라 일본 본토와의 역사적 · 문화적 차이와 차별 대우, 나아가서는 일본으로의 통합 과정 전체가, 그 이전까지 협애한 지역과 상이한 언어, 신분 격차로 분단되었던 '오키나와'를 하나의 범주로서 지속적으로 호명(interpellation)하고 또 실질적으로 통합을 진전시킴으로써 역설적으로 '오키나와 아이덴티티'의 형성에 기초적인 전제가 마련되었다. 가령 우치나(ウチナー. 오키나와를 가리키는 고유어)라는 말은 본래 오키나와 본섬만을 지칭했으나 메이지유신 이후 오키나와현 전체를 가리키는 것으로 확장되었고, 오키나와를 구성하는 4개의 큰 섬은 물론 본섬 내에서도 근대 이전에는 언어가 제대로 통하지 않았으나 표준어(일본어)를 통

15 太田朝敷, 1865~1938. 메이지에서 쇼와(昭和) 시대 전기의 신문 경영자이자 정치가. 오키나와 최초의 신문 『류큐신보(琉球新報)』 창간에 간여, 주필 및 사장을 역임했다. 오키나와현의회 의원, 슈리(首里) 시장, 오키나와현해외협회 부회장을 지냈다.

해 의사소통이 가능해졌다. 즉 병합 이후의 근대화 과정 및 '야마토(大和) 지배', '일본 동화정책' 등을 통해서 '우치난츄(ウチナンチュウー. 오키나와 사람을 가리키는 고유어) 의식'이 비로소 보편화(林泉忠 2005 : 292)되었으며, 이러한 점에서 "오키나와 네이션의 형성과 일본에의 동화주의가 동시 병렬적으로 진행된 사례"(박훈 2007 : 256)인 것이다. 하지만 일본의 천황제 국가와 강제적 동화정책은 오키나와를 구성하는 표상들을 적극적으로 긍정하고 그에 자신을 동일시하며 확대 재생산할 수 있는 메커니즘이 작동할 수 있는 여지를 순순히 허용하지는 않았다. 따라서 이러한 압박을 뚫고 오키나와의 '개성'을 살려 나가는 작업은 결코 용이한 일이 아니었다.

특히 언어의 경우는 근대국가 형성에 있어서 필수적인 '국민 만들기'의 기초에 해당한다. 일본의 타 지역의 경우도 다양한 방언이 존재하였으나, 오키나와의 경우는 본토 언어와의 차이가 훨씬 더 컸다. 가령 오키나와어는 현재 언어학상으로는 본토의 일본어와 같은 어족으로 분류되지만, 5개의 모음(아 · 이 · 우 · 에 · 오)을 지닌 본토 일본어와 달리 3개의 모음(아 · 이 · 우)만이 존재하여 사투리가 매우 강해진다. 나아가 본토와는 상이한 어휘 표현을 많이 쓰기 때문에 웬만해서는 본토인이 알아들을 수 없다. 영국의 언어학자 체임벌린(Basil Hall Chamberlain)의 말에 따르면, 이 시기의 일본어와 오키나와어(류큐어)의 언어 간 거리는 프랑스어와 스페인어의 거리만큼이나 멀었다(井谷泰彦 2006 : 58, 87). 따라서 일본 정부로서는 이러한 차이를 표준어를 중심으로 통합하여 메우려는 이유도 더욱 커질 수밖에 없었다.[16]

'류큐 처분' 이듬해인 1880년 오키나와 학무부는 『오키나와대어(沖縄對語)』(일본어교본)를 발행하고 회화전습소(會話傳習所. 사범학교)를 설치, 일본어

16 특히 군사적 목적을 고려하면 징집된 병사의 언어 소통 문제는 결정적이었다.

보급을 시작하였는데 일본어 통역자를 속성으로 단기 양성하는 한편, 인력이 모자라 타 부현에서 교사를 모집하기도 하였다. 이어서 1886년에는 소학교 의무교육화가 이루어졌고, 1898년에는 징병제가 도입되어 러일전쟁 시에는 2천 명 이상의 오키나와 출신 병사가 출정하였다(福間良間 2005 : 28-29). 반면 오키나와 측으로서도 일본으로의 동화를 긍정하는 한 일본어 학습은 불가피한 일이었고, 토착문화를 존중하여 오키나와어를 병행 교육하기보다는 오히려 억제해 갔다. 가령 1900년에는 현립제일중학교 학우회가 교내에서 '방언' 사용 금지 결정을 하는 등 표준어(당시에는 '보통어'라 칭했다) 교육에 박차를 가하였는데, 이 무렵부터 학교교육에서 방언벌칙패찰(方言札) 제도도 시작되었다.[17]

방언벌칙패찰이란 표준어를 보급하고 방언을 추방하기 위한 수단으로, 나무로 된 것과 종이로 된 것이 있었고(주로 나무), 크기나 모양도 다양한 수제품으로서 끈을 달아 목에 걸게끔 만들어졌다. 이러한 패찰을 준비해 놓았다가 누군가 방언으로 말하면 바로 패찰을 목에 걸게 한다. 그 학생은 다른 급우가 방언으로 말하는 실수를 범하기를 기다렸다가 그 범인을 잡아 자신의 목에 걸렸던 패찰을 걸게 한다. 게임의 형태를 취하였지만 목찰을 걸었던 횟수가 그대로 성적에 반영되는 등, 학생들의 수치심을 동력으로 한 강압적인 동화 방식이었다. 따라서 의도적으로 오키나와어를 사용하여 유급된다거나, 패찰을 모아 불태우거나 버리는 등의 저항 사례도 존재했다. 하지만 한편으로는 황민화정책의 압력 속에서, 또 다른 한편으로는 본토와의 차별을 해소하고 근대화를 이루려는 오키나와 측은 초조한 나머지,

---

17 패찰은 관습적 · 자연발생적으로 확산되었으며, 1895~1903년 사이에 출현했다고 본다 (井谷泰彦 2006).

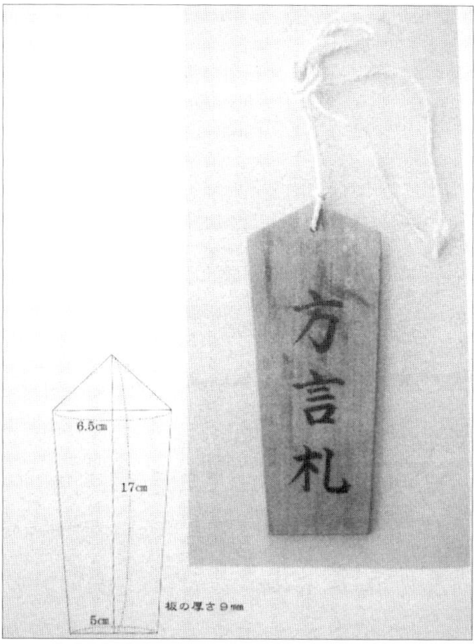

그림 1-6. 방언패찰과 규격도
출처 竹富島 · 喜宝院蒐集館 소장
(井谷泰彦 2006 : 3)

1917년 현립중학에서 '방언취체령'을 발포하는 등 이러한 제도는 점차 확대되어 갔다(野村浩也 2005 : 68-69).

그러던 차에 제1차 세계대전 후 유럽 경제가 부흥하면서 과잉생산으로 인한 경제 불황이 도래했다. 그 결과 설탕 가격이 폭락하면서 세계 대공황(1929)이 오기 전부터 오키나와 경제는 파탄에 빠졌다. 당시 약 60만의 인구 중 7할이 농민이었는데 이들은 사탕수수 재배를 주로 하는 영세 농가였고, 또 수출품의 8할을 사탕이 점할 정도였기 때문이다. '소철 지옥'[18]으

18 소철은 유독 성분을 포함하고 있지만 전분도 많아서 물에 우려내어 독성을 빼고 발효 및 건조 처리 등을 통해 식용으로 이용 가능하다. 1930년대의 세계적인 대공황과 일본 전국에 걸친 농산물 흉작으로 기근이 닥치자 가난한 집에서는 소철의 열매나

로 불리는 궁핍에서 벗어나기 위해 오키나와인들은 일본 본토로 출가노동(出稼ぎ)을 가거나 해외로 이민을 가는 수밖에 없었다. 그러나 외지에서는 오키나와인이라는 이유로 다시 극심한 사회적 차별을 겪게 되었고 결국 생존을 위해서는 더욱 철저히 일본으로 동화해야 한다는 초조감이 대중적인 차원에서 널리 퍼져 갔다. 즉 위로부터의 강제적 동화 못지않게 밑으로부터의 '자발적 · 전면적 동화' 지향이 강해졌는데, 그 단적인 사례가 성씨 개조 및 '오키나와 언어 논쟁'이었다.

가령 메이지 말기부터 다이쇼(大正) 초기에 걸쳐 성씨 개조가 이루어졌는데, 오키나와식 이름은 일본식 성씨에는 없는 독특한 성씨를 쓰거나, 혹은 같은 한자를 쓰더라도 발음이 판이하게 다른 특성을 지닌다. 이러한 점에서 오키나와적인 성씨는 우치난츄(오키나와인)의 증거이자 아이덴티티의 표상이었다. 그러나 일본으로의 병합 이후 이러한 성씨는 사회적인 차별의 근원이 되었고, 이에 오키나와인들은 차별을 피하기 위해서 오키나와적인 성씨를 은폐 · 변경하려 했던 것이다(渋谷研 2003 : 25). 그 방법은 오키나와적인 성씨를 야마토풍으로 고치거나, 음독 방식을 바꾸는 것이었다. 가령 仲村梁(나칸다카리)를 仲村(나카무라)로, 安慶名(아게나)를 安田(야스다)로, 島袋(시마부크)를 島(시마)로 고쳤다. 金城의 경우 '카나구스크'로 호칭하던 것에서 '긴조'로, 大城의 경우 '오구스크'에서 '오시로'로 발음을 바꿈으로써 본토와의 차이를 없앴다(渋谷研 2003 : 25). 결국 오키나와에서는 일정한 주체성을 강조했던 수단적 동화론의 기본 의도를 넘어서 경제적 궁핍과 차별, 일제 치하의 '동화' 전략 속에서 스스로의 '성씨' 등 가장 핵심적인 표상을

줄기를 식량으로 삼았는데, 배가 너무 고픈 나머지 미처 독을 다 우려내지 않은 상태에서 먹고는 사망해 버리는 일이 벌어져 '소철 지옥'이라 불렸다. 이를 계기로 일본 본토 및 남양 군도, 중남미로의 이민이 더욱 촉진되었다.

포기하는 방향으로 기울어 간 것이다.[19]

언어의 경우도 일본에 병합된 이후 관청에서도 표준어 보급을 지속적으로 추진해 오기는 했으나, 일상생활의 세세한 영역에서까지 표준어로 전환하는 일은 쉽지 않았다. 그러나 중일전쟁이 시작된 1937년을 전후로 국가주의가 고양되는 가운데 표준어 장려의 강도도 한층 강해졌으며, 1940년에 오키나와현 당국이 추진한 생활 개선운동은 위생 및 영양 지식 보급뿐 아니라 습관 및 언어 개조에 이르는 광범한 영역에 영향을 미쳤다. 특히 '표준어 장려운동'은 강제, 금지 및 징벌 등을 수반할 정도로 엄격하게 추진되어 '방언 박멸 운동'의 양상을 보일 정도였다. 오키나와 도처에 "온 집안 모두 표준어를 쓰자(一家擧つて標準語)"라는 포스터가 나붙고, 학교에서는 오키나와어를 쓴 학생에게 방언벌칙패찰을 걸게 하는 제재가 이루어질 정도였다.[20]

그러나 위로부터의 강제적 동화 못지않게 아래로부터의 동화 열망도 분출하였다. '오키나와 언어 논쟁'은 그 단적인 사례였다. 조선 미술에 대한 애정과 관심으로 우리에게도 잘 알려진 유명한 민예운동가 야나기 무네요시[21]와 그 일행은 오키나와를 방문하여 1939년 말부터 1940년 1월에 걸쳐 머무른다. 이 동안에 오키나와의 경제인, 문화인, 현청관리 등과 가진

19 1937년에는 「발음 방식을 바꾸어야 할 성씨(讀み替えられるべき姓)」를 현에서 발표하기까지 하였다. 이를 통해 많은 사람들이 일본식으로 이름을 바꾸었고, 그 배경에는 엄혹한 차별이 존재하였다. http://www10.ocn.ne.jp/~yuntaku/rekisito2.html 참고.

20 조선과 대만에서도 중일전쟁이 격화되면서 황민화운동의 일환으로 '국어(일본어)' 장려가 추진되던 시기였다.

21 柳宗悅, 1889~1961. 민예연구가. 문예지 『시라카바(白樺)』 창간에 참가하였고, 이후 미술 연구에 집중하면서 민예운동을 제창하였다. 1924년 서울에 조선민족미술관 개설(이후 국립민속박물관으로 계승)하였고, 도쿄 고마바(駒場)에 일본민예관을 설립하였다.

좌담회를 통해 오키나와어와 오키나와 문화 보존을 호소하였는데, 이것이 발단이 되어 일본의 중앙 논단, 오키나와현청, 오키나와 지방 신문 등을 포괄한 일대 논쟁으로 확대되었다.[22]

언어 문제에 관한 야나기 및 민예협회 측의 견해는 다음과 같다.

첫째, 표준어 장려운동에 반대하는 것은 아니나, 이를 위해 오키나와 방언을 비하하는 것은 현민에게 굴욕감을 주는 것이며 도를 넘어선 것이다.

둘째, 오키나와 방언은 일본의 고어(古語)를 풍부하게 포함하고 있어 학술적으로도 귀중하다.

셋째, 다른 현에는 이러한 표준어 장려운동은 없다. 나아가 문화 전반에 대해서도 "오키나와 고유의 풍물, 명소, 유적의 보존"이라는 관점에서 "류큐어 및 전통 양식의 무덤을 그대로 보존하면 좋겠다"는 내용이었다(小熊英二 1998 : 398-399).

사실 현재의 감각으로는 이러한 향토문화 보존논리는 당연한 이야기일 것이다. 그러나 당시에는 일본 동화에 필사적이던 오키나와 측의 맹반발을 샀다. 우선 현청이 부정적 의사를 밝히면서 대립구도가 형성되었는데 결정적으로는 오키나와현 학무부가 오키나와의 3개 신문에 "새삼 현민에게 고함—민예운동에 현혹되지 말라"는 제하의 성명을 발표하면서 사건이 커졌고, 본격적인 논쟁이 전개되었다. 여기에서 오키나와현청 측은, 표준어 보급은 '황기(皇紀) 2600년'의 '역사적 성업을 익찬'하기 위한 운동이며 "현 출신 병사의 공통적 결함이었던 자기주장능력(意志發表)이 최근 눈에 띄게 양호해졌다는 군부의 소견" 등을 들면서 '외래자'의 의견에 현혹되지 않고 표준어 장려운동을 철저히 하자는 것, 즉 오키나와는 일본의 중요한

22 由井晶子(1970 : 419) ; 小熊英二(1998 : 392). '오키나와 방언 논쟁'이라고도 한다.

정치적 · 군사적 거점으로 그러한 전략적 목적을 달성하기 위해서 표준어의 보급과 동화정책이 필요하다는 견해를 펼쳤다.[23]

한편 야나기 무네요시 측의 견해에 반발하여 현지 지역 신문 등에 투고한 많은 오키나와 주민들의 견해는 또 다른 각도에서 강력한 반대 의사를 드러내는 것이었다. 즉 대불황 이후 생존을 위해 일본 본토로의 출가노동 및 남양 군도로의 이민이 증대한 결과, 언어 및 관습의 차이로 심한 차별을 받게 된 상황에서 바로 자신들의 '생존'을 위해서 표준어 보급이 절실하다는 점이 가장 강조되었다. 나아가 야나기 측은 이러한 사정을 무시하고 '전통'을 보존하라는 식으로 오키나와에 대한 또 다른 '차별'을 하고 있다는 항의였다. 가령 "오키나와어가 일본의 고어 연구 자료로…… 아무리 소중할지라도 달리 통용될 여지가 없는 한 언어로서의 존재 가치는 없다", "장래 표준어 결정에 기여할 것이라고 하나 그 장래란 대체 언제인가?"(한 주민의 투서) 혹은 "현외에서 표준어(구사)는 목숨 다음 두 번째로 소중한 것"이라며 맹반발하는 식이었다(小熊英二 1998 : 412).

결국 양자 간에는 무시할 수 없을 정도의 대립 구도가 형성된 채 야나기 무네요시 일행은 오키나와에서 쫓겨나게 된다. 그리고 오키나와의 전통문화를 보존하자는 논리나 향토 문화에 대한 자긍심은 오히려 더 위축되어, 이 논쟁 이후 방언 존중파인 시마부쿠로 젠바츠[24] 현립도서관장은 파면되

23 당시 국가의 하부 기관이었던 현청은 국방 거점으로서 오키나와를 확보하려는 메이지 중기의 동화론에 입각하여 중요한 것은 차별의 해소나 '순수 일본어' 등이 아니라 전시에서의 주민의 충성심 거취라고 판단하였다. 따라서 지방어와 표준어의 병용조차 거부하였다(小熊英二 1998 : 413-414).

24 島袋全発, 1888~1953. 오키나와 연구자. 교토제국대학 법대 졸업 후 신문기자, 교원을 거쳐 현립도서관장을 역임했다. 1923년 오키나와향토연구회를 조직하였다.

고 전면에서 야나기를 맹공했던 현청 학무부의 요시다 시엔[25] 주사가 사회교육과장으로 영전하는 등 표준어 교육은 더 한층 강화되었다.[26]

즉 일본 측의 강제적 동화정책뿐 아니라 오키나와 내부의 동화 지향과 오키나와인에 대한 각종 차별 경험이 수십 년간 복합적으로 축적되어 내면화된 상태에서, 1920년대 중반 이후 경제난이 가속화되자 '생존'을 위해서 자발적으로 오키나와의 토착문화 및 표상(본토와의 '차이')을 '은폐'하고 '소거'하여 어떻게든 '본토 수준으로 행동하고 대우받는 일본인'이 되려는 움직임이 대세를 차지하게 된 것이다. 결국 일본으로 병합된 이후 제2차 세계대전 패전에 이르는 시기까지 오키나와는 일정한 주체성을 강조했던 '수단적 동화'의 기본 의도를 넘어서, 스스로의 '성씨'와 '언어' 등 가장 핵심적인 표상을 포기하는 '적극적 동화'의 방향으로 계속 기울어져 갔다. 그 형식은 비록 '자발적 동화'였으나, 이것은 그 외에는 달리 선택의 여지가 없는 정치경제적 · 사회문화적인 전 방위적 압박 속에서 자신의 주체성과 고유성을 포기할 정도로 '강요된 자발성'이자 '구조적인 차별의 결과물로서의 동화 노력'이었다.

---

25 吉田嗣延, 1910~1989. 쇼와 시대의 관료. 도쿄제국대학 졸업 후, 1936년 오키나와현 사회교육주사(主事)를 역임했다. 오키나와 방언 논쟁에서는 표준어 장려를 주장하였다. 이후 남방동포원호회(南方同胞援護會) 사무국장, '복귀' 후에는 그 후신인 오키나와협회 전무이사를 역임하였다.

26 이후 월간 『민예(民芸)』를 통해 약 1년에 걸친 논쟁이 전개되었는데 여기에서도 오키나와 측은 자문화에 대해 소극적인 태도로 일관하였다. 이러한 전전의 '오키나와 언어 논쟁' 및 '방언패찰' 등 일본어 보급 및 자문화에 대한 현지의 대응은 별도로 심도 있게 분석할 필요가 있다.

3) 전전 '동화'의 한계

그러나 일본 정부와 오키나와인 양측으로부터 수십 년에 걸쳐 전개된 동화는 최고의 절정에 달한 순간에 비극적으로 파탄을 맞게 되었다. 당시 일본인으로서 동화의 정점은 바로 일본인으로서, 아니 황국신민으로서 사는/죽는 것이었고, 그 최고의 시험대는 목숨을 건 전장이었다. 군인뿐 아니라 민간인까지 동원된 총력전의 경우에는 더더욱 그러했다. 바로 오키나와가 그러한 경우였다. 오키나와는 제2차 세계대전 말 본토 결전을 준비하기 위한 시간 벌기인 '사석(捨石) 작전'의 무대가 되었고, 수십 년간 '강요된 자발성'과 '차별을 피하기 위한 필사적 동화의 노력'을 해온 오키나와인들은 전장에서도 다시 '애국적 자세'로 헌신하나, 결국 사상자가 전 주민의 3분의 1에 이를 정도의 막대한 희생을 치르게 되었다. 더욱이 그 상처와 죽음은 '적군'인 미군에 의해서만 발생한 것은 아니었다. 아무리 자신의 언어와 성씨, 문화 전반을 부정하면서까지 동화하려 했어도, 일본 본토인에게는 오키나와 자체가 '이질적'인 것이었고 같은 '국민'이 아니라 '점령지 주민'을 대하듯이 취급하였다. 결국 어족상으로는 한 계통이라고 하면서도 자신들이 이해할 수 없다는 이유로 오키나와어를 쓰는 사람은 군사기밀 보호를 명목으로 '스파이'로 몰거나, 역사적 · 차별적 편견을 가지고 학살하는 등 불신의 대상으로 간주[27]하였다. 반면 그와 동시에 최후

27 가령 오키나와전투가 개시되자 군부는 오키나와 주민을 진지 구축 및 비행장 건설에 차출하고, 군사기밀을 보호한다는 명목 아래 오키나와 현민을 대상으로 "방언을 사용하는 자는 스파이로 간주한다"는 내규를 정했다. 나아가 구두 및 문서로 지역 주민에 대해 내규에 근거한 통달을 발송하고, 현민의 방언 사용에 관해 심한 억압을 가했다. http://www.edu.city.kyoto.jp/hp/saikyo/okinawa/king.html 참고. 현재 오키나와전에서 일본군에 학살당한 주민 수는 약 3백 수십 명으로 발표되고 있으나, 전쟁이 끝난 지 60년이 지난 지금에도 그 전모는 아직 드러나지 않고 있다(屋嘉比收

까지 같은 '일본인'으로서 '천황'과 '조국'을 위해 살기 / 죽기를 강요하여 '집단자결'의 참극을 낳기도 하였다.[28] 일본 측의 이러한 모순적 태도 뒤에 숨어 있는 일관성을 찾는다면, 그것은 오키나와를 '같은 국민=일본인'으로서가 아니라 철저한 이용 대상으로 삼는 식민주의자의 것에 다름 아니었다. 가령 전쟁 중에 겪었던 차별적 태도에 대해 오타 마사히데는 이렇게 회상한다.

오타 마사히데는 전시 중인 1945년 3월 오키나와사범학교 재학 중 철혈근황대(鐵血勤皇隊)의 일원으로 오키나와전투에 동원되었는데, 최후의 저항지였던 마부니(摩文仁)가 함락된 후 3개월여, 일본이 항복한 후로도 2개월이 지난 1945년 10월 하순까지 패잔병의 신분으로 들로 바다로 도망 다니다가 이시카와(石川)시[29] 부근의 포로수용소에 수용되는 등, 말로 다할 수 없는 혼란과 비참을 겪었다. 또 '팔굉일우',[30] '아시아인에 의한 아시아 건설, 해방' 등의 '국가적 구호'의 공허함과, 또 자신은 그저 쓰고 버려지는 소모품에 불과했음을 깨닫는 가치관 전도의 아픔도 겪었다. 그러나 무엇보다도 강렬한 충격이었던 것은 패전에 이르기 이전부터 "전장에서 지역 주민들을 대하는 '우군'(일본군)의 태도에서 명백히 '타인'임을 느꼈던 것인데, 그것은 어떤 의미에서도 동일 국민, 동일 민족을 대하는 것이 아니었기 때문"이었다(大田昌秀 1980 : 22-24).

결국 이러한 결정적 체험을 계기로 오타 마사히데는 다음과 같은 질문

2005).

28 이에 대한 자세한 논의는 강성현(2008) 등 참조.

29 지금의 오키나와현 우루마(うるま)시.

30 八紘一宇. 『일본서기(日本書紀)』에 뿌리를 둔 "전 세계가 하나의 집"이라는 표현으로 일본의 제국주의 침략을 정당화하는 구호로 사용되었다.

을 던지게 된다.

> 오키나와인의 '일본화'는 과연 정말이었는가? 표층만의 것으로 끝난 것은 아니었는가? ……가령 오키나와인은 정치·경제상의 동기를 제외하면 과연 마음으로부터 일본으로의 동화를 바란 것일까? 만약 마음속으로부터 일본으로의 동화를 지향했다 하더라도, 과연 일본은 그것을 받아들일 수 있는 정치·사회·경제상의 기반, 혹은 문화 환경이 있었을까?(大田昌秀 1980 : 18)

전전 오키나와인이 추구했던 일본인으로서의 아이덴티티는 바로 본토 일본과 동등한 삶과 처우에 대한 긍정 및 동일시였다. 그리고 이러한 아이덴티티의 안정화를 위해서는 한편으로는 오키나와인들이 언어를 포함한 자신의 토착문화를 부정하면서 전개하는 변신의 노력, 다른 한편으로는 이를 일본 본토로부터 사회적으로 인정받을 필요가 있었다. 그러나 일차적으로는 누구보다도 '동화'를 부르짖었던 일본 측은 끝까지 오키나와를 차별하고 수단시함으로써 그럴 수 있는 체제이지 못함을 증명하였다. 즉 일본 측이 요구했던 동화는 일방적이고 도구적인 것이었다. 결국 일본 측이 추구했던 '동화'는 전전의 민본주의자 요시노 사쿠조(吉野作造)가 간파한 것처럼 "동화정책이란 실은 일본인과 완전히 같은 존재가 되라는 것이 아니라 일본인이 말하는 대로 따르는 자가 되라는 요구"(小熊英二 1998 : 660 ; 野村浩也 2005 : 93)였던 것이다. 또 한 가지, 오키나와인의 삶의 뿌리를 이루는 토착문화 역시 쉽사리 부정되고 소멸할 수 있는 것이 아니었다. 한편으로는 자문화를 전면적으로 부정하고 폄하할 정도로 전개되었던 일본으로의 동화의 철저함과 주체성 약화, 또 다른 한편으로는 삶의 근저에 내면화된 토착문화의 존재 및 생명을 건 전장에서조차 '동등한 일본 국민'으로 인정

그림 1-7. 긴조 미노루(金城実)의 조각
동굴로 피난한 주민들의 참상과 투항을 권유하는 미군의 모습
출처 이지원(2005. 2. 18. 촬영)

그림 1-8. 오키나와 본섬의 포로수용소
출처 일본어판 위키피디아

받지 못해 드러난 일본인 아이덴티티의 균열, 이 양면적인 유산 위에서 전후 오키나와의 아이덴티티 문제가 이어지게 된다.

3. 전후 오키나와 I : '류큐'의 '독립'?

1) 오키나와의 '전후'

1945년 제2차 세계대전 패전부터 1972년 '시정권 반환'에 이르기까지의 역사는 대개 다음과 같이 요약된다. 승전국 미국의 통치하에 놓인 오키나와에서는 전후 초기에 '독립' 논의도 존재했으나, 이후 '총칼과 불도저' 정책으로 상징되듯이 미군에 의한 강압적인 토지 수용과 군사기지화가 추진됨에 따라 불만이 가중되었고 '섬 전체 투쟁'으로 전개되었다. 1950년대에서 1960년대에 걸쳐 평화헌법하의 현대 일본으로의 편입을 지향하는 '조국복귀운동'이 대대적으로 고조된 결과, 마침내 1972년 5월 15일 일본으로 시정권이 반환되고 일본의 일부가 되었다. 대략 이상과 같은 설명 방식이 일반적이라 할 수 있다. 그러나 여기에서 두 가지 물음을 던져 볼 수 있다. 즉 일본 본토인 이상으로 결사 항전을 하다가 패전 후에는 '독립론'이 분출되는 등 '탈일본 분위기'로 전환하고, 다시 오래지 않아 일본으로의 '복귀'를 갈구하게 되는 두 차례에 걸친 급반전은 왜, 어떻게 가능했던 것일까?

만일 전전에 일본으로의 동화가 완성되었다면 대다수의 오키나와인은 패전 직후부터 일본으로의 통합을 요구하는 것이 자연스러운 일이었을 것이다. 아니면 반대로 짧게는 약 70년 정도, 길게는 3백 수십 년에 걸친 일본의 지배로부터 벗어난 해방감과 그로부터 솟아 나오는 자주독립의 기운이 충만했다면 오키나와의 자치나 독립 등 독자적인 진로를 모색하는 것이 시대의 추세가 되었을 것이다.[31] 혹은 미국과 연계하여 활로를 개척하는 방안도 선택할 수 있었을 것이다. 그러나 오키나와의 행로는 그 어느 쪽으로 쉽게 분류될 만한 단순한 전개를 보이지 않았다. 왜 그랬던 것일까?

이하에서는 이러한 물음에 답하는 형태로 논의를 전개하면서, 동시에 오키나와어를 비롯한 자문화에 대해서 오키나와인들 스스로는 어떠한 태도를 취했는지를 살피자. 이는 전후 오키나와의 아이덴티티와 직결되는 내용이 될 것이다.

우선 언급해 둘 것은 패전과 초기 미 군정의 역할이다. 오키나와는 '태평양의 요석(要石)'으로 간주되어, 간접 통치 지역이었던 일본 본토와는 달리 직접 통치의 대상으로서 미 군정에 의해 관리되면서 새로운 역사적 굴절을 겪게 되었는데, 이는 오키나와의 아이덴티티와 자문화 인식에도 일정한 영향을 미쳤다.

첫째, 행정적 · 물리적으로 일본 본토와의 관계가 단절되었다. 제2차 세계대전의 쓰라린 경험도 있어서 오키나와인에게 일본은 일단 멀어진 존재가 되었고, 또 이는 '류큐 독립' 논의가 표출될 수 있는 계기로 작용하였다.

둘째, 미 군정은 오키나와를 일본과 분리하기 위해 의도적으로 양자의 차이와 오키나와의 독자성을 부각시키는 정책을 취했다.[32] 명칭도 미 군

31 가령 한반도 및 중국, 대만, 나아가 동남아 각국은 이후 독립 및 건국의 길로 나아갔다.

32 이미 1944년경 미군은 오키나와 침공을 계획하는 동시에 예상되는 문제('옥쇄玉碎'나 게릴라전 등의 저항)에 대한 준비 작업을 해나갔는데, 군부 위탁에 의한 오키나와 연구 성과의 하나가 『류큐 열도의 오키나와인 — 일본의 소수민족(琉球列島の沖縄人ー日本の少數民族)』(*The Okinawans of Loo Choo Island : A Japanese Minority Group*)이었다(하버드대학의 앨프리드 토저Alfred M. Tozzer 교수 집필, 호놀룰루 소재 미군전략국O.S.S.에서 1944년 6월 1일자로 발행된 경도輕度의 기밀문서). 여기에서는 미군의 심리 작전의 일환으

정부 및 공공기관에 이르기까지 오키나와가 아니라 '류큐'를 적극적으로 사용하였고 이는 민간기업에도 확산되었다(임성모 2006a : 275-276).

셋째, 미 군정은 또한 오늘날의 오키나와 현립박물관의 토대를 마련하고, 예능인 우대정책을 전개하는 등, 오키나와 전통문화 보호·진흥정책을 추진하였다(諸見里 2003). 이러한 미 군정의 태도는 오키나와인들이 일본제국의 강압에서 벗어나 독자성을 추구하고, 자문화를 공공연하게 긍정할 수 있는 사회적·정치적 효과를 발휘하였다.

그러나 더욱 근본적인 것은, 전전 일본과 오키나와가 맺어 온 관계에 대한 오키나와인들 스스로의 인식일 것이다. 바로 이러한 점에서 "오키나와 전후사는 미군 수용소 안에서부터 시작되었다"(中野好夫·新崎盛暉 1976 : 6)고 이야기하기도 한다. 포로수용소에서도 오키나와 출신은 일본 본토 출신과는 별도로 관리되면서 '일본과 분리'되었던 것이다.[33] 바로 며칠 전까지도 '같은 일본 국민'으로서 생사를 함께한 사이였건만 완전한 '타인'이 된 것처럼 별개의 사회를 형성하였고, 또 이러한 상태를 마치 이전부터 그래 왔던 것처럼 극히 자연스럽게 받아들였다. 어느 쪽도 양자가 분리된 사태에 대해 문제를 제기하지 않았고, 오키나와인 캠프에서 일본인 캠프로 옮기고 싶다고 희망하는 사람을 보지도 못했고 듣지도 못했다. 오히려 일종의 안도감조차 쌍방에서 감지되었다(大田昌秀 1980 : 39). 이는 단지 패전 상황에서의 수동성에 기인한 것만은 아니었다. 이미 전시 일본군이 오키나와인에

로 일본인과 오키나와인 사이의 깊은 (감정의) 골을 이용할 것, 이를 위해서 류큐 민족의 과거의 영광, 아직 야만적 상태에 있던 일본에 중국 문화를 소개한 류큐왕국의 역할 및 일본인들에 의해 오키나와인들이 얼마나 능욕을 당했는지 등을 오키나와인에게 상기시켜야 한다는 결론을 맺고 있다(崎原貢 1986 : 139).

33 참고로 조선인도 따로 분리 수용되어 셋으로 나뉘었다(沖縄タイムス社 編 1998 : 13).

게 보인 '타인' 같은 태도와 그를 통해 접했던 충격의 연장선에 있는 것이었다. 반면 오키나와인이 수용소에서 접한 미군의 태도는 관대했고, 또 비참한 전쟁에서 벗어났다는 자체에서 해방감을 느끼기도 했다(沖縄タイムス社 編 1998 : 22). 단지 일본이 패전했기 때문이 아니라 바로 이러한 계기를 통해 오키나와인들은 일본으로부터 멀어졌고 수용소에서의 '분리'를 통해 이를 공식적으로 경험했다. 그리고 일본과 분리되어 그들이 귀의한 곳은, 제2차 세계대전 이전까지는 그토록 폄하하고 부정하려 했던, 그러나 생각보다 강고하게 내면화되어 있던 자신들의 토착문화였다.

> 즉 기껏해야 2천 년 남짓한…… 야마토(일본국)의 성립보다도 훨씬 더 이전부터…… 별도로 독자의 문화권을 형성하고 근대에 이른 오키나와의 역사적 · 지리적 조건…… 오늘날 우리 오키나와인의 의식에 뿌리 깊게 이어지는 일본(인)에 대한 차(差) 의식=잠재적 거리감의 크기=일본을 전부 동질화하여 대상화해 버리는 이질감은 사라지지 않았다.[34]

> (따라서) 역사시대…… 이전부터 근대까지 일본에 대한 오키나와(혹은 오키나와에 대한 일본)의 이질성='이족(異族)'성을 현실 인식으로 지각해 온 오키나와인들이…… '류큐 처분' 이후 80년이나 100년의 동화 노력에 의해, 표층은 어떨지 몰라도 의식의 심층에 깊게 각인되어 있는 이질성('이족'성)을 마치 화학세제로 처리한 백포(白布)와도 같이 씻어 내는 일은 불가능했다.[35]

---

34 谷川健一 編, 『沖縄の思想』; 大田昌秀(1980 : 40-41)에서 재인용.

35 아라카와 아키라(新川明)가 『비국민의 사상과 논리(非国民の思想と論理)』에서 한 말이다. 大田昌秀(1980 : 40-41)에서 재인용. 아라카와는 '반복귀론'을 주창한 대표적인 논자로서 이 글의 4. 말미 및 이 책의 제2장 참조.

이러한 점에서도 과거 1세기에 걸친 '일본화'는 결코 완성된 것이 아니었다. 또 지도층과 민중 사이에는 '동화'의 정도에 상당한 차이가 있었고, 특히 민중의 차원에서는 심도가 낮았다. 그리고 오키나와전투의 참극을 겪으며 힘겹게 살아남은 대다수의 민중이 패전 후의 혼란을 헤쳐 가며 마음의 의지로 삼았던 것은 혈육화된 토착문화였다(大田昌秀 1980 : 39-40).[36]

2) 전후 아이덴티티 모색의 활로와 자문화 회귀

오키나와전투 및 패전의 경험은, 일본인으로의 동화를 파탄시키고 오키나와의 문화로 회귀하게 했을 뿐 아니라 오키나와인으로 하여금 자기 아이덴티티 모색의 계기를 제공했다. 이전에는 일본제국 치하에 태어나 특히 고등교육을 받을 수 있는 혜택받은 계층이라면 황국신민으로 육성되는 과정을 통해 나름대로 일본인으로서의 안정된 아이덴티티를 가질 수 있었다. 가령 오타 마사히데 같은 사람조차도 제2차 세계대전까지는 '나는 누구인가?'라는 물음 따위로 고민하는 일은 거의 없었다. '나는 일본제국의 해군 대위이다'라는 것만으로 자신이 어떤 존재인지 명확했고, 밤낮으로 이에 부합되게끔 행위하는 것이 자기실현의 길이었으며, 또 삶의 보람이기도 했다(大田昌秀 1980 : 223). 그러나 일본 본토인들의 '타인' 취급과 수용소 경험을 통해, 타인이 자기를 바라보는 이미지와 자기 자신에 대한 스스로의 이미지가 크게 괴리되면서 아이덴티티의 위기가 도래했던 것이다. 그리고 패전 후 일본과의 단절, 미군의 잠정적인 통치라는 사회적 상황은

---

36 이러한 맥락에서 "(오키나와의) 민중은 외부로부터 힘을 갖고 들어오는 '타인'을 일단 두려워하며 받들지만 이후 교묘하게 가치 전환하여 경원……하는 '무방비한 생활인의 지혜'"를 발휘하는 것이 특징이며, 이는 역사를 통해 되풀이 확인된다는 岡本太郎(2002)의 견해에 주목해 둘 필요가 있다.

새롭게 자기 아이덴티티를 모색할 수 있는 공간을 제공하였다. 또 이는 자문화를 통한 자기 아이덴티티의 재인식으로도 연결된다.

(1950년대에) 2년간의 미국 유학을 마치고 귀국할 때…… 갑자기 선실 라디오에서 산싱(三線) 반주에 오키나와의 민요가 들려왔다. 순간, 나는 무심코 숨을 죽이고 그 자리에 멈추어 서 버렸다. '피가 솟구쳤다'고 해야 될까, 나는 말할 수 없는 감동에 몸을 떨었다. 다른 동료들(중에는)…… 가만히 눈물을 글썽이고 있는 사람조차 있었다. ……이 감동은 대체 무엇이었을까, 그때 이후 나는 자문하지 않을 수 없었다. 그 의미를 묻는다는 것은, 말하자면 '나는 누구인가'를 묻는 것이며, 나아가 '오키나와인이란 무엇인가'를 해명하는 것에 다름 아니었다(大田昌秀 1980 : i).

토착문화를 통한 아이덴티티 발견의 사례는 1980년대에 3기 12년에 걸쳐 오키나와 현지사를 지냈던 니시메 준지(西銘順治)에게서도 발견된다. 그는 "아무리 야마톤츄(일본인)가 되려고 마음먹어도 그럴 수가 없는 것이 우치난츄(오키나와인)"라는 발언을 남긴 것으로 잘 알려져 있는데, 그 역시 제2차 세계대전 이전에 본토에서 유학하며 '이지메(괴롭힘)'를 당하면서도 고교 시절에 오키나와의 전통 무용과 연극을 통해 야마토와 오키나와는 완전히 같지 않다는 것, 또 오키나와의 문화와 역사는 본토에 비해 '전혀 부끄럼이 없다'는 긍지를 가질 수 있었다.[37]

---

37 니시메는 보수 정치가였으나 오키나와의 독자적 문화와 상징을 확충하는 정책을 전개하여 전통 예술(무용, 민요 음악, 도예 등)을 주 전공으로 가르치는 오키나와현립예술대학의 설립, 슈리성 정전(正殿) 복원 사업, 세계우치난츄대회(1990년 8월 제1회 개최) 등에 힘을 기울였다(真板恵夫 2003 : 123). 보수와 혁신을 넘어서 공통된 오키나와의

그리고 이는 몇 사람만의 부분적 체험은 아니었다. 전쟁의 상처로 얼룩진 주민들에게 특히 살아갈 희망과 기쁨을 준 것은 민요였다. 고전음악과는 대조적으로 역사적 체험상으로는 '피억압자적 음악'이었던 민요는 제2차 세계대전 이후 오키나와 민중의 마음을 사로잡는 '최량(最良)의 음악'으로 인정받아, 1950년대부터 1960년대 전반에 걸쳐 오키나와 민요의 일대 흥행 시대를 맞는다.[38] 오키나와전투에서 모든 것이 파괴되었지만, 오키나와의 대중문화인 민요는 사라지지 않고 사람들의 마음속에 깊고 넓게 남아 있었으며, 주민들은 일본의 지배에서 벗어나자 전전과는 달리 자문화를 긍정하는 방향으로 전환한 것이다.

교육 면에서도 전후 미 군정의 요청 아래 오키나와 독자의 교과서 편수가 시도되는 등 '탈일본'의 기운이 출현하기도 했다. 그 책임자였던 나카소네 세이젠[39]은 "이번에는 오로지 이곳 오키나와의 아이들만을 위한 교과서가 만들어지는 것이다. 우리가 원했어도 만들 수 없던 것이 우리에게 맡겨졌다. 교육은 각 지방에 따라 특수성을 갖지 않으면 안 된다. 그 특수성을 지님으로써 진정으로 아이들은 성장하는 것"[40]이라며 일본에서 탈피한 해방감과 오키나와의 특수성에 대한 강한 애착을 드러내기도 했다.

특성과 관련해서는 이지원(2008 : 300-302) 참조.

38 대중적 인기가 커지자 그 부작용으로 정치단체와 결합하거나, 폭력단과 관계를 맺는 등의 문제도 생길 정도였다. 이후 텔레비전 및 라디오, 기타 오락산업이 확산되면서 오키나와 민요 및 연극 흥행은 기울기 시작하지만, 이 시기를 통해 오키나와 민요는 그 존재를 확고히 했고 이후 '오키나와 록(rock) 음악'의 기반을 이룬다(石原ゼミナール 1994 : 340-342).

39 仲宗根政善. 오키나와전투의 비극적 상징인 히메유리(ひめゆり) 부대의 인솔 교사였고, 이후 류큐대학 교수로 활약했다.

40 琉球大學圖書館所藏仲宗根政善言語資料,『新教育への歩み』; 戸邊秀明(2003 : 123)에서 재인용.

그리고 오키나와 아이덴티티를 구축하려는 시도는 정치적인 차원의 '독립론'으로도 표출되었다.

"오키나와의 역사를 돌이켜 보면 강한 피해자 의식이 깃들어 있다. 그것이 (패전으로) 한꺼번에 날아가 버린 듯한 기분이었다", "지금이야말로 (사츠마번 침략 이래 — 인용자) 3백 수십 년이라는 오랜 정치적·경제적·사회적 압박으로부터 해방될 때가 왔다"[41]는 발언이 상징하듯이 패전 후에는 '열린 공간'이 제공되었다. 다만 전쟁의 참화로부터 간신히 살아남은 주민들은 문자 그대로 원시적인 의식주 확보에 여념이 없었던지라 정당 활동은 1947년 이후에야 시작되지만, 일정한 여건이 갖추어지자 오키나와 독립을 추구하는 정강 정책이 잇달아 제출되었다.

1947년 6월 25일에 결성된 오키나와민주동맹은 "우리는 오키나와인에 의한 오키나와의 해방을 도모하며 신(新)오키나와의 선구로서 행동하는 자들이다. 오키나와는 일본 정부의 압정과 침략주의로 인해 참담한 운명에 처하였다. 초토화된 오키나와는 오키나와인의 오키나와를 이룬다는 자각을 통해서만 재건할 수 있다……"고 선언했고, 1947년 9월 6~7일의 정책 협의회와 정책 발표회에서는 ① 독립공화국 수립, ② 세제 확립, ③ 이민·식민 촉진 등을 제시하였다('항구 정책' 중 '정치' 항목). 뒤이어 1947년 7월 20일에 결성된 오키나와인민당의 강령('당의 목적')에는 '자주 오키나와의 재건을 도모', '전 오키나와 민족의 해방을 도모', 정치 항목에는 '인민 자치 정부의 수립', '오키나와 군도, 아마미오시마(奄美大島) 제도 및 사키시마(先島) 군도의 통합'을 주창하였고, 또 '일본 정부에 대해 전쟁 피해 배상금 우선

41 오키나와인연맹 규슈(九州)지구 본부장 미야자토 에이키(宮里栄輝)의 말이다(沖縄タイムス社, 『沖縄の証言』; 大田昌秀 1980 : 137에서 재인용).

전(全) 지불 요구'를 호소하기도 하였다. 같은 해 9월 10일에 결성된 사회당의 강령도 "우리는 미국 지원하 민주주의 신류큐 건설을 도모"한다는 방침을 천명했고, 기본정책 정치행정 제1항목으로 "하루빨리 남북 류큐를 통합하여 국가체제의 정비를 꾀한다"고 명기하여 일본과의 분리 의식을 명백히 하였다(林泉忠 2005 : 78-83). 그리고 이러한 정당들의 독립 기운은 오키나와 사회 일반에도 공명을 불러일으킨 것으로 추정된다.[42] 따라서 "오키나와 도민(島民)에게 그럴 의지만 있었다면, 정치적인 독립을 선택할 수 있는 가능성이…… 있었다"[43]는 평가도 가능한 시기였다. 패전을 계기로 전후 미군 지배가 시작되면서 "종전의 일본적 · 전통적 가치 체계가 일단 거꾸로 뒤집히는 시기"였던 것이다.[44]

가령 다음과 같이 당당하게 독립의 근거와 대응책, 또 무엇보다도 독립의 정신 및 기개를 명확히 표명한 목소리도 존재했다.

---

42 도리야마 준(鳥山淳)의 연구에 따르면, 전후 시키야 고신(志喜屋孝信) 오키나와 민정부 지사가 미국 신문기자단과의 회견에서 "소수는 일본에 귀속하고 싶다는 희망을 갖고 있지만 대부분은 미국의 보호하에서 평화로운 국가를 만들고 싶다고 생각하고 있다"고 대답(『うるま新報』 1947. 8. 1.자)한 것으로 미루어 독립 지향은 상당 정도 일반적 지지를 받았다고 추측된다. 그 배경 요인으로는 첫째, 독립국이었던 역사에 대한 향수, 둘째, 일본에 대한 증오감, 일본 · 류큐 간 문화의 차이를 지적할 수 있다. 이 시기의 독립론은 '오키나와 내셔널리즘의 제2의 물결'이라 부를 만하다(林泉忠 2005 : 87).

43 국립국회도서관 외무조사실 니시노 데루타로(西野照太郎)의 말이다. "본토 복귀는 선택된 하나의 길이고, 필연적인 오키나와의 운명은 아니었다"는 점을 강조하고 있다(国立国会圖書館調査立法考査局, 『沖縄復帰の基本問題』, 22쪽 ; 大田昌秀 1980 : 134에서 재인용).

44 오키나와의 아이덴티티를 회복하려는 지향은 전전의 탄압 경험으로 인해 반체제적 인사일수록 강했고, 류큐 독립론 등이 전전의 사회주의자 등을 중심으로 조금씩 분출되기 시작했다(新川明 · 新崎盛暉 1985 : 51).

류큐의 최종적인 결정은 어디까지나 독립이어야 한다. ……류큐의 주권은 류큐인의 손에 의해 경리(經理)하고, 또 류큐의 정치는 류큐인 스스로 한다. 빈약한 류큐의 경제력으로 어떻게 독립을 유지해 갈 것이냐는 문제가 있는데 …… 신속하게 과잉 인구를 해외로 이민시키거나 혹은 해외 무역을 통해 류큐를 이끌어 간다. 물론 완전히 재정적으로 독립해 가기까지는, 전쟁을 통해 류큐를 파괴시킨 일·미 양국에 원조를 요망한다. 결코 우리가 타국의 원조를 받는다고 해서 독립할 수 없는 것은 아니다. 일본도 61퍼센트를 미국의 원조에 기대어 성립하고 있다. 그런 일본조차 강화회의를 통해 주권을 회복하려고 하고…… 독립국가를 주장하고 있다. 그러한 관점에서 우리는 어디까지나 독립을 주장하기를 원한다.[45]

그러나 이 시기의 독립론은 적지 않은 취약점도 안고 있었다.

첫째, 오키나와 점령 초기 미국 자체의 대오키나와 정책이 불명확했던 점, 그와 더불어 오키나와를 둘러싼 국제 정세 및 객관 상황에 대한 인식이 일천했던 한계가 있었다. 즉 주어진 상황을 정확히 파악하고 이에 능동적으로 대처할 여건을 갖지 못했다.

둘째, 따라서 오키나와 아이덴티티의 회복도 패전에 따른 타율적 면이 적지 않았다. 즉 주체적으로 오키나와 아이덴티티를 자기 내면에 새길 정도가 되지 못했다(大田昌秀 1980 : 140). 달리 말하면 '명백한 민족적 아이덴티티'를 형성하는 데 실패하였다.[46]

---

45 민주동맹의 소네 무네하루(祖根宗春)가 군도회의(1951)에서 한 발언이다(比嘉良彦·原田誠司 1992 : 91-92).

46 나카소네 겐와(仲宗根源和)와 같은 '완고한 독립 이론가'조차 일본인과 오키나와인은 (부모 자식 관계의 비유는 부정하면서도) '공동의 선조를 지닌 형제 사이와 같은 관계'라고

셋째, 대중운동이 결여되었다. 당시로서는 생활 문제 및 '민정부의 독재' 등이 더 중요시되는 상황 탓이었으나, 그 결과 '독립운동'이 아니라 '독립론'에 그쳤다(林泉忠 2005 : 91).

넷째, 대부분의 논자들의 경우 정치적 입장의 차이와 상관없이 오키나와의 경제 자립에 대한 자신을 가질 수 없었다는 점이다.

3) '조국복귀'로의 전환 논리

그렇다면 이처럼 일본에서 벗어나 토착문화로 회귀하고 자신의 아이덴티티를 추구하던 흐름이 어떻게 다시 수년 만에 일본을 '조국'이라 부르며 오키나와 전체가 '복귀'를 지향하는 거대한 흐름으로 뒤바뀌었던 것일까?

가장 큰 요인은 일단 미 군정 및 국제 관계의 영향이었다. 애초에 미국은 '민주주의'의 핵심 세력으로 표상되었고, 당연히 패전한 일본의 한계는 바로 '비민주적=군국주의'였다는 점으로 인식되었다. 또 미국은 세계에서 가장 부강한 나라였으며 일본은 오키나와와 마찬가지로 패전 후의 복구와 생존에 여념이 없는 상태였다. 그러나 한국전쟁을 계기로 일본은 예상치 못한 호황을 맞고 전후 복구에도 가속도가 붙은 반면, 오키나와의 미군기지는 오히려 이로 인해 항구화되어 갔다. 또 1952년 샌프란시스코 미 · 일 강화조약 이후, 일본은 '평화헌법'하의 '민주국가'로 독립하게 된 반면, 오키나와에서는 군용 토지 강제 접수를 위한 '총칼과 불도저' 정책으로 상징되듯이 '미군 통치'에 의해 모든 것이 좌지우지되었고, 각종 기지 피해와 비행기 추락 등 사고도 끊이지 않았다.[47] 결국 전후 초기의 '미국=민주주

서술하는 등, '오키나와 민족' 의식이 뿌리내리는 데에는 실패했다(林泉忠 2005 : 91).

47 좀 더 자세한 흐름은 아라사끼 모리테루(1998)의 제5~6장 및 아라사키 모리테루(2008)의 제1장 참조.

의 / 일본=군국주의'라는 대립적 이미지가 1950년대 이후에는 '미 군정=비민주적 / 일본=평화와 인권, 경제성장'이라는 식으로 역전되면서 오키나와는 새로이 "미군 통치='이민족' 지배 / 일본='조국'"이라는 구도를 설정하고, 후자를 택했다고 볼 수 있다.

표 1-1. 전후 미 · 일 이미지의 전환과 오키나와의 진로 변화

	전후 초기	1950~1960년대
미국의 이미지	· 민주주의 · 세계 최강이자 부유한 나라	· 비민주적
일본의 이미지	· 군국주의 · 패전한 빈곤국	· 평화 국가 · 경제성장
오키나와의 선택	· 독립론 표출	· 일본='조국' 상정 · '복귀운동' 고양

그러나 미국도 아니고 일본도 아닌 자기 자신, 한때 '독립론'까지 내세웠던 오키나와 스스로의 존재는 어디로 간 것일까? 이 부분에 대한 해명이 없다면 오키나와의 아이덴티티와 자문화 인식을 비롯한 모든 사회변동은 외부 요인에 의해 좌우되는 종속변수에 불과할 것이다. 따라서 오키나와 내부의 동학을 살펴볼 필요가 있다.

일단 전후 직후부터 일본으로의 '복귀'를 염원한 사례도 존재하긴 했으나 당시로서는 소수에 지나지 않았고, "일본으로의 복귀는 반드시 필연적인 것이 아니라 여러 갈래의 선택 중의 하나"(大田昌秀 1980 : 135)였다는 점

오키나와를 포함한 재일 미군기지 사고에 관해서는 http://ja.wikipedia.org/wiki/在日米軍機事故の一覧 참조.

을 전제한다면, 소수 혹은 하나의 선택에 불과했던 지향이 그 밖의 모든 선택을 압도하게 된 내적 전환의 논리는 무엇이었을까?

그 일단을 오키나와 연구 및 논의를 주도해 온 핵심적 인물인 아라카와 아키라(新川明)와 아라사키 모리테루(新崎盛暉)의 대담을 통해 접할 수 있다. '반복귀론'[48]의 대표자인 아라카와 아키라의 경우 전후 복귀론의 대대적인 고양과 일본 본토와의 문화적 일체감을 해명하려면 일본에 오키나와가 편입되고 제도적 · 사회적으로 일본 국민으로서 교육되어 가는 과정 없이는 이해가 곤란하다고 본다. 즉 패전 직후의 '문화적 복귀론'[49] 자체는 별 영향력이 없었으나 전후의 정치 지도자들이 이를 추인하고, 전전부터 짧지 않은 세월에 걸쳐 배양되고 민중 의식 속에 침투한 일본적 동화의 바탕을 일구어 내면서 일본과의 일체감을 보강해 갔다고 본다. 반면 아라사키 모리테루의 경우는 소수의 문화적 복귀론의 배후에는 교직원 등의 집단이 상당 세력으로 존재했다는 점에 주목한다. 반면 인민당 및 사회대중당이 민중 속에서 일본인 의식을 육성해 낼 만한 문화적 작업을 했다고는 전혀 생각할 수 없다. 오히려 전전 사회주의자 등 독립론에 가까웠던 사람들이 민중이 원한다는 이유로 복귀론으로 휩쓸려 갔다고 견해를 달리한다(新川明 · 新崎盛暉 1985 : 55). 편의상 아라카와의 견해를 '추인 · 배양론', 아라사키의 견해를 '편승론'이라고 부를 수 있을 것이다. 전후 인민당이나 사회대중당 등 '복귀운동'의 정치 지도자들을 중심으로 볼 때는 양자 간에 대립

48 1960년대 말 오키나와 반환이 임박하고 기지 존속 등의 문제점 등이 알려지면서 대두된 사상적 조류를 말한다. '조국복귀'라는 발상에 반대할 뿐 아니라, 국가 제도 자체에 대해 비판적 입장을 취하면서 '독립론'과도 거리를 두는 것이 특징이다.

49 패전 후 정치적으로 '일본 복귀'를 주장하는 것은 금기시되는 분위기였기 때문에 당시의 복귀론은 정치적 주장이 아니라는 점을 되풀이하여 강조하였다는 점에서 '문화적 복귀론'이라 불리기도 한다.

점이 형성되겠으나, 아라카와가 강조하는, 토착문화 못지않게 축적된 '류큐 처분' 이래의 일본화의 유산과 관성, 또한 아라사키가 지적한 교직원층 등의 존재라는 점에 초점을 맞춘다면 양자의 지적을 모두 포용하는 해석틀이 가능할 수 있다. 즉 전전 오키나와에서 누구 못지않게 훌륭한 일본어를 구사하고 황국신민화의 이념을 전파했던 것이 교직원층이라면, 그들은 바로 '류큐 처분' 이래 일본화의 유산과 관성의 '인격화'이기도 했던 것이다.[50]

사실 전전의 민중은 일본으로의 '동화' 정도가 낮고, 비공식적인 일상생활 면에서는 토착문화의 비중이 훨씬 컸던 데 반해, 엘리트층일수록 일본으로의 '동화' 정도가 높고, 심지어는 동화가 '완성'되기도 했다는 점을 눈여겨볼 필요가 있다. 그리고 이들은 패전 후에도 또 다른 방향의 아이덴티티 혼란을 겪을 수밖에 없었다.

> 일본(으로)의 복귀운동은 당초 전전의 지도자들이었던 연배 있는 사람들에 의해 지도되었다. ……이들은 보통 사람들 이상으로 내셔널리스틱하였다. …… 복귀 주창자들이 일반 서민과는 비교되지 않을 정도로 명실공히 '동화를 완료한' 사람들이었음에 주목할 필요가 있다. 왜냐하면 일본에의 동화를 완료한 사람과 완료하지 않은 사람이 느끼는 위기감에 대한 대처의 차이가 발생하기 때문이다. ……완료되었을수록 아이덴티티 상실의 위기의식이 강해진다(大田昌秀 1980 : 19).

---

50 달리 표현하면 그 의미가 모호하고 다기할 수밖에 없는 '조국'을 지역 차원에서 체현한 존재가 교사들이었다(戸邊秀明 2003 : 120).

이들에게 패전과 미국의 도래는 애초부터 '해방감'이나 '민주주의'로 표상되기보다는 일본과 자신의 관계를 단절시킴으로써 아이덴티티의 박탈을 가져오는 사건이었다. 따라서 일본과의 관계 회복, 다시금 '일본화'하는 것이 아이덴티티의 안정화를 가져오는 길이 된다.

가령 전후 민간인으로서 맨 처음 복귀운동을 개시한 나카요시 료코(仲吉良光. 전 슈리首里 시장)는 비정치적 입장이라고 강조하면서 '일본과의 문화적 일체감', '민족적 본능' 등의 표현을 사용하면서 일본 복귀를 주장하였고, 전전 '방언 박멸 운동'을 펼쳤던 야마시로 무네오(山城宗雄)는 패전 직후부터 소학교에서 표준어 장려운동을 전개하였다(大田昌秀 1980 : 21 ; 新川明・新崎盛暉 1985 : 51). 나아가 재경(在京) 오키나와인 유지들(대표 이에 초조[51] 등 63인)이 1947년 6월 16일 GHQ사령관 맥아더(Douglas MacArthur) 원수에게 제출한 진정서에서는 "(오키나와의) 전 주민은 여전히 일본의 통치를 그리워하고 있으며, 일본으로의 복귀를 열망한다. 피는 물보다 진하며…… 오키나와인은 동포인 전 일본인과 운명을 같이하며 인고를 감수할 의지를 갖고 있다. ……"(大田昌秀 1980 : 154)고 밝히기도 하였다.

그러나 앞에서 보았듯이 이러한 의견은 소수에 불과했고 일본 귀속에는 소극적인 것이 전후 초기의 대세이었다. 하지만 1950년 이후 샌프란시스코 강화회의를 계기로 귀속 문제가 쟁점화되고, 단절되었던 일본과의 무

---

51 이에 초조(伊江朝助, 1881~1957)는 전전 귀족원 의원 및 현의회 의장 등 요직을 역임한 오키나와의 대표적 유명인이었는데 "우리는 조국(일본)을 떠나 독립할 생각은 털끝만치도 없으며 논의한 적도 없다. 조국과 더불어 고락을 함께하며 일본 부흥을 위해 한 성원으로서 봉공(奉公)하고 싶다", 또 패전과 무조건 항복이라는 상황에서는 "기지를 빌려 주고, 일본 종주권 아래 기지를 설정하는 것은 우리로서도 불가피한 일이라 체념하고 있다"고 말하기도 했다(大田昌秀 1980 : 153). 즉 오키나와인에게는 무엇보다도 일본으로의 복귀, 동화만이 유일한 선택지라는 주장의 소유자였다.

역이 재개되는 동시에 전전의 지도자들이 미군 점령하에서 다시금 오키나와의 지배권을 회수하는 데 거의 성공했다는 점에 주목할 필요가 있다. 무엇보다도 오키나와에서는 본토의 '전후 개혁' 조치처럼 지도자들의 전쟁책임 등을 묻는 절차와 압박이 없었다. 이들은 대부분 군국주의로부터 '민주주의'로 양복을 갈아입듯이 부활하였고, 의식 면에서도 전전과 연속적이었으며 '일본적인 것'을 중시하는 정신 구조의 소유자들이었다(大田昌秀 1980 : 43). 이들은 미 점령군이 점령정책의 원활화를 위해 등용한 것을 계기로 부활하여 민중의 선두에 서서 '일본으로의 복귀'를 지향하는 선전대의 역할을 하기 시작했다. 그리고 민중들의 내부에는 수십 년에 걸쳐 침투한 일본화의 요소뿐 아니라 이들로부터 지도를 받았던 관성도 남아 있었다. 특히 교사들이 지휘역으로 활약할 수 있었던 점도 이러한 면에 기인한다.

교사의 영향력과 관련해서는 다음과 같은 일화가 있다. 오타 마사히데는 교과서도 보급되지 않던 1946년 당시 무급으로 오키나와의 초·중학생들을 위한 일본어 교과서를 제작·편집하는 작업을 거들던 중, 전후 신설된 오키나와외국어학교에 합격하자 일을 그만두려 했다. 그러나 옛 은사로부터 '이처럼 중차대한 시기에 개인적 희망을 위해 오키나와의 아동을 위한 중대 과제를 방기'하려 한다는 호통을 받고 결국 입학을 단념한다. 전쟁 체험 이후, 앞으로의 여생은 '(천황이나 국가 대의 같은 것이 아니라) 자신의 삶'을 위해 살겠다고 굳게 맹세하였지만, 선생(혹은 선배, 지도자)이나 대의명분 앞에서는 결국 약해지고 마는 전전의 습성을 벗어날 수 없었다는 것이다. 즉 오타를 비롯한 민중들은 수십 년간 황민화 교육의 포로로서 이를 극복할 만한 비판적 학식이나 안목을 갖지 못한 채 지도자의 가르침은 무조건 따라야 한다는 철저한 훈련을 받았고, 이는 조건반사적인 수준으로 육체화되어 있었다. 이 습성에서 벗어나는 일은 결코 용이하지 않았다. 따라서 일본으로 '동화'되었던 지도자들이 전후 재등장하여 '복귀'를 추진하자, 일단은 '일본화'에서 벗어나 오키나와의 토착문화로 회귀했던 민중이 다시금 자신의 중심을 잃고 이끌려 가게 된 것이다. 즉 전전부터 구축되어 구조화된 '지도 / 피지도'의 관계에 기인한 바가 컸다(大田昌秀 1980 : 42, 46-47). 여기에 이들 민중을 대변한다는 명분 아래 독립론자 및 혁신 세력도 대부분 본래의 방침을 철회하고 이들을 추수(追隨)하는 구조를 덧붙임으로써 '조국복귀운동'의 형성 기제를 그려 낼 수 있었을 것이다.

표 1-2. 전후 오키나와의 주요 정치적 지향의 전환

	전후 초기	1950~1960년대
구지도자층(동화 완성)	· 패전 = 일본과의 분리 = 아이덴티티 상실	· 지도권 회복 · '조국복귀' 추진
민중(동화 미완성)	· 패전 = 해방감 = 오키나와 자문화 긍정	· 〈지도 / 피지도〉 관계로 지도자층 추종
정치 세력	· 독립론 표출	· '대세'에 편승, '복귀운동' 합류

즉 국제 관계 및 미 군정의 영향 등 다른 요인을 배제하고 아이덴티티의 측면에서만 접근하자면, 전전의 '동화'는 '지도자층(일본화 완성) / 민중(일본화 미완성, 오키나와 토착문화 체화)'의 '이원 구도' 상태에서 일단 중단되었으나, 전후 초기에 분출된 '독립론'은 오키나와 아이덴티티의 주체적 내면화 및 대중운동화로까지는 이어지지 못했다. 이러한 상태에서 미 군정하에서 '아이덴티티 위기'를 겪게 된 구지도자층은 일본으로의 '조국복귀'를 통해 아이덴티티의 안정화를 추구하려 하였고, 이에 전전부터 구축된 '지도 / 피지도'

관계의 관성에 입각하여 민중이 다시 순응하였다. 그리고 이들 민중에 애초의 독립론자나 혁신 세력이 다시 편승하는 '삼중 구도'를 통해 전후 초기의 '일본 탈피 · 독립' 지향은 새로이 '조국복귀'의 방향으로 크게 반전되었던 것이다.

4. 전후 오키나와 II : '조국'으로의 '복귀'?

1) 오키나와교직원회와 교육 여건 개선운동

이처럼 전전, 전후에 걸쳐 '지도 / 피지도'의 관계에서 핵심적 역할을 발휘한 것이 교사들이었다. 동시에 이들의 조직은 1950년대에서 1960년대에 걸쳐 전개된 '조국복귀운동'의 핵심적 세력이기도 했다. 즉 "일반 대중의 선두에 서서 '조국복귀'의 기수가 된 것은 오키나와교직원회였다"(小山內宏 1969 : 132). 또한 조국복귀협의회 의장으로 운동의 선두에 서다가 1967년 지사 공선제 이후 최초의 오키나와 현지사로 선출된 야라 초뵤(屋良朝苗)는 전전 교원 출신이자 전후에도 교육행정을 담당하는 등 교육계가 배출한 인물이었다. 이들이 학생들과 지역사회를 대상으로 펼친 '일본화'의 시도는 '국민교육운동'을 통해 집약적으로 표출된다.

오키나와교직원회가 왜 '일본화'를 추구했는지를 좀 더 구체적으로 이해하려면 두 측면에서의 접근이 필요하다. 전후의 교육 환경과, 전전 세대의 아이덴티티적 특성이 그것이다. 우선 전자부터 살피자. 오키나와는 교육면에서도 전쟁 피해가 참담하기 그지없었다. 교사(校舍)의 80퍼센트가 소실되었고, 교원의 약 3분의 1이 사망하였다. 또 일본에서 분리된 후 공무원이던 교원의 급여 공급원은 단절되었으며, 이를 대신한 미 군정부의 급여는 군(軍)노무자의 반액 수준에 불과했다. 생활고에 시달린 교원들 중 전후 8년간 전직 · 퇴직자가 57퍼센트(오키나와 본섬의 경우)에 이르렀다. 그러나 교육 현실에 대한 미군의 반응은 냉담하여 '예산의 불합리한 증가'를 이유로 지원을 거부하였다. 결국 1951년까지도 미군이 지급한 텐트 등 임시 교사에서 수업이 이루어진 경우가 70퍼센트에 이르렀고, 7퍼센트의 아동은 노천수업을 할 수밖에 없었다. 이처럼 미군 측이 냉담하게 반응한 이유는, 전전 황민화 교육에 매진했던 경력을 가진 교원을 신용하지 않았기 때문이었다. 따라서 미군은 일본 중심적 내용의 교재를 금지하고, '류큐 아이덴티티'를 중시하는 동시에 미국과의 국제 친선을 강조하는 교육 방침을 설정하였으며, 오키나와어로 교과서를 작성하는 것도 검토하였다. 하지만 실제로는 이를 이룰 만한 열의나 능력이 부족하였다. 결국 교과서는 1948년부터 일본 본토로부터 수입되었고, 가장 효율적인 방식으로 친미적 현지 엘리트를 육성하는 소수의 고등교육기관으로 1951년 류큐대학을 개교하는 수준에 그쳤다. 반면 교사들은 '본토견학 강습제도'를 통해 일본 본토를 방문하였는데, 예상외로 신속한 일본의 전후 복구 및 발전상을 보고 충격을 받는다. 패전 후 마찬가지로 잿더미에서 출발했지만 수년 만에 일본 본토와 오키나와의 격차가 크게 확대되었던 것이다. 따라서 교육계로서는 오키나와의 열악한 교육 환경의 개선운동이 최우선 과제라고 느끼게 되었고, 전전의 교사 출신으로서 대만에서 '식민지 교육'까지 담당했던 야라 초뵤는 전후 오키나와로 돌아온 후, 1950년 군도 선거에서 당선된 다이라 다츠오(平良辰雄) 지사 밑에서 문교부장으로 취임하여 교사(校舍) 재건 및 교원의 대우 개선을 최우선 과제로 추진한다. 하지만 본토견학 강습제도조차 중단하겠다는 미군 측의 냉담한 반응에 부딪히자 일본 측에 원조를 요청하기 시작한다. 1951년 2월 류큐대학 개교식에 초대된 일본 정부 문부정무차관을 통해 문부대신에 진정을 넣고, 교사 재건 원조와 본토견학 강습

제도의 존속 및 은급(恩級) 지급을 요청하였다.[52] 또 1952년에는 오키나와 교직원회 회장으로 취임하여 복귀기성회도 재조직하고, 일본 본토를 순회하며 교사 부흥 의원금 모집 운동을 개시한다(小熊英二 1998 : 556-559).

한편 오키나와에서도 1954년경 교사 재건에 본격적으로 착수하는 등 일정한 개선이 이루어지지만, 고도성장을 준비하던 본토와의 격차는 더욱 확대될 뿐이었다. 본토에서는 의무교육에 종사하는 교원 급여의 2분의 1을 국고에서 부담하는 원칙이 확립되고 1960년대에는 교과서 무상 배부 및 급식의 완전 실시가 실현된 반면, 오키나와의 경우는 1965년 단계에도 학교 비품 충족률은 문부성 기준의 2할 정도, 교원의 실질 급여는 본토 유사현의 약 3분의 2에 불과하였다.[53]

주목할 것은 류큐 정부가 1958년에 공포한 교육4법이다. 이 법안은 1956년 입법원에서 가결되었으나 미 민정부의 반대로 폐안되었고, 그후 세 번째 가결을 거쳐 우여곡절 끝에 공포되었다. 이 법안의 최대 핵심은 교육기본법 전문에 '일본 국민으로서의 교육'이라는 한 구절을 삽입한 것이었다. 이는 당시로서는 오키나와인이 '일본인'임을 명문화한 유일한 법령이었다. 바로 몇 년 전인 1950년대 초만 해도 같은 법안을 '오키나와인'이라고 규정하여 심의할 때, 당시 문교부장이었던 야라 초뵤를 포함해, 조례를 심의하는 회의에 참여한 어느 누구도 이견을 제시하지 않았던 것[54]과 대비하면 이는 커다란 전환을 뜻하는 것이었다. 또 이러한 문구는 1950년대 말의 상황에서 미군의 압력에 대항하여 '일본인'임을 자각하려는 정신

52 당연히 은급은 일본 정부의 행정권 관할하로 들어가지 않는 한 불가능한 요구였다.
53 福地曠昭(1965),『戦後20年・教育の空白 — 本土と沖縄の比較』, 沖縄教職員會, 3쪽, 25쪽 ; 小熊英二(1998 : 561)에서 재인용.
54 『琉球史料』 3집, 92쪽 ; 小熊英二(1998 : 562)에서 재인용.

적 의미도 있었으나 그 이상의 측면도 있었다. 즉 이 법령을 근거로 일본 본토로부터 실질적인 원조를 받을 수 있게 된 것이다. 가령 1958년 교직원회의 공제회관 건설 시 자민당의 문부대신에게 바로 '일본 국민'이라는 조문을 보여 감격하게 하고, 그 결과 대장성의 반대를 누르고 공금 지출 획득에 성공한 것이 단적인 예이다(小熊英二 1998 : 561-562). 이러한 점에서도 교사들의 운동은 교육 환경 개선을 위한 실리 획득의 성격을 지니고 있었고 '일본화'는 그 수단이었다고 볼 수 있다. 즉 '일본인이 된다'는 것은 반드시 전전과 같은 천황에 대한 충성, 연모 등의 이데올로기적 이유에서가 아니라, 일본 정부의 원조에 의한 교사 재건 및 교원 대우 개선 등, 자신들의 행복을 의미하는 것이었기에 교직원 전체의 지지가 가능했던 것이다.[55]

2) '공통어 장려운동'과 '국민교육운동'[56]

여하튼 교육기본법에 '일본 국민으로서'라는 문구를 명문화한 것은 '일본인'이면서 '일본인'이 아니었던 지위의 오키나와 주민들이 자신들의 권한 내에서 '일본인'이라는 법적 규정을 스스로 성취해 낸 것(小熊英二 1998 : 562)이었고, 실제로 이를 근거로 그전에는 불가능했던 일본 본토로부터의 실질적 지원을 얻어 내는 성취도 이루었다. 그러나 오키나와교직원회의 운

---

55 따라서 이에 대한 세간의 비판도 존재했다. 한 집회에서는 "복귀에 관한 교사들의 운동은 은급을 받기 위한 것"이라는 세평이 있음이 보고되기도 했다(小熊英二 1998 : 563).

56 전후 오키나와의 국민교육운동 중 일본어 장려에 관해서는, 본격적인 실증 연구는 거의 없는 상태에서 오구마 에이지가 1950년대 후반 이후 오키나와교직원회의 자료를 중심으로 정리했음을 밝히고 있다(小熊英二 1998 : 752 각주 1). 이 글에서는 小熊英二(1998)의 성과를 중심으로 『EDGE』 No.12(2001, Spring)의 특집에 실린 해제(小熊英二 2001 ; EDGE編集部 2001), 기타 문헌의 관련 내용을 참조하였다.

동은 자라나는 아동에게 영향을 주었다는 점에서 여타 복귀운동 단체의 활동과는 또 다른 효과를 발휘했다. 이는 구체적으로는 '일본인'으로서의 자각, 공통어(일본어)의 장려로 표출되었다. 언어 문제부터 우선 살펴보자면, 패전 직후에는 미군의 오키나와어 및 오키나와 문화 장려정책도 있어서, 토착어 사용은 거의 자유롭게 이루어졌다. 그러나 시기는 불확실하지만 언제부터인가 공통어가 다시금 장려되는 방향으로 전환되기 시작했는데(小熊英二 1998 : 564), 분명한 것은 전전과 달리 일본 본토의 강제적 동화 분위기 속에서 이루어진 것이 아니라 순전히 오키나와 내부의 자발적 움직임으로 전개되었다는 것이다. 일본어 교육의 배경 요인으로는, 앞에서도 언급했지만 전전 '동화'의 정도가 강했던 지도층 인사의 반응과 유사한 교사들의 아이덴티티 위기 및 회복과 관련된 현상을 들 수 있다.

> (패전 후 미군의 감독 · 보호를 받고 있으면 — 인용자) 필승의 신념이 강고했던 사람일수록 어지럽고 혼란스러운 정신 상태가 되었다. 과거 자신이 걸어온 길에 대해 부정하기도 한다. 수용소 생활 첫걸음부터 영어의 세계로 들어가니…… 국어(일본어)에 대한 불신과 동요도…… 틀림없이 있었다. ……그러다가…… 선생으로부터 언어 교육은 어디까지나 표준어(일본어)로 해라, 흔들리지 말라는 통달이 왔다. 학무과 직원, 학교 직원이 청천(晴天)을 맞이한 기쁨과 안정감에 감격했던 사실은 잊을 수가 없다.[57]

사실 오키나와에서는 앞에서 보았듯이 전쟁책임 추궁 및 공직 추방이 약했고 교원 부족 사태도 겹쳐서 전전의 교원들이 문제없이 교직을 수행

57 『琉球史料』 3집, 7~8쪽 ; 小熊英二(1998 : 565)에서 재인용.

할 수 있었다. 미 군정은 한때 오키나와어로 교과서를 만들 생각도 하였던 반면, 이들은 일본어를 표준어로 가르치는 것을 당연시했다. 가령 1951년 4월 샌프란시스코 강화회의에 즈음하여 복귀 서명운동이 전개되던 때 열린 제2회 전도(全島) 교장회에서는 이미 '표준어 장려를 철저히' 할 것이 '본연도 중점 목표'의 하나로 게시되고 있다. 또 1952년 제2회 교연(教研)[58] 대회에서는 문교부장 캰 신에이(喜屋武眞栄)가 "우리가 교육하고 있는 아이들은 바로 일본인이며, 일본의 청소년임에 틀림없다. 올바른 일본 국민으로서의 의식을 지닌 어린이를 나날이 육성해 가자"고 언명하고 있으며, 1957년 제3차 교연 집회에서는 한 중학교 교사가 다음과 같이 보고하고 있다. "마음속 깊이 일본어의 아름다움, 언어가 갖는 혼, 일본어가 빚어내는 무어라 형언할 수 없는 분위기를 감득하고, 공통어로 이야기하는 기쁨을 느끼게 하는 지도가 무엇보다도 중요하다"(小熊英二 1998 : 565).

그러나 당시의 현실을 보면 공통어가 가장 많이 보급되었을 나하(那覇) 지구조차 모든 생활에 걸쳐 공통어를 사용하는 중학생은 13퍼센트, 나고(名護) 지구에서는 공통어만으로 생활하는 가정이 0.3퍼센트, 공통어를 다용하는 가정을 합쳐도 10퍼센트에 불과한 지경이었다. 따라서 "강제하고 장려하는 것만으로는 효과가 없다. 아무리 주번 교사가 야단을 쳐도 그때뿐이고 선생이 가버리면 그대로 방언을 쓸 수도 있다." 따라서 지도방법으로 노력표 및 발음 교정표 작성, 반 모임에서 "바르지 않은 어휘를 사용한 경우 주의하여 그 자리에서 고치도록" 결의하거나, "부정어를 쓴 사람,

58 일본교직원조합(이하 '일교조') 등이 주최하는 교육 연구 집회의 약칭이다. 1947년 결성된 일교조는 교사의 생활과 권리 요구 투쟁을 해왔으나, 1951년부터는 그와 더불어 '자주적 교육 확립 투쟁'을 추진 방침으로 내걸고 조직적인 연구 활동 전개를 공약하였다. http://goo.gl/UCEulJ 참조.

고친 사람을 홈룸 시간에 당번(日直)이 발표한다", "수시로 프린트하여 가정에 통보하고, 부정어의 배제에 관해 협력을 구한다"는 등의 방안이 강구되었다.[59]

심지어 전전과 같은 방언벌칙패찰도 사용되었다. 다만 교사들의 보고에도 그다지 좋은 방법이 아니라는 평가가 따르기는 하나, 적어도 1965년경까지 오키나와 각지에서 방언패찰이 쓰였으며 또한 1970년대 이후에도 변형된 방식으로 지속되었다.

> 소학교에 입학하자 얼마 안 되어, 선생님이 신기한 것을 시작하였다. 교실 벽에 철사 끈을 걸고, 잘라낸 색종이를 세탁물의 형태로 매달았다. 그때부터 학생이 '방언'을 이야기하면 본인의 이름과 사용한 방언이 세탁물에 기록되고, 내걸리게(벌 받게) 되는 일이 일상화되었다. 지금 생각해 보면 그것은 '방언패찰'의 응용이었으나, '표준어 장려 주간'이 되면 학생들 간의 고자질이 늘어나 세탁물의 수도 늘어났다. 감시하는 역할은 주로 학급 위원이 맡았으나 학생들 간의 고자질도 많았다. 하지만 음습한 분위기는 아니었고 우리는 오히려 즐겁게 감시 놀이에 흥을 냈다. 감시받고, 감시하는 사이에 우리는 일본어를 습득해 갔고, 또 습득한 언어를 시험할 기회도 주어졌다. 각종 '이야기 대회' 및 '동화 대회', 작문 콩쿠르 등이 학생들의 일본어 습득 진도를 측정하는 기회로 제공되었고, 신문 등 미디어도 대회 및 콩쿠르 주최 혹은 협찬함으로써 일본어 교육의 일익을 담당하였다(田中安博 2001 : 12).

---

59 第三次教研中央集會研究集録『第一集』,『沖縄教育』5호(1957) ; 小熊英二(1998 : 566-567)에서 재인용.

이처럼 단지 일본어를 가르칠 뿐만 아니라 오키나와어를 배제하면서 열등감을 갖게 하고, 또 일본 문화를 우월하게 보도록 하는 기제가 교육을 통해 은연중에 재생산되었다. 또 학교 내의 지도만으로는 불충분하다는 판단에서 '가정에서는 공통어를 장려한다', '학생들에게는 방언을 쓰지 말 것', '부락에서의 집회, 공식 석상에서는 공통어로 이야기한다', '학교 방문 시에는 반드시 공통어로 이야기할 것' 등의 공통어 지도 방침이 제시되었다.[60] 따라서 지역사회에서도 "언어 지도의 제일선에 설 것은 교사"라는 점이 강조되었고, 이에 호응하여 학부형도 "가정에서도 모두가 공통어로 이야기하게끔 되어 집 안에 빛이 들어 환해진 행복을 느끼고 있습니다", "최근에는 방언으로 물건을 사러 온 사람에게는 팔지 않기로 하고 있고, 부정어를 쓴 경우에는 바르게 말할 때까지 기다리게 합니다" 등의 사례가 보고되었다.[61] 그 결과 오키나와 각지에서는 '공통어에서 조국복귀로', '방언은 수치요, 공통어는 자랑(恥じよ方言、誇れ共通語)'이라는 포스터(由井晶子 1970 : 419)를 어디에서나 볼 수 있는 분위기로 바뀌어 갔던 것이다.

교사들이 일본어를 장려한 또 하나의 이유는 '민주주의 교육'이라는 명분이었는데, 즉 "생각한 대로 주저 없이 자유롭게 듣고 말할 수 있는 것"이 민주주의의 기본이며 이를 위해 공통어를 장려한다는 의견이 다수를 차지하였다(小熊英二 2001 : 39). 그 정도로 교사들에게는 표준어=일본어라는 관념이 있었고, 또한 '방언 교정'을 학생에 대한 '애정 표현'으로 보아 "학생을

60 第四回教育研究大會研究集錄(国語), 『沖縄教育』 6호(1958) ; EDGE編集部(2001 : 70)에서 재인용.

61 第三次教研中央集會研究集錄 『第一集』(1957), 15쪽, 40쪽 및 第四回教研中央集會研究集錄 『第三集』, 『沖縄教育』 6호(1958), 60~61쪽 ; 小熊英二(1998 : 567)에서 재인용.

위축시키거나, 열등감을 갖게 하거나, 비굴해지게 해서는 안 된다. 사회에 나가서 공통어를 충분히 쓰지 못할 때 열등감이 생길 수 있는데 그것이야말로 큰 문제"라고 지적하기도 하였다(小熊英二 1998 : 568-569). 또한 교사들에게는 오키나와를 부흥시키고, 미군의 폭정에 대해 저항할 수 있는 인간을 키우려면 (문어체로는 끝맺음이 불확실한 방언이 아니라) 일본어와 같은 근대적 언어여야 하고, 전전에 그토록 고생하여 정착시킨 표준어를 버리는 것은 오키나와를 퇴화시킨다는 관념이 있었다(戸邊秀明 2003 : 123). 즉 오키나와어로 토론하면 된다는 발상은 찾아볼 수 없었다. 그 정도로 교사들에게는 표준어=일본어라는 관념, 그리고 상상(想像)상의 '조국' 및 '본토'가 교원들의 뇌리에 목표 지점으로서 상정되어 있었던 것이다. 즉 교육 환경 개선을 주도한 야라 초뵤의 경우는 '조국' 및 '일본 국민'이라는 상징 사용이 교육 환경 정비를 위한 전략적인 차원의 것이었으나, 현장의 교원들에게는 언어 및 의식에 있어서도 '본토 수준'을 지향하는 것으로 결부되었다(小熊英二 1998 : 568-569). 그리고 학생들은 이러한 교사들의 확고한 의지 아래 일본에서 제작된 교과서를 통해 '본토'의 자연 및 문화에 접하며 상상 속의 '조국'을 내면화해 갔다. 가령 아열대인 오키나와에서는 벚꽃(히칸자쿠라)[62]이 1월에 개화함에도 불구하고, 벚꽃이라고 하면 본토에서 (3월 이후의) '봄', 그것도 품종이 다른 벚꽃(소메이요시노)[63]이 피는 모습을 먼저 연상할 정도로 의식 구조가 바뀌어 갔다(田中安博 2001 : 13-14).

---

62 緋寒櫻. 혹은 간히자쿠라(寒緋櫻). 1~3월 사이에 땅을 보고 숙인 형태로 진분홍의 꽃이 핀다.

63 染井吉野. 일본산 원예 품종으로 메이지 중기 이후 관상용으로 일본 곳곳에 심어졌다. 일본에서 '하나미(花見)'의 대상으로 '사쿠라'라고 하면 사실상 이 품종을 가리킨다.

이윽고 1963년 제9차 교연 집회에서는 '국민교육 분과'가 설치되고 '국민교육운동'이 공식화되어 '히노마루(日の丸)', '기미가요(君が代)'를 상징으로 내걸었다.[64] 아울러 학생들에게 '일본인'임을 '자각'하게 하기 위한 교육이 추진되어 매해 아동들의 의식 조사가 행해졌다. 가령 소학교 학생들에게 "당신은 어느 나라 사람입니까?", "오키나와는 어느 나라에 속합니까?"라고 물었을 때 대개의 지역에서 스스로를 '일본인'이라 답한 경우가 90퍼센트 이상, 또 일본의 영토라고 한 대답도 80퍼센트대였는데, 100퍼센트를 향해 노력하자는 식이었다. 나아가 일상용어도 '일본'이 아니라 '조국', '오키나와인'이 아니라 '현민'을 사용하도록 장려하였고, 아동들에게 오키나와현이라고 기재된 유일한 공적 문서인 호적 초본을 통해 일본의 일부임을 자각하도록 장려하였다. 즉 '일본의 아름다운 전통 및 문화를 지키는 태도 육성', '공통어의 장려', '풍속 습관의 개혁' 등의 목표를 제시하는 것이 '국민교육운동'의 내용이었다.[65]

이토록 전전과도 유사한 '일본화'를 근간으로 한 국민교육운동이 고양될 수 있었던 요인은 복합적이었다. 첫째, 교사들에게는 본토와의 격차 의식에 대한 초조감이 있었고, 본토와의 '학력 격차'를 우려하면서 학생들의 '자신감'을 양성해야 한다는 생각을 하였다. 사실 '언어' 외의 과목에서는

64 이는 히노마루, 기미가요를 전전 군국주의의 유산으로 보고 반대하던 본토의 일교조와는 다른 태도였다. 오키나와의 경우에는 미 군정이 '히노마루' 게양을 금지한 결과, 오히려 1950~1960년대에는 '히노마루'가 반미 저항의 상징이 되었다는 점, 또 오키나와교직원회는 일교조와 달리 관리직을 포함한 직원 단체로서 본토의 보수 여당 및 문부성과도 우호 관계를 유지하고 있었다는 점을 들 수 있다(小熊英二 2001 : 39).

65 沖縄教職員會(1965), 『沖縄教育 ― 第11次教研国民教育分科』, 43쪽, 66쪽, 68쪽, 第13次教研集會集錄, 『沖縄教育(国民教育)』(1967), 18쪽 ; 小熊英二(1998 : 574)에서 재인용.

격차도 없는 상황이었으나 교사들은 이렇게 판단을 한 것이다. 둘째, 미국이라는 거대한 존재가 오키나와를 영구적인 군사 식민지로 삼으려 한다는 압박이 있었고, 이에 대항할 힘으로 일본을 '조국'으로 부르며 의존하였다. 셋째, 미군기지 주변의 풍기 문란, 공중도덕 저하, 학생들의 예의 약화, 언어 사용 및 경어의 퇴화 등을 우려하였고, 그 대안으로서 제대로 된 '일본적' 교육을 시키는 것이 필요하다고 생각하였다. 그러나 더 근본적으로는 모든 문제 상황에 대해 '일본화'를 해결책으로 상정하거나 그에 긍정적으로 반응하는 내면적 의식과 정서가 있었다. 즉 전전 세대 교사들의 정서와 행동 양태는 "…… 때로 군가 및 기미가요를 들으면 그리운 감정을 느낀다. …… 거대한 권력에 저항을 느낄 때, 약한 자가 추구한 것은 전후 민주주의 교육이 아니라 전전으로부터의 군국주의 교육"[66]이었고, 전전 세대나 "오키나와에 거주하는 30대 이상의 교원의 경우, '히노마루'나 '기미가요'라는 단어는 강렬한 향수를 불러일으"키는 것이었으며, 교연 집회에서도 국민교육운동에는 "젊은 사람들이 참가하고 있지 않다"는 점, '히노마루'에 대해서도 젊은 층과 "30대 이상의 감각 차가 확연하다"는 점이 보고되고 있듯이 전전 세대 교원들의 감성이 국민교육운동의 감추어진 배경이었던 것이다.[67] 따라서 이들의 의식 속에는 일본으로의 동화에서 안정감을 찾는 동시에, 전전 일본 치하에서 겪었던 차별에 대한 기억을 재생산하면서 이를 면하려면 더욱 일본화해야 한다는 순환 고리가 다시 작동하고 있었다.

---

66 日本教職員組合・沖縄教職員會 共編(1970), 『沖縄の先生たち』, 合同出版株式會社, 4쪽 ; 小熊英二(1998 : 581)에서 재인용.

67 전전에 고생하여 쌓아 올린 지위 및 명예에 대한 애착도 작용하였다(小熊英二 1998 : 581).

그러나 교사들은 그렇다 치고 젊은 학생들이 이에 따르고 호응했던 것은 무슨 까닭일까? 무엇보다도 그들이 '일본인'을 지향하려 했던 것은, 주어진 폐색 상황으로부터의 탈각원망(脫却願望)이었다. 당시 젊은이들의 진로는 류큐 정부의 공무원이 되거나, 교사가 되거나, 일본 본토에 가는 것이었는데, 본토는 도항 제한이 있고, 교사는 급료가 낮고, 지역 산업은 불안정하니, 고작해야 미군기지 노동자가 되거나 하는 상황이었다. 1967년 한 고교생은 "명실공히 일본 국민이 되는 것이야말로 진정한 생활을 가능하게 하는 길"이라고 말하기도 했다. 즉 고도경제성장을 구가하던 평화로운 일본으로의 귀속은 인간의 존엄 및 미래에 대한 희망과 동의어였던 것이다(小熊英二 1998 : 588).

그러면 이러한 상황에서 학생들은 어떠한 아이덴티티를 갖고, 또 자문화에 대해 어떤 태도를 지니고 생활의 활로를 개척할 것인가에 대한 교원의 지도는 어떠했는가? 1966년 교연 집회에서 보고된 학생들의 '집단 취직' 시 교원의 태도는 "언어에 대해서는 과거에 오키나와인이 본토에서 실패한 사례, 경험 등을 끊임없이 일러 주고, 그 필요성을 강조하며 아울러 공통어를 충분히 말할 수 있도록 교내에서는 독려하고, 예의범절 면에서는 인사, 답례 방식 등"을 지도하고 나아가 "교과서, 히노마루, 언어, 풍속, 습관, 일상생활 등의 실질적 일체화를 들어 지도"하는 것으로 되어 있다.[68] 바로 '과거에 오키나와인이 본토에서 실패한 사례, 경험'은 교사들의 뇌리에 깊이 각인되어 있었고, 따라서 그러한 전철을 밟지 않도록 언어를 비롯한 모든 생활 면에서 더욱 폭넓게, 철저하게 일본과 '실질적 일체화'를 이

68 第12次教研集會集錄, 『沖縄教育(国民教育)』(1966), 60쪽 ; 小熊英二(1998 : 582)에서 재인용.

루는 것이 지도의 내용이었다.[69]

그렇다면 전후의 '국민교육운동'은 전전의 '황국신민화' 교육이나 다를 바 없었던 것인가? 즉 더 좋은 일자리와 생활 조건을 위해 일본화를 지향한다는 것은, '소철 지옥' 후의 경제난을 피해 일본 본토 및 남양 군도 등으로 출가노동이나 이민을 했던 전전의 상황, 그리고 일본어도 제대로 못한다고 차별받은 경험이 뼈에 사무쳐 생존을 위해서도 일본어를 철저히 배우고 일본 문화에 동화되어야 한다고 몸부림쳤던 전전의 방식을 재현하는 것에 다름 아니냐는 물음을 던질 수 있다. 일단 이에 답하자면 '국민교육운동'은 적어도 천황제 국가에 대한 충성을 요구하는 신민화 교육은 아니라는 점, 일본은 단지 일자리를 보장받는 곳일 뿐 아니라 평화헌법하에서 기본적 인권이 보장되는 곳으로 인식되었다는 점, 그리고 '민요 붐' 등에서도 보듯이 오키나와의 토착문화를 스스로도 전면적으로 억압하고 부정해야 하는 분위기는 아니었다는 점은 전후의 달라진 양상이다. 그러나 생존을 위해 언어 및 생활 문화 전반에서 일본으로 동화되어야 한다는 상황 인식은 전쟁 전후를 관통하여 재현되었다. 오키나와의 현실에서는 학생들로 하여금 '본토 수준'의 학력 육성, '본토 수준'의 공통어 장려, '본토 수준'의 '일본인' 의식을 육성하는 것이 유일한 출구라고 믿었던 것이다.[70] 다만 전후의 국민교육운동은 전전과는 달리 법제도적으로는 일본에 편입되어 있지 않은 상태에서, 이른바 "문화 및 아이덴티티의 면에서 '일본인'이 됨

---

69 오키나와 출신의 어른 또한 본토로 취업차 가는 젊은이에게 "방언을 쓰지 마라, 내지에 가면 바보 취급당한다. 조선인이나 중국인(支那人)으로 착각받는다"는 식의 질타를 하기도 했다(由井晶子 1970 : 419).

70 이러한 점에서 오키나와교직원회의 활동은 '황민'화에서 '국민교육'으로 포장을 새로이 했으나, 실질적으로 행한 역할은 마찬가지라는 평가가 내려진다(後田多敦 2001 : 32-34).

을 선행시킴으로써 '일본인'으로서의 권리를 획득"(小熊英二 1998 : 578)하는 작업을 먼저 전개했다. 그리고 이를 통해 일본으로의 법제도적 통합을 준비하는 식으로 되었다는 점에서 전전과는 '역방향'의 통합 과정을 추진했으며, 그 귀결이 대대적인 '조국복귀운동'의 고양이자 1972년 일본으로의 '시정권 반환'이었다고 볼 수 있다.

아이덴티티 문제와 관련하여 특히 문제 되는 것은 본토에서 차별받은 기억은 그대로 계승되었고, 또 차세대 학생들에게도 이식되었다는 점이다. 국민교육운동이 고양된 요인들의 배경에는 거의 항상 전전의 차별에 대한 기억이 깔려 있었다. "만일 시정권이 반환되었을 때, 현민이 진정한 일본인으로서의 국민 의식, 국민 문화의 괴리 등에 커다란 차가 있다면 본토 동포의 의혹의 눈과 차별 대우는 피할 수가 없을 것"[71]이라는 발언에서 보이듯이 일본인으로 인정받지 못하지 않을까 하는 두려움에서 벗어나지 못했고, 이러한 아이덴티티의 불안을 사전에 '예방' 혹은 최소화하려는 것이 국민교육운동이기도 했다. 그리고 그에 수반하여 오키나와 토착문화 등 자신의 뿌리를 은폐하거나 부정 · 폄하하려는 전전의 구도도 일정하게 재생산되는 효과를 발휘하였다. 지금은 저명한 조각가이자 문학가인 긴조 미노루(金城実)는 1960년대 말 일본 본토에서 유학하던 시절, "곧잘 가던 식당의 아주머니가 '학생은 어디 출신이냐'라고 물었을 때, (오키나와 출신임을 감추고) 규슈(九州)에서 왔다고 답했다." 그는 이렇게 출신조차 부정했던 자신의 행동을 "일생을 두고 잊지 못할 수치스러운 일"로서 기억하고 있다.[72]

---

71 沖縄教職員會(1965), 『沖縄教育 一 第11次教研国民教育分科』, 44쪽 ; 小熊英二(1998 : 579)에서 재인용.

72 2005년 2월 18일 긴조 미노루의 작업장 방문 시 직접 들려준 이야기에 따른 것이다. 그에 관해서는 金城実(2002) 등 참조.

전후 세대임에도 불구하고 자신의 출신을 밝혔을 때 받게 될 불이익에 대한 두려움, 그래서 자신의 출신조차 은폐·부정하려는 태도에서 이 시기까지도 벗어나지 못했던 것이다.

3) '복귀운동'의 변화와 '국민교육운동'의 전환

1960년대 전반의 시기까지 오키나와의 정당정치 및 대중운동은 '조국복귀' 자체보다도 일단 '자치권 확립'을 목표로 전개되었다. 그러나 투쟁이 확대되는 가운데 기존의 정치 구도상에 커다란 변화가 일어나기 시작했다. 보수 세력은 주민의 자치권 확대 요구와 대미 협조 사이에서 분열, 동요하면서 세력이 약화되었고, 반면 혁신 세력은 주석 공선 요구를 중심으로 자치권 확대를 주장하면서 내부 동요 없이 단결하며 세력을 강화해 갔다. 그 결과 1960년대 중반을 거치면서 복귀운동의 혁신적 성격이 강해지고, 보혁 대립의 구도가 형성된다(波平恒男 2003). 1965년 8월 사토 에이사쿠(佐藤栄作) 수상의 오키나와 방문 시 여론이 분열되어, 보수계는 환영한 반면 혁신계는 현상 고착 타파를 요구하며 격렬한 반(反)사토 데모를 벌였고, 길바닥에는 '히노마루'가 마구 버려졌다(小熊英二 1998 : 591). 또 미군의 북폭(北爆) 개시에 따른 베트남전쟁의 격화, 기지 피해 및 미군 병사 범죄가 급증하는 데 대한 오키나와 주민의 항의에도 불구하고, 일본 정부는 미군기지의 역할을 긍정하고 미군을 대변하는 정책을 펴면서 주민의 감정에 역행하였다. 이때부터 복귀운동의 성격이 변화되기 시작하였다(沖縄社會大衆黨史編纂委員會 編 1981). 즉 단순한 자치권 요구나 일본 편입이 아니라 오키나와 미군기지의 무조건 철수, 시정권의 즉각적·전면적 반환의 요구가 대세를 이루게 되었다.

이때의 분위기에 대해 한 교원은 "지금까지 사이좋게 동거하던 히노마루와 적기는 각각의 역할에 따라 절교하였다. 심정적으로 조국을 동경하고, 하루빨리 부둥켜안고 싶다고 기대하는 마음은 히노마루를 흔들었다. 전후 20년, 이제는 더 이상 핵 기지, 베트남 출격을 용인할 수 없다는 마음은 즉시 전면 반환의 열망으로 분출되어 적기를 내세웠다"고 술회하였다.[73]

여기에서 오키나와 교육 환경의 일대 개선 조치에 주목할 필요가 있다. 사토 수상 방문 시, 야라 초뵤는 인맥 동원 외에도 '일본 국민임을 명시한 예의 교육기본법 전문'을 내세워 사토로부터 오키나와에 대해 타 부현과 동등한 교육비의 국고 부담을 하겠다는 약속을 받아 내었다. 그 결과 자민당 정권은 1966년도 예산에서 오키나와 관련 원조를 배로 늘리고, 특히 교육비는 약 7배, 교원 급여도 본토와 대등한 수준으로 근접하게끔 인상하고, 교과서 무상 배부도 실현하였다. 이로써 오키나와교직원회의 숙원은 해결되었고, 초점은 오히려 반전 평화로 이동하게 되었다(小熊英二 1998 : 592).

아울러 1960년대 후반, 베트남전쟁 반전운동이 고양되면서 반전·평화의 입장이 전면화되자 오키나와의 교육계 내부에서도 종래와는 상이한 조류가 대두되었다. 1966년 1월 교연 집회에서는 종래의 국민교육운동에 대한 반성이 전개되었고, 전후 본토의 교사들이 보여 준 강력함은 전쟁책임의 반성 위에서 가능했던 데 반해 오키나와는 과연 어떠했는가 하는 내부 비판이 제기되었다. 뒤이어 '이에나가 소송[74] 지지 운동', '자위대 모집에 협력하지 않는 운동' 등 평화운동의 강화가 제창되었으며, 아직 "공통어는

---

73 儀間進(1969), 「沖縄と本土との断絶感」, 『新沖縄文学』 하계호, 71쪽 ; 小熊英二(1998 : 592)에서 재인용.

74 일본의 역사학자 이에나가 사부로(家永三郎, 1913~2002)는 자신이 저술한 교과서에 대해 문부성이 일본의 전쟁범죄에 관한 의견차와 사실 오류를 들어 검열하자 1965년 법정 소송을 걸어 이후 1997년 제3차 소송 제3심 재판으로 종결되기까지 수십 년간 투쟁하였다.

필요하다"고 하면서도 "방언에 관해 필요 이상으로 열등감을 갖게 해서는 안 된다", "향토문화의 이해를 심화하는 운동"도 제시되었다. 또 헌법, 인권에 대한 문제 제기가 이루어져 국민교육운동에서 '일본' 및 '일본인'의 상징으로서 내걸었던 '히노마루', '기미가요'에 대신하여 평화헌법을 내거는 전환이 이루어진다.[75] 이는 1960년대 후반의 복귀운동(히노마루 청산)에까지 파급되었다.

1967년 1월 교연 집회에서는 히노마루를 내걸고 기미가요가 일본의 국가라고 답하는 것만으로 국민 의식을 논할 수 없다는 반성이 표명되었고, 공통어 장려를 주창하는 보고는 교연 집회에서 사라졌다. 대신 단순한 일본인이라는 의식이 아니라 "주권자로서의 긍지와 책임을 갖고, 헌법에 정해진 국민의 권리를 당당하게 주장하고…… 평화를 희구하며 살아가려는 결의와 의욕"이라고 표명하였고, 1968년 오키나와교직원회는 국민교육 분과를 폐지하는 대신 새로이 평화교육 분과를 신설하게 되었다. 또 1969년 말 사토 · 닉슨 정상회담을 통해 오키나와에 기지를 존속하는 형태로 '시정권 반환'이 결정되자 분위기는 반전되었다. 1950년대 이후 급속도로 보급되었던 '조국'과 '복귀'라는 단어도 이제는 급속도로 잊혀 갔다(戶邊秀明 2003 : 120). 대신 반복귀론이 급속히 대두되었고, 미화되었던 본토에 대한 환상도 식기 시작하였다. 1969년 12월 교연 집회에서는 '히노마루', '기미가요' 제창은 본토의 '반동화'와 관련하여 주목해야 하며 "방언을 부끄럽게 여기고, (오키나와인이) 타 부현에서 공통어를 유창하게 말하지 못하는 것은, 전전 학무과를 중심으로 방언패찰을 만들어 통제해 온 방언 정책 탓"이라

75 第12次教硏集會集錄, 『沖縄教育(国民教育)』(1966), 4쪽, 12쪽, 5쪽 ; 小熊英二(1998 : 593)에서 재인용.

고 정리하게 되었다.[76]

즉 바로 얼마 전까지도 '방언패찰'을 비롯한 일본어 장려운동이야말로 학생들의 '자신감'을 양성하고 활로를 개척하는 수단이자 '민주주의 교육'으로 간주했던 것에서 이제는 열등감의 배경으로 지적하는 등 인식의 전환이 이루어지기 시작한 것이다.[77] 전전의 '오키나와 언어 논쟁' 이후로 본다면 근 30년 만의, '방언패찰'이 등장한 20세기 초부터 본다면 반세기 이상 걸려 이루어진 전환이었다. 오키나와의 교사들은 애초의 수단(일본화)과 목적(교육 환경 개선)이 전도될 정도로 '국민교육운동'에 매진하였으나, 기본 목적을 상당 정도 이루고 일본화에 대한 환상이 약화됨과 함께 운동의 성격도 변화하기 시작한 것이다.

4) '일본화'의 한계 : '일본=조국'론에 대한 문제 제기

그렇다면 '민족의 비원'으로까지 운위되었던 '조국복귀'의 주요 추진력으로 작용했던 '국민교육운동' 및 '일본화'의 흐름에 대해 내부에서 이의를 제기하는 목소리는 없었던 것일까? 비록 여러 사정상 전후 초기의 '독립론'은 사라져 갈 수밖에 없었다 해도 전후의 열린 공간에서 시작되었던 오키나와 아이덴티티에 대한 모색의 흔적은 어디에서 발견할 수 있는 것일까?

---

76 沖縄教職員會教育文化部 編(1970),『沖縄教育 ― 第16次教研集会報告書(国民教育)』, 1쪽, 3쪽 ; 小熊英二(1998 : 594)에서 재인용.

77 이러한 전환에 대해 역시 일본인 아이덴티티의 정도가 강한 교사는 다시금 혼란과 동요를 겪을 수밖에 없었다. 다음과 같은 발언은 이를 잘 보여 준다. "(이제 와서 180도 바꾸어 히노마루는 안 된다고 하다니) 전후 20년여가 지나서야 비로소 본토 정부가 행한 의무교육 학교들에 대한 교과서 무상 배부에 대해서조차 (감격하여) 눈물을 흘리며 지도했던 오키나와 교사들은 어쩌란 말입니까. …… 조국 없는 백성의 고통은 이제 더는 싫습니다. 교단에 있는 몸으로서 적어도 이 아이들만큼은 평화헌법하에서 조건 없이 일본인으로서 생활을 할 수 있게끔 하고 싶습니다"(小熊英二 1998 : 595).

'복귀운동'의 말기에 한계를 깨닫고 '반복귀론'이 대두되기까지는 완전히 '일본화'가 지배했던 공간인 것일까?

'일본화'가 대세를 차지하고 '독립론' 등은 금기시되었던 것이 당시의 현실이었지만, 우리는 지배적인 흐름에 이의를 제기했던 소수의 목소리를 통해 전후의 복귀='일본화'의 한계와, 이후에도 아이덴티티 문제가 지속될 수밖에 없었던 사정을 엿볼 수 있을 것이다. '국민교육운동'의 경우에도 전전 일본으로의 '동화'가 충분히 진행되었던 위 세대와 달리, 전후의 젊은 학생들은 갈등과 동요를 드러내기도 하였다. 한 고교생은 이렇게 묻고 있다.

> 왜 우리는 일본 복귀를 하지 않으면 안 되는가? …… 학교에서는 일본인, 집에서는 오키나와인, 대체 우리들은 무엇인가? 우리들은 일본인인 것일까?[78]

나아가 1965년 1월 교연 집회에서 보고된 사례는 일본은 '조국'이 아니라고 단언한다.

> 일본 제국의 교육을 받은 어른들은 아무렇지도 않게 일본을 조국이라 부른다. 그리고 다시 일본의 영토가 되기를 바란다. 그리고…… 그런 사상을 패전 후 태어난 우리에게조차 억지로 주입하려 한다. ……1963년 오키나와에 문부대신이 왔을 때…… 일본 제국의 교육을 받은 교사가 '모두 소형 히노마루 깃발을 흔들어야 한다'고 말했을 때…… 이 문제를 홈룸에서 토의하자는 의견이 나왔다. ……A 군은 '환영이란 것은 강제하는 것이 아니라 자신의 신념에서 우

78 『琉球新報』 1965. 7. 29.자 ; EDGE編集部(2001 : 44)에서 재인용.

러나와야 되는 것이다'라고 발언했다. 이 A 군의 의견에 75퍼센트의 사람이 찬성하였다. 그러나 결국 교사는 교직원회의 결정이라면서 의지가 없는 사람도 깃발을 흔들러 가라고 명했다. ……왜 우리들은 일본 조국론을 인정하지 않는가? 우리가 오늘날 성장하기까지 일본의 은혜를 경제적, 혹은 정신적으로 받기나 했는가? ……일본이 조국이라고들 한다. 하지만 그렇게 말할 자격도 의리도 없다.[79]

17세 여고생의 한 투서는 사츠마에 의한 정복 및 '류큐 처분'의 역사를 거론하면서 "복귀만 하면 당장 모든 것이 해결된다고 일본 숭배병에 걸린 분들은 광신하고 있을지도 모르나, 일본은 오키나와의 입장에서는 그저 지배국에 지나지 않으며, 조국이 될 수 없다"고 주장하였다.[80] 또 '일본=조국'론을 부정하지는 않더라도 일본에 대한 괴리감을 감출 수는 없었다. "우리는 감정적으로는 일본인의 감각을 갖고 있지 않다. 이성, 교양을 통해 일본인이라고 생각할 뿐"이라는 한 고교생의 말은 일본을 '조국'으로 여기는 입장이건 아니건 간에 전후 세대 학생들의 공통된 심리였다.[81] 이는 전전 세대와 확실히 다른 점이었다. 따라서 공식적인 설문 조사상으로는 '일본인'이라 답하고 일본 '복귀'를 희망하는 비율이 높았지만, 실제 교실

---

79 沖縄教職員會(1965), 『沖縄教育 ― 第11次教研国民教育分科』, 88쪽 ; 小熊英二(1998 : 153)에서 재인용. 또한 교연 집회 및 이러한 보고는 '우리 일본인' '피는 외친다'는 제하에서나마 부분적으로 신문에 보도되어 충격을 주기도 했다. 『琉球新報』, 「祖国は日本か」(1966. 1. 13) ; 小熊英二(1998 : 585)에서 재인용.

80 『琉球新報』, 「祖国は日本ではない」(1966. 1. 24) ; 小熊英二(1998 : 587)에서 재인용 ; EDGE編集部(2001 : 46).

81 大浜道子(1967), 「教員としての立場から」, 『世界』 8월호 ; 小熊英二(1998 : 587)에서 재인용.

안의 분위기는 달랐다. 가령 1967년 한 고교 홈룸에서의 토의 결과 '즉시 전면 복귀에 찬성하는 사람,[82] 반대하는 사람, 그 어느 것도 아닌 사람'을 조사했을 때 의견은 거의 같은 수로 삼분할되었고, 이 상황에서 대개 교사가 "고고학 면에서도, 민족학 면에서도, 언어학 면에서도, 인류학 면에서도…… 오키나와인은 일본인이라는 증명은 이미 이루어졌다"고 마무리 짓는 식이었다.[83]

결국 "오키나와에 사는 사람들의 심정을 수량적으로 적확하게 파악하기에는 너무나도 복잡"하며, "마음속 깊숙이 조국복귀를 바라면서도, 여전히 마음의 한구석에서 '조국이란 무엇이냐'고 묻게 되는 주민의 심리 상태"는 '혼(魂)의 이중성'이라고 표현되었다(1967년의 한 투서).[84] 이처럼 위태로운 이중성의 균형 위에 '일본인 지향'이 존재(小熊英二 1998 : 590)[85]했던 것이 대대적인 '조국복귀'라는 슬로건 아래 감추어진 진실이었는데, 그 속에 내재하는 갈등을 정면으로 직시하는 사람에게 오키나와의 자기 아이덴티티 문제는 결코 회피할 수 없는 문제로 다가올 수밖에 없었다.

---

82 복귀 찬성의 이유는 일본인이 되면 동등한 인권, 대우를 받을 것이라는 기대가 가장 큰 이유였다.

83 『世界』, 「座談会 私たちの発言」(1968년 10월호) ; 小熊英二(1998 : 589)에서 재인용. 이는 '조국복귀운동'이 최고조에 달했던 당시의 지배적 분위기였다. 가령 이 시기에는 아라사키 모리테루조차 "민족적 · 문화적으로 보아 오키나와와 본토가 본래 일체의 것이었다는 사실에 관해서는, 현재 학문적으로는 이미 의심할 여지가 전혀 없다"는 언명을 남기고 있다(新崎盛暉 1968 : 16).

84 下地寛信(1969), 「祖国はいったいなんだ」, 『世界』 8월호, 138쪽 ; 小熊英二(1998 : 599)에서 재인용.

85 그러한 이중성 위에서 지향점이 일본으로 기울어진 것은 '평화'와 '경제'라는 양대 과제를 '조국=일본 복귀'를 통해 이룰 수 있다고 생각했기 때문이었고, 따라서 '조국=일본'의 부정은 바로 기지와 빈곤, '이민족 지배'의 긍정으로 귀결되는 이원 대립적 언설 구도에 갇혀 있었기 때문이었다(小熊英二 2001 : 42).

바로 그렇게 아이덴티티 문제와 고투하다가 생을 마친 것이 류큐대학 학생이었던 나카야 고키치(中屋幸吉)였다.[86] 그는 대대로 농가였던 중류 가정의 차남으로 태어났고, 오키나와의 자연 속에서 자라났다. 1959년 6월 동네인 이시카와에 제트기가 추락하는 사고가 있었다. 미군 비행사는 낙하산으로 탈출하여 목숨을 건졌으나, 조종사 없는 비행기는 방향을 잃고 소학교에 추락하였고, 학교는 아비규환의 생지옥이 되었다. 다수의 학생 사상자가 나왔는데 사망자 중에는 당시 겨우 1학년이었던 나카야의 조카도 있었다. 전시가 아니어도 이러한 참사를 겪을 수밖에 없는 것이 오키나와의 실상이었다. 이러한 경험을 지닌 나카야에게 미국과 일본 사이에서 동요하는 오키나와의 현실은 더욱 무겁게 다가왔다.

> ……'자신(自分)'은 누구인가? 우리가 '자신'이라고 할 때, 자신 속에 있는 것은 무엇이며, 자신을 둘러싸고 있는 것은 무엇인가…… 하는 의문이 자신의 면전에 닥쳐온다. 자신=부정할 대상, 분쇄하여 지양해 가야 할 대상으로서의 자신=즉자적 자기 존재의 실천적 지양 없이는 본연적 순수 자아의 확립은 있을 수 없다(1962년 7월 22일자 일기의 일부 ; 大田昌秀 1980 : 86에서 재인용).

그러나 오키나와는 모든 면에서 내세울 것이 없고 힘이 없는 변경, 시골에 불과했다. 따라서 "얼마만큼의 '주체성'이 있건 간에, 시골에 버려진 사람은 시골풍으로 물들고 시골말로 발성(發聲)하며, 시골의 돼지와 같은 얼

86 문학과 학생운동에 매진하던 그는 1966년 6월, 대학 졸업 2개월 후 27세로 자살하였다. 그의 유고집 『이름이여 서서 걸어라 : 오키나와 전후 세대의 궤적(名前よ立って歩け ― 沖縄戦後世代の軌跡)』(三一書房, 1972)은 복귀를 둘러싼 사상적 영위의 고통의 흔적, 아이덴티티 위기에 빠진 젊은이의 자기부정의 고민으로 가득 차 있다(大田昌秀 1980 : 85).

굴로 변모해 간다. 따라서 바로 시골이라는 현실을 폭파하고, 그 단위이자 분자이자 속성을 이루는 것을 거부했다손 치더라도, 그것이 승리할 수 있는 만큼의 실천력을 갖지 못하는 한 우리는 서글픈 자연물로 존재하며, 잡초처럼 자라다가 고사(枯死)해 갈 운명"으로 비친다. 결국 "격렬하게 반항하고, 닌자와도 같은 전략 전술을 구사하며, 수많은 사무라이들이 칼을 하나로 모아 싸운다 한들…… 니힐리즘의 땅바닥으로 확실하게 낙하한다. 승자가 되지 못하는 세계, 그리고 사람들이 몸부림쳐 봐야 도달하는 곳이 기껏 니힐리즘. ……하물며 내일이 오면…… 하는 신뢰심 따위, 조롱거리도 되지 않는, 아니, '내일'이라는 단어가 있는 것조차 의심하고 싶어질 정도……"(大田昌秀 1980 : 90-91)라고 비탄에 빠진다.

자신이 본래적 자신으로부터 변모하여 상황에 영합할 때, 자신은 이제는 '죽여야만 하는 것 이외의 아무것도 아니다(1962년 위의 일기).[87]

그리하여 '최후의 노트'는 다음과 같은 말로 끝난다.

우리는 끝내 '어떠한' 현실에서도 자유롭지는 못하다
현실은 항상 우리에게 찰싹 달라붙는다 — 그래서 '생'과 '사'에는 본질적인 차이가 있을 리가 없다
따라서 나의 '자살'은 한 번이나 두 번으로 그치지 않는다
나는 영원한 '자살자'

---

87 '본연적 순수 자아', '본래적 자신' 등의 표현은 아이덴티티에 대한 본질주의적 접근의 한계를 드러내는 것일 수도 있다. 그러나 그의 핵심적 고민은 오키나와인으로서의 적극적 의지, 주체성의 실현 방안을 찾기 위한 분투로 이해하는 것이 타당할 것이다.

그의 자살은 오키나와인으로서의 "아이덴티티 회복을 위해, 자신의 전존재를 걸고자 하는 노력"(大田昌秀 1980 : 91)이었다.

5) 오키나와 아이덴티티의 모색 : '국민교육운동' 비판과 '반복귀론'

위의 사례들은 '조국복귀'가 지상 명제였던 상황에서 돌출된 소수의 것이었다. 그러나 기대와는 달리 '기지 존속'하의 '복귀'가 공식화되면서 위와 같은 이의 제기는 더욱 확대되어 갔다.

1970년 당시 오키나와에서 중학교 졸업 후 도쿄 아키하바라(秋葉原)의 전기 기구 도매상의 중견 사원으로 일하던 28세 청년의 이야기를 보자.

> 요즘 젊은 후배들의 이야기를 들으면 본토에 가게 되면 방언을 쓰지 말라고 가르치는 학교 선생님도 있는 모양입니다. 가엾게도 학생들은 그런 이야기를 들으면 사투리 때문에 사회생활에 실패하지 않을까 위축되고 긴장을 풀지 못하게 됩니다. 저는 그런 태도에는 반대합니다. 자신의 고향의 말은 소중히 여겨야죠(由井晶子 1970 : 418).

앞에서도 보았듯이 교사나 어른을 통해 전전의 차별 경험을 이식받았던 소년은 본토에 온 후 오히려 스스로 콤플렉스를 떨쳐내고 자문화를 긍정하고 있는 것이다. 1971년 10월 재경(在京) 오키나와 출신 학생, 근로 청년들은 오키나와청년동맹을 결성하고 '일본인다운 일본인'이 되기를 포기하는 동시에 "모든 재일(在日) 오키나와인은 단결하여 결연히 일어나자"는 오키나와인 선언을 하기에 이른다. 그들은 '재일' 오키나와인임을 주장하고 1백년여에 이르는 '동화'의 연쇄를 절단하려고 시도한 것이다(後田多敦 2001 : 34). 그러한 면에서 "오키나와를 주체로 여기는 사상이 이제 싹을 틔우고 있다.

琉球新報

沖縄基地、大部分は残る

日・米政府、返還協定に調印

安保・拡大変質の不安も

核抜き明記されず

前途になお曲折

"県民無視の協定拒否"

復帰協、抗議大会開く

ワシントン

東京

그림 1-9. 기지 대부분 존속을 알리는 기사
출처『琉球新報』1971. 6. 18.자

琉球新報

号外

一九七二年一月八日（土曜日）

五月十五日返還決定

二十六年の米統治に終止符

佐藤・ニクソン会談で合意

首相、国民に協力求む

復帰準備に全力 主席

그림 1-10. 오키나와 반환일 결정 호외
출처『琉球新報』1972. 1. 8.자

그림 1-11. 오키나와 반환 협정 비준 저지 투쟁 1971년 11월 10일 총파업
출처 오키나와평화기념자료관 전시 자료

1972년 반환은 어떤 의미에서는 우리들 오키나와 사람들이 다양한 면에서 시험받는 기회"(由井晶子 1970 : 422)라는 당시의 한 발언대로, 일본으로의 '시정권 반환'은 새롭게 오키나와 아이덴티티를 모색하는 하나의 전기(轉機)가 되었다. 한편 오키나와 아이덴티티에 대한 적극적 모색은 '국민교육운동'에 대한 비판과 무관할 수 없었다. 따라서 "오키나와의 '조국복귀'운동이 종국적으로는 체제가 지향하는 질서 유지와 그 강화에 기여하는 것으로 포섭당하고, 체제내적 운동으로서 기능했다는 것, 그러한 운동을 사상 교육의 면에서 뒷받침한 것이 이른바 '국민교육'의 실천"(新川明 1970 : 422)이었으며, 그리고 오키나와의 교육 환경을 개선하는 데 큰 역할을 했던 개정 기본교육법의 '일본 국민으로서의' 교육을 지향한다는 규정은, 낡은 교육 기본조례에 명기된 '우리 오키나와인은……'이라는 규정보다도 "오늘날의 관점에서 보면 오히려 훨씬 더 반동적이라는 '역설'을 발견"(新川明 1970 : 426-427)하게 된다는 비판이 가해졌다.

이러한 비판은 이념적으로는 '반복귀론'의 대두로 이어졌다. 대표적 논자인 아라카와 아키라의 사상의 핵심은 ① 모든 악의 근원은 국가, 국민, 권력, 제국주의에서 구해야 하며, ② '복귀운동'의 직접적 병독(病毒)은 ①의 범주에 포함되는 타율적인 요인보다는 자율적인 '동화론'이고, ③ 일본인에 대한 '이질감 · 차이 의식'은 자기 비하 및 사대주의 생성의 기반인 동시에 일본국의 국가권력을 상대화하는 긍정적인 힘을 지니며, ④ 오키나와 아이덴티티 존재의 정당성은 그 자체의 주체성 회복을 위해 사용하기보다는 국가, 국민, 권력, 제국주의에 대해 반대하는 무기로서의 의의가 크다고 보는 점에 있다.[88] 이러한 사상은 '복귀운동'의 상승기에는 크게 파급되

88 따라서 반국가(주의)의 입장을 취하므로 일반적인 독립론과 일치하지 않으며 '류큐

지 못했으나, '복귀'의 구체적 현실이 드러나면서 일정하게 확산된다.

또 1990년대 중반 이후에는 '독립론'이나 '자치론'이 다시 부상하는 등, 시정권 반환 후에 새로운 문제의식들이 대두되면서 오키나와 아이덴티티와 자문화 인식을 촉진시키는 계기로 작용하게 된 것이다.[89]

그림 1-12. 2004년 8월 후텐마(普天間) 기지 소속 헬기가 인근 오키나와 국제대학에 추락한 사고 현장
출처 이지원(2005. 2. 18. 촬영)

공화국' 건설이 아닌 '류큐공화사회' 제창으로 귀결된다. 아라카와와 동시대인이며 대표적인 반복귀론자인 가와미츠 신이치(川満信一)는 이후 '류큐 공화사회헌법 사안(私案)'을 발표하기도 했다(川満信一 2010 ; 이지원 역, 이담북스, 2014 근간). 그러나 아라카와의 '반복귀론'은 제국주의 반대뿐 아니라 '일류동조론' 자체를 강하게 비판하는 등 '야마토인'에 대한 대결 자세 또한 뚜렷하다는 점에서는 독립론과도 밀접한 관련을 맺으며, 오키나와 아이덴티티를 공유하고 공명하는 관계를 이루게 된다(林泉忠 2005 : 111).

89 이러한 점에서 '반복귀론'을 '오키나와 내셔널리즘의 제3의 물결'(林泉忠 2005)로 칭하기도 한다. 아라카와 아키라의 '반복귀론'에 대해서는 이 책의 제2장에서도 상세히 설명되고 있다.

그림 1-13. 20년째 이전 논의 중인 후텐마 기지
출처 이지원(2005. 2. 18. 촬영)

5. 오키나와 아이덴티티와 문화의 이중적 가능성

오키나와는 역사적으로 수차례의 '귀속 변경'을 겪었다. 그리고 그에 따른 아이덴티티의 혼란을 경험해 왔다. 이는 불가피한 일이었다. 그러나 그 귀속처가 어디였건 간에 자신의 주체성을 적절히 발휘하지 못하고 외부 거대 세력에 순응한 채, 혹은 그에 의지한 채 활로를 찾으려 했다는 점에서 오키나와 아이덴티티는 온전하게 자리 잡기 힘들었다.

전전의 역사는 거의 전면적인 일본 제국으로의 '동화'의 역사였고, 성씨와 오키나와어를 비롯한 토착문화는 대중적인 차원에서도 폄하되고 부정적으로 인식되었다. 오키나와는 일본어와 히노마루, 기미가요, 천황을 받아들이고 일반적인 일본인이 되기를 염원하는 쪽으로 기울어졌다. 그러나 오키나와전투의 쓰라린 경험과 제2차 세계대전 패전은 종래의 일본인 아이덴티티에 균열을 가져왔다. 특히 민중은 패전 후 일본과 단절된 공간 속에서 삶의 기반인 토착문화로 회귀하였다. 오키나와어는 자유롭게 사용되었고 민요 붐이 일어나는 등 자문화에 대한 태도는 긍정적으로 바뀌었으며, 오키나와 아이덴티티는 정당 차원의 '독립론'의 형태로까지 표출되었다.

하지만 일본으로의 동화가 이미 완성된 지도층의 경우 일본과의 분리는 자기 아이덴티티의 위기를 뜻하는 것이었다. 특히 교육계에서는 전전 세대의 감성과 전후의 열악한 교육 환경 개선 요구가 결합하여 '일본화'를 추구하였고, '공통어(일본어) 장려'를 비롯한 '국민교육운동'을 전개하면서 '조국복귀운동'의 핵심 세력이 되었다. 민중은 미군 통치의 폐해에 대해 반발하던 가운데, 전전부터 구축된 '지도 / 피지도' 구도의 관성 아래에서 이러한 '일본화'에 추수하였고, 전전의 차별에 대한 집합적 기억과 열등감이 전후 세대에 이식되기도 하였다.

그러나 '일본=조국론'의 정당성에 대한 의문과 이의 제기 역시 존재하였으며, '기지 존속' 등 '복귀'의 구체적인 현실이 드러남에 따라 '반복귀론'이 등장하는 등, 다시금 오키나와 아이덴티티에 대한 모색이 전개되기 시작했다.

즉 미군 통치하에서는 법제도적으로는 무국적에 가까운 모호한 상태임에도 불구하고 '국민교육' 및 '조국복귀운동'을 통해 일본인으로서의 아이덴티티를 선취하려 했던 데 반해, '조국복귀'가 달성되어 법제도적으로 일본의 행정구역으로 편입되자 오히려 오키나와인으로서의 아이덴티티를 추구하고자 하는 엇갈리는 방향으로 오키나와의 현대사는 독특하게 전개되었다. 그 결과 이제 민요, 전통연극, 무용, 아와모리(泡盛, 전통 소주), 에이사(전통예능) 등 각종 토착문화예술은 물론, 오키나와어에 이르기까지 자문화에 대한 애착과 자부심을 숨기지 않게 되었다.

한 여론조사 결과를 보면 이제 오키나와인의 자기 인식 및 자문화 인식은 매우 긍정적으로 나타난다. '오키나와인(우치난츄)에 대한 긍지' 85퍼센트, '‘방언'에 대한 애착' 89퍼센트, '자녀도 방언을 사용할 수 있기를 바란다' 82퍼센트, '오키나와 문화를 자랑스럽게 생각한다' 91퍼센트 등이다.[90] 이는 전전처럼 '강제적 동화'를 추진할 수도 없고 그럴 필요도 없게 된 현대 일본의 시스템, 오히려 '향토 문화' 등을 중심으로 지역의 특성화를 장려하고, 1990년대 이후에는 외국인 소수 집단까지 포괄한 다문화주의가 공식적으로 전개된 면에도 기인하지만, 무엇보다도 '복귀' 이후 전개되어 온 지속적인 자기 아이덴티티 추구의 소산이라 할 수 있을 것이다.

다만 이러한 자문화에 대한 긍정적 전환의 이면에는 실질적인 토착문화의 약화 현상 또한 존재한다. 과거 오키나와의 지역사회에서는 민간신앙의 비중이 막대했으나, 이제 '무당(ユタ)과 상담한다'는 비율은 19퍼센트에 그치고 있다. 또 토착문화 중 가장 중요하고 대표적인 요소인 언어의 경우, '‘방언'을 자유롭게 사용할 수 있다'는 설문에 대해 1982년 류큐대학 조사 시에는 약 70퍼센트가 긍정하였던 데 반해, 20년이 지난 2001년에는 60퍼센트 이하로 확실히 감소하였다. 이를 연령별로 보면 그 차이는 현격한데, '방언을 듣고 말할 수 있다'는 비율은 평균 55.8퍼센트, 60대 이상은 거의 90퍼센트, 50대는 70퍼센트 남짓, 40대도 과반수에 이르나 30대는 26.2퍼센트, 20대는 15퍼센트로 크게 감소하였고, 반면 '전혀 알아듣지 못하고 말할 수도 없다'는 비율은 평균 4.7퍼센트이나, 30대의 경우는 7퍼센트, 20대의 경우는 10.2퍼센트로 증가하였다. 즉 1972년 '시정권 반환' 이후 도시화

---

90 한마디로 "문화의 힘이 크다. 비굴해지지 않고 당당히 자기주장을 할 수 있도록 되었다"(『琉球新報』 2002. 1. 3.자).

가 진전되고 매스미디어의 영향력이 커지면서 전통적 정신 구조와 토착문화는 약화되고 일본 본토 중심으로 표준화된 생활양식이 확산되고 있는 것이다. 결국 이대로 간다면 본토와 오키나와의 '이질성'은 더욱더 줄어들고 전전의 '황민화'나 전후의 '국민교육'과는 또 다른 기제에 의해 일본으로의 '동화'가 완성되는 것 아니냐는 물음을 던질 수도 있다.

그러나 한 집단의 아이덴티티란 특정 문화 요소에 의존하는 고정불변의 것이 아니며 끊임없이 변화하는 가운데 타자와의 차이를 새로이 규정하며 재구축되는 생성물이다. 따라서 종래의 아이덴티티와 밀접한 관련을 맺었던 특정한 표상의 '손상' 혹은 '변질' 여부보다는, 스스로의 선택을 통해 자기 아이덴티티를 구축해 가려는 의지 여부가 더 관건이 된다. 한편에서는 종래 아이덴티티의 근원으로 작용했던 토착문화가 해체되어 가지만 다른 한편으로 자문화 재생산의 의지는 사라지지 않고 있다.

다시 '오키나와 방언'에 대한 조사 결과를 보면 '자녀도 방언을 사용할 수 있기를 바란다'에 대한 대답의 경우, '특별히 사용하지 않아도 좋다' 또는 '모르겠다'는 비율이 20대, 30대가 타 연령대에 비해 다소 늘어난 편이나, '꼭 사용했으면 좋겠다' 또는 '웬만하면 사용할 수 있으면 좋겠다'는 대답은 각각 35~41퍼센트로, 이 연령대에서 '방언'을 자유로이 구사할 수 있는 사람(15~26퍼센트)보다 많은 비율의 응답자가 자신의 자녀는 오키나와 방언을 구사할 수 있기를 바랐다는 점에서 실제 언어 구사 능력 이상의 애착도를 나타내고 있다. 또한 전전 일본으로의 '동화'에 파탄을 가져온 오키나와전투 체험담에 대해서도 88퍼센트가 찬성하였는데, '(현재보다도) 더 전쟁 체험을 되풀이 이야기해야 한다'라는 설문에 대해 20대, 30대는 위 세대보다 오히려 약간 더 높은 비율로 긍정하고 있다(琉球新報社 2002 : 68-69). 이러한 자문화에 대한 애착과 쉽게 사그라지지 않는 역사의식은 앞으로도 오키나와 아이덴티티와 독자적 문화를 재생산하는 기반이 될 것이다.

문제는 이러한 오키나와 아이덴티티와 문화의 위상이다. 전전의 '황국신민화'와는 달리 현재의 '다문화주의' 풍토하에서 토착문화에 대한 명시적이고도 노골적인 차별과 배제는 사라졌고, 오키나와의 개성적 문화는 용인될 뿐 아니라 1990년대 이후 '오키나와 붐'이 일어나는 등 본토 대중이 향유하고 소비하는 애호 대상으로 인정받고 있기도 하다. 그렇다면 이는 일찍이 '오키나와학'의 창시자 이하 후유가 희구했던 '대일본(제국)'하에서의 '개성론', 지역적 · 민족적 개성을 인정하고 느슨하게 포괄하는 다원적 통합 체제가 현대적 형태로 비로소 실현된 것이라고 볼 수 있지 않을까? 가령 최근 들어서는 종래 흔히 일본 문화라고 이야기된 것이 실은 와진 문화(和人文化＝야마토 문화)에 국한되는 것이며, 다양성과 개성을 존중하는 다문화주의, 다민족주의에 선다면 아이누(アイヌ), 와진, 오키나와의 문화를 포괄할 때 비로소 일본 열도 문화론이 성립한다는 관점에서, 오키나와 및 아이누 문화를 와진 문화와 동등하게 배열하고 일본 문화가 다문화라는 점을 명확히 하려는 시도도 이루어지고 있다(川元祥一 2005).

그러나 똑같은 현실에 대해 "류큐인을 송두리째 일본인으로 개조하고, 류큐를 일본 고유의 영토로 삼는, 당시의 식민지 정책으로서는…… 주류였던 오키나와 통치책은 1백 년 후에 거의 완전히 성공한 것은 아닌가?",[91] "그렇기에 일본인은 이제는 안심하고 '오키나와 붐' 등을 운위하며 '추켜올리며 넋 빼기(ほめ殺し)'도 할 수 있게끔 되었다"(野村浩也 2005 : 76)는 지적이 가해지고 있기도 하다. 사실 이하 후유는 생애의 대부분을 일본 제국 치하

91 関広延(1990), 『沖縄びとの幻想』, 三一書房, 83쪽 ; 野村浩也(2005 : 76)에서 재인용.

에서 일류동조론을 주창하며 일본의 한 지역으로 통합될 것을 추구했지만, 제2차 세계대전 후의 말년에는 “어떠한 정치체제하에서 생활할 때 오키나와인은 행복해질 수 있는가”라고 자문하면서 “지구상에서 제국주의가 종언을 고할 때, 오키나와인은 ‘고통스러운 세상(にが世)’에서 해방되어 ‘행복한 세상(あま世)’을 즐기며 그 개성을 충분히 살려 세계 문화에 공헌할 수 있다”[92]는 말을 남긴 바 있다. 여기서 ‘제국주의의 종언’에 대한 언급과, 전전과 달리 일본 문화가 아닌 ‘세계 문화’에 공헌한다는 표현은 의미심장하다. 굳이 이하 후유의 말에 얽매이지 않더라도 오키나와에서, 또 일본을 포함한 동아시아에서 ‘제국주의’는 사라졌는가? 또 오키나와의 ‘개성’은 이제 충분히 발휘되고 있는 것인가?

이는 이론적인 질문이 아니라 현실에서 지속적으로 배태되는 질문이다. 즉 정치 · 경제 · 사회 · 문화의 각 분야에서 미 · 일 동맹하의 일본 본토로 수렴되는 다양한 통합 기제가 작동되는 동시에, 지속적으로 터져 나오는 ‘기지 문제’를 비롯하여 ‘동등한 일본 국민으로서의 처우’에 의문을 갖게 만들고 통합에 균열을 가져오는 기제가 함께 작동하고 있다. 가령 지난 수십 년간 여론 조사상으로는 ‘본토로 복귀’해서 (복귀 이전보다) 좋았다(좋아졌다)는 응답은 계속 80퍼센트대에 이른다. 또 자신이 ‘우치난추’(오키나와인)라는 것에 대해 ‘매우 자랑스럽게 생각한다’ 53.2퍼센트, ‘어느 정도 자랑스럽게 생각한다’ 36.5퍼센트로 합계 89.7퍼센트가 스스로에 대해 긍정하고 있다

92 沖縄タイムス社, 『伊波普猷選集』 中巻, 520쪽 ; 大田昌秀(1980 : 157)에서 재인용. 이러한 발언은 류큐의 일본 병합을 ‘노예 해방’이라고 보았던 초기 사관(史觀)을 뒤집은 것이었다(林泉忠 2005 : 75). 또한 오타 마사히데는 패전 후의 이하 후유의 발언을 분석하여 아마도 오키나와의 독립 또는 자치를 희망했을 것이라고 추측하기도 한다(大田昌秀 1980 : 157).

(白井こころ 2011 : 175-176). 하지만 이것이 오키나와의 현 상태에 만족한다는 의미와 같은 것은 아니다. '시정권 반환' 후에도 자치는 이전의 30퍼센트 수준에 불과하며, 특히 전 국토의 0.6퍼센트에 불과한 오키나와에 일본에 주둔한 전체 미군기지의 75퍼센트가 집중된 점, '반환' 전과 비교하여 본토에서는 기지의 60퍼센트가 감축되었으나 오키나와에서는 15퍼센트 감축에 불과한 '기지정책 차별문제'(大田昌秀 1996 : 4)와 '경제문제(기지 및 본토 의존 구조)', 또 오키나와전투의 실상과 관련된 '역사 교과서' 문제 등이 그것이다. 이에 대한 불만은 2012년 '복귀' 40년을 앞두고 류큐신보사(琉球新報社)와 마이니치신문사(毎日新聞社)가 합동으로 실시한 여론조사상으로도 나타나, 오키나와에의 미군기지 집중 상황에 대해 오키나와 현민의 69퍼센트가 '불평등하다'고 대답하였고, 특히 후텐마(普天間) 기지의 '철거', '국외 이전', '현외 이전' 등 오키나와 내에 두어서는 안 된다는 강경한 반대 의견이 89퍼센트로 사상 최고조에 이르렀다(『琉球新報』 2012. 5. 10.자).

이처럼 통합과 차별의 모순이 진행되는 가운데, 그 속에서 오키나와 아이덴티티의 순화(純化)·확장으로 쉽사리 나아가지도 못하고, 또한 일본 아이덴티티로도 완전히 귀일(歸一)하지 못하는 불안정성을 재생산하며 '시정권 반환' 이후 21세기로까지 이어지는, 이전과는 또 다른 양태의 아이덴티티 문제가 지속적으로 대두되고 있는 것이다. 그리고 이 속에서 오키나와의 지역 문화 및 그에 대한 자부심 역시 양면적 가능성을 지닌다. '오키나와 언어 논쟁'에서 드러났듯이 성씨, 언어를 비롯해 토착문화 전반을 폄하했던 전전의 '황국신민화'나, 민요 등 예능 분야를 비롯한 자문화로 회귀하는 속에서도 전전의 차별에 대한 기억을 떨쳐 버리지 못하고 일본어와 히노마루, 기미가요 장려에 매진했던 전후의 '국민교육운동'과는 달리, 이후 자문화에 대한 긍정적인 태도를 확고히 하게 된 것은 분명한 변화이다. 그러나 이러한 자문화 애호 역시 일반적인 에스닉 아이덴티티의 차원에 머물면서 다문화주의적인 현대 일본의 시스템 속에 더 무난하고 원활하게 통합되도록 기능할 수도 있고, 혹은 일정한 정치화의 경향을 보이면서 '반복귀론 / 자립론 / 독립론' 등의 맥락과 연계되는 동시에 새로운 아이덴티티를 예비하는 장기적 거점으로 작용할 수도 있다. 상충하는 아이덴티티와 자문화의 이중적 가능성, 그 속에서의 선택은 다름 아닌 오키나와인들의 몫이다.

참고문헌

1. 논문

강성현(2008), 「죽음으로의 동원과 이에 대한 저항의 가능성 : 오키나와 '집단자결' 사례를 중심으로」, 정근식 · 주은우 · 김백영 편저, 『경계의 섬, 오키나와 : 기억과 정체성』, 논형.

민덕기(1999), 「琉球의 역사」, 하우봉 외, 『朝鮮과 琉球』, 아르케.

박훈(2005), 「'류큐처분'기 류큐 지배층의 자국인식과 국제관」, 『역사학보』 186집.

______(2007), 「동화론(同化論)과 오키나와 아이덴티티 : 오타 쵸후(太田朝敷)와 동화주의를 중심으로」, 『사회와 역사』 73집.

야카비 오사무(2005), 「오키나와전에 있어서 주민학살의 논리」, 『계속되는 동아시아의 전쟁과 전후 ― 오키나와전, 제주4 · 3사건, 한국전쟁』, 국제공동심포지엄 자료집, 서울대학교 사회발전연구소 부설 동아시아센터 · 도쿄외국어대학 전후 동아시아 연구팀.

윤명숙(2006), 「점령 초기 '재일오키나와인' 사회의 구조와 실태 1 : 오사카」, 김광열 외 『패전 직후 일본의 마이너리티와 냉전』, 제이앤씨.

이지원(2008), 「현대 오키나와에서 '혁신'의 의미와 특징」, 정근식 · 전경수 · 이지원 편저, 『기지의 섬, 오키나와 : 현실과 운동』, 논형.

임성모(2006a), 「점령 초기 오키나와의 지위와 정체성」, 김광열 외, 『패전 직후 일본의 마이너리티와 냉전』, 제이앤씨.

______(2006b), 「점령 초기 '재일오키나와인' 사회의 구조와 실태 2 : 효고」, 김광열 외, 『패전 직후 일본의 마이너리티와 냉전』, 제이앤씨.

주은우(2007), 「섬의 시선 : 영화와 오키나와의 자기 정체성」, 『사회와 역사』 73집.

진필수(2010), 「오키나와(沖縄)의 전통예능 활성화와 소수민족 정체성의 행방 : 에이사(エイサー)의 사례」, 『한국문화인류학』 43집.

최현(2007), 「근대국가와 시티즌십 : '류큐인'에서 '일본인'으로」, 『지방사와 지방문화』 10권 1호.

高良勉(1996), 「分裂する沖縄の心 ― 日本人になり急ぐ沖縄人へ ―」, 『琉球弧

(うるま)の発信 ―くにちがいの島々から』, お茶の水書房.
崎原貢(1986),「1945年当時のアメリカ人の沖縄人観」,『沖縄文化研究』 12.
多和田真助(2000),「'振り子'の理論 ― 沖縄文化・地政論〈試論〉」,『EDGE』 No.11 (Summer).
福間良間(2005), 「'同祖'のなかの'抵抗' ―日琉同祖論の変容と沖縄アイデンティティ」, 城達也・宋安鐘 編,『アイデンティティと共同性の再構築』, 世界思想社.
渋谷研(2003),「改姓と同化される名前」,『アジア遊学』 53호.
小熊英二(2000),「起源と歴史 ― 戦後55年と社会の変動」,『EDGE』 No.11(Summer).
______(2001),「資料解題」, 特輯「〈沖縄の子ら〉はどのように日本人になった / されたのか」,『EDGE』 No.12(Spring).
新崎盛暉(1968),「沖縄「問題」の二十年」, 中野好夫 編,『沖縄問題を考える』, 太平出版社.
新川明(1970),「国民意識と教育」,『沖縄と70年代』, 沖縄タイムス社.
新川明・新崎盛暉(1985),「対談 沖縄にとって〈復帰〉とは何だったか」(1985. 4. 9),『世界』 6월호.
屋嘉比收(2000), 「植民地状況, 歴史認識, 沖縄のアイデンティティ」, 『EDGE』 No.11(Summer).
______(2006),「沖縄のアイデンティティと語ること, そして語りなおすこと ―「沖縄」研究の現在について―」, 新崎盛暉・比嘉政夫・家中茂 編著,『地域の自立 シマの力(下) ― 沖縄から何を見るか沖縄に何を見るか―』, コモンズ.
由井晶子(1970),「言語と文化意識」,『沖縄と70年代』, 沖縄タイムス社.
田中安博(2001), 「郷愁の〈日本〉」, 特輯 「〈沖縄の子ら〉はどのように日本人になった / されたのか」,『EDGE』 No.12(Spring).
諸見里道浩(2003),「アメリカ統治の遺産は何か(芸能)」,『沖縄を深く知る事典』, 日外アソシエーツ.

真栄平房昭(2003), 「'ヤマトンチュ'になれなかった西銘順治」, 『沖縄を深く知る事典』, 日外アソシエーツ.
波平恒男(2003), 「戦後沖縄とアイデンティティをめぐる政治」, 『政策科学・国際関係論集』 6호.
戸邉秀明(2003), 「「祖国」意識と教職員 ― 屋良朝苗と仲曽根政善」, 『沖縄を深く知る事典』, 日外アソシエーツ.
後田多敦(2001), 「'沖縄の子ら'が再生産される場 ― 『沖縄の先生たち』を読む」, 特輯 「〈沖縄の子ら〉はどのように日本人になった / されたのか」, 『EDGE』 No.12(Spring).
EDGE編集部(2001), 「資料集 沖縄的なあまりにも沖縄的な」, 特輯 「〈沖縄の子ら〉はどのように日本人になった / されたのか」, 『EDGE』 No.12 (Spring).

2. 단행본

아라사끼 모리테루(1998), 김경자 역, 『또 하나의 일본 ― 오끼나와 이야기』, 역사비평사.
아라사키 모리테루(2008), 정영신·미야우치 아키오 역, 『오키나와 현대사』, 논형.
岡本太郎(2002), 『沖縄文化論 ― 忘れられた日本』, 中央公論社.
金城実(2002), 『民衆を彫る ― 沖縄・100メートルレリーフに挑む』, 解放出版社.
大田昌秀(1976), 『沖縄の民衆意識』, 新泉社.
______(1980), 『沖縄人とは何か』, green-life.
______(1996), 『拒絶する沖縄 : 日本復帰と沖縄の心』, 近代文芸社.
琉球新報社(2002), 『沖縄県民意識調査報告書』, 琉球新報社.
林泉忠(2005), 『「辺境東アジア」のアイデンティティ・ポリティックス ― 沖縄・台湾・香港』, 明石書店.
白井こころ(2011), 『沖縄県民の社会参加活動と地域帰属意識』, 九州大學出版會.
比嘉良彦・原田誠司(1992), 『地域新時代を拓く ― 沖縄社会大衆党論』, 八朔社.
上野千鶴子(2005), 『脱アイデンティティ』, 勁草書房.

石原ゼミナール(沖縄國際大學文學部社會學科石原ゼミナール의 약칭. 1994),『戦後コザにおける民衆生活と音楽文化』, 榕樹社.
小山内宏(1969),『沖縄：この恐るべき歴史と現実』, 講談社.
小熊英二(1998),『〈日本人〉の境界 ― 沖縄・アイヌ・台湾・朝鮮 植民地支配から復帰運動まで』, 新曜社.
野村浩也(2005),『無意識の植民地主義 ― 日本人の米軍基地と沖縄人』, お茶の水書房.
伊高浩昭(1986),『沖縄アイデンティティー』, マルジュ社.
______(2001),『双頭の沖縄 ― アイデンティティー危機』, 現代企劃室.
日本教職員組合・沖縄教職員会 共編(1970),『沖縄の先生たち』, 合同出版株式會社.
井谷泰彦(2006),『沖縄の方言札―さまよえる沖縄の言葉をめぐる論考』, ボーダーインク.
中野好夫・新崎盛暉(1976),『沖縄戦後史』, 岩波書店.
川満信一(2010),『沖縄発 ― 復帰運動から40年』, 世界書院.
川元祥一(2005),『和人文化論 ― その機軸の発見』, お茶の水書房.
沖縄社会大衆党史編纂委員会 編(1981),『沖縄社会大衆党史』, 社會大衆黨.
沖縄タイムス社 編(1998),『庶民がつづる沖縄戦後生活史』, 沖縄タイムス社.

3. 신문

『うるま新報』
『琉球新報』

4. 인터넷 사이트

교토시 교육위원회 http://www.edu.city.kyoto.jp/hp/saikyo/okinawa/king.html
일본어판 위키피디아 http://ja.wikipedia.org/wiki/在日米軍基地事故の一覧
kotobank http://goo.gl/UCEulJ
http://www10.ocn.ne.jp/~yuntaku/rekisito2.html

제2장

오키나와 복귀운동의 역사적 동학

동화주의의 형성과 전환, 비판을 중심으로

정영신

1. 머리말 : 영광과 오류 그리고 공죄

1972년 오키나와가 일본으로 복귀하기 이전부터 오키나와 지식인들에게 현실 비판과 문예 비평의 공론장 역할을 수행해 온 『신오키나와문학(新沖縄文学)』은 1975년, '오키나와 · 전후(戰後) 30년'이라는 제목의 특집을 내놓았다. 여기에는 미군 통치 시대부터 지속되어 온 오키나와의 여러 문제들, 즉 정치, 사회경제 구조, 지방자치, 미군기지, 미군의 '상속인'으로서 자위대, 과잉 인구의 역사 등에 대한 진단이 실려 있다. 또한 당시 오키나와 지식인들과 대중운동 지도자들이 "오키나와에게 전후란 무엇인가?"라는 제목으로 나누었던 대담이 실려 있어, 복귀 이후에 오키나와인들이 느꼈던 여러 고뇌와 고민을 엿볼 수 있다.

그런데 이 특집 가운데 눈길을 끄는 논문 한 편이 있다. 후텐마(普天間) 고등학교의 교사였던 기마 스스무(儀間進)가 쓴 「영광과 오류—오키나와 교직원회의 공죄(栄光と誤謬 — 沖縄教職員会の功罪)」라는 짧은 글이다. 오키나와교직원회는 1950~1960년대 오키나와의 대중운동, '조국복귀운동'에서 핵심적인 역할을 했던 교사들의 조직이다. 교직원회는 '민족의 비원(悲願)'이라 회자되던 오키나와의 '조국복귀운동'을 가장 앞장서서 이끌었으며, 미 군정 시대(1952~1972)에 교공2법 저지 투쟁,[1] 류큐(琉球) 정부 주석 공선(公選) 투쟁,[2] 베트남전쟁 반대 운동 등 언제나 폭발적인 대중운동의 현장에 있었고 그것을 승리로 이끌었다는 점에서 오키나와 대중운동의 '영광'을 함께한 조직이었다.

그러나 '민족의 비원'이 달성된 지 3년, 오키나와의 조국복귀에 대한 평가는 그렇게 영광스럽지 못했다.

오키나와가 복귀한 지 2년이 지난 지금, 가슴에 치미는 생각은 여러 가지다. 미군에 대해서 그렇게나 저항했던 사람들은 지금 어디에 있을까. '토지를 지키는 4원칙'이라는 모토로 (토지를) 사수하려 했던 사람들이 지금은 어디에 있는가. 섬 구석구석 해안선도 사적지도 관광산업에 팔려 버렸다. 해양박람회 반

---

1 교공2법은 지방교육구공무원법과 교육공무원특례법이다. 1948년 노동조합법이 개정되면서 일본 본토에서는 공무원과 공공기업 노조원들의 단체행동권이 제약되었지만, 오키나와에서는 비교적 자유로웠다. 미 군정은 류큐 정부 행정부를 통해 교직원들의 정치 활동을 제한하고자 여러 차례에 걸쳐 교공2법을 통과시키려 했으나 대중운동의 압력에 의해 실패하고 말았다(아라사키 모리테루 2008 : 50).

2 미군은 1950년 9월 아마미(奄美), 오키나와, 미야코(宮古), 야에야마(八重山) 등 4개 군도에 군도 정부를 설치하기 위한 지사 선거를 실시했다. 그러나 일본의 독립과 오키나와의 분리에 즈음하여 1952년 4월에는 군도 정부를 해체하고 전 류큐를 통일한 류큐 정부를 설치했다. 류큐 정부의 행정 주석은 미 민정부 부장관(1957년 이후에는 고등판무관)에 의해 임명되었기 때문에 직간접적으로 미군의 지시를 따를 수밖에 없었다. 이 때문에 1950~1960년대 류큐 / 오키나와의 정치투쟁은 주로 자치권 확대의 상징적 표현인 주석 공선 요구에 집중되었다. 1968년 11월에 있었던 최초의 주석 공선에서는 교직원회의 회장으로 복귀운동의 선두에 서 왔던 야라 초뵤(屋良朝苗)가 당선되었다(아라사키 모리테루 2008 : 28, 54).

대를 내건 목소리를 몇 번인가 올렸을 뿐이다. 복귀 전부터 예상되던 것이지만 너무나 어이없다. 우리가 **역사적 체질로서 가지고 있던 일본 지향**을 복귀운동은 지양할 터인가, **상처**가 벌어져 버린 듯하다(儀間進 1975 : 96. 강조는 인용자).

오키나와의 조국복귀운동은 오키나와와 일본 본토 양쪽에서 압도적인 다수의 지지를 받았고, 복귀를 요구하는 오키나와의 대규모 집회에는 십만 명 이상의 인원이 동원되기도 했다. 하지만 그 결과는 영광 뒤의 만족감보다는 마치 '상처'를 더 벌려 놓은 듯한 형상으로 남아 있었다. 그리고 그 중심에는 오키나와교직원회, 더 넓게 보자면 조국복귀운동을 이끌었던 오키나와 대중운동의 공과 죄(功罪)가 놓여 있었다. 어떻게 된 일일까?

오늘날 휴양이나 골프를 위해 오키나와를 여행하는 한국의 많은 관광객들에게 오키나와가 일본에 속한 하나의 현(縣)이며 오키나와인이 일본인의 일부라는 점은 당연한 것으로 인식되고 있다. 오키나와는 일본 가운데서도 (미군기지를 포함하여) 이국적인 풍토와 기후를 간직한 다소 색다른 휴양지로 여겨질 따름이다. 하지만 군사기지(특히 미군기지) 문제나 오키나와의 역사에 조금이나마 관심이 있는 한국의 독자라면 주일 미군기지의 75퍼센트 가량이 일본 전체 면적의 0.6퍼센트에 불과한 오키나와라는 좁은 섬 안에 밀집해 있다는 것을 알고 있을 것이다. 이러한 현실은 누가 보더라도 불합리하며 차별적인 것으로 보인다. 그렇다면 미군 지배하의 오키나와를 일본으로 복귀시킨 것이 '공'이며, 복귀 후에도 미군기지 문제를 비롯한 여러 차별 조치들을 시정하지 못한 것이 '죄'인가?

하지만 문제는 그렇게 단순하지 않다. 1969년 11월 일본의 사토 에이사쿠(佐藤栄作) 수상과 미국의 리처드 닉슨(Richard M. Nixon) 대통령이 정상회담을 열고 오키나와 반환에 관한 공동성명을 발표했을 무렵에는 이미 복귀 이후에도 오키나와가 미국과 일본의 '기지의 섬' 역할을 담당하게 될 것이라는 점이 명확했기 때문이다.[3] 그럼에도 불구하고 주류 복귀운동의 명망가들은 명시적인 복귀 반대 운동으로 전환하지 않았고(혹은 전환할 수 없었고), 복귀 이후에도 평화현(平和縣)을 건설하기 위해 노력한다는 입장을 내세웠다. 따라서 명망가들과 대중이 왜 일본으로의 복귀를 의심의 여지없이 정당한 것으로 여기게 되었는지, 그리고 그 논리와 '오류'가 무엇이었는지를 살펴보지 않고서는 오키나와의 역사와 현실에 새겨진 '상처'를 이해하기 힘들 것이다.

기마 스스무는 교직원회를 포함한 복귀운동의 '오류'가 소박한 민족 감정에 의지하여 '일본으로 돌아가자'고 외친 '히노마루(日の丸) 복귀운동'에 있다고 본다. 1960년대 조국복귀운동의 역사를 기록한 기록사진들을 보면 연도에 늘어선 남녀노소 주민들이 '히노마루'를 들고 시위대를 환영하거나 수천 수만 명이 참여한 대규모 집회의 연단에 '히노마루'가 크게 걸려 있는 사진을 어렵지 않게 찾아볼 수 있다. '같은 민족이니까, 일본으로 돌아간다'고 주장하면서 히노마루를 상징으로 하는 동화주의의 논리에 따라 추진된 복귀운동을, 오늘날에는 다소 냉소적인 의미를 담아 '히노마루 복귀운동'이라고 부르기도 한다. 오키나와의 여러 모순과 문제보다 복귀를 우선시하거나 혹은 복귀를 통해 그러한 문제를 해결한다는 '히노마루 복귀운동'의 논리는 '반대의 방향에서' 오늘날에도 강력한 영향력을 발휘하고 있다.

오늘날에도 주일 미군기지의 75퍼센트가량이 배치되어 있는 오키나와의

---

3 물론 미·일 양 정부는 오키나와 주민들을 기만하기 위해 다양한 술책을 사용했다. 이에 대해서는 아라사키 모리테루(2008)와 정영신(2008, 2012)을 참조.

그림 2-1. 히노마루(일장기)를 들고 복귀 행진단을 맞이하는 오키나와 주민들(1967년 4월 20일)
출처 沖縄県祖國復歸闘爭史 編輯委員會(1982)

현실이나 본토와 오키나와 사이의 다양한 사회적 · 경제적 격차를 비판할 때, 본토의 언론이나 여론뿐 아니라 오키나와 내부에서도 '그것은 오키나와의 선택이었다'는 주장이 가해지고 있다. 그리고 모순과 고통을 현실로 수용한 위에서 대안을 모색해야 한다는 충고가 이어진다.

오늘날에도 동화주의를 둘러싼 자장이 여전히 강력한 논쟁의 대상이 된다는 점에서, 그리고 오키나와 현대사의 가장 중요한 국면에서 폭발했던 대중운동의 역사를 재검토해 본다는 측면에서 복귀운동에 대한 연구는 여전히 유효할 것으로 생각된다. 이 글은 오키나와 현대사를 고찰하는 데 있어서 빼놓을 수 없는 질문, 즉 '오키나와 반환이란 무엇이었는가' 혹은 '오키나와에게 (조국)복귀란 무엇이었는가'의 문제를 대중적 인식과 실천의 측면에서 해명해 보려는 시도이며, 특히 오키나와 대중운동 내부에서 동화주의적 지향의 형성(혹은 재형성)과 전환 그리고 그에 대한 비판과 좌절이라는 맥락에서 풀어 볼 것이다.

2. 예비적 고찰 : 동화주의와 복귀에 관하여

앞에서 언급한 기마 스스무의 문장에 눈에 띄는 문구와 단어가 있다. 우선 '역사적 체질로서 가지고 있던 일본 지향'이라는 문구다. 대중적인 복귀운동으로서 '히노마루 복귀운동'은 일상과 유리된 정치운동이 아니라 오키나와인들이 '역사적 체질로서 가지고 있던 일본 지향'에 기반하여, 다시 말하면 동화주의적 훈육과 실천으로 조직된 일상생활에 뿌리내린 대중운동이었다.

이 글에서는 우선 '동화주의'를 자신의 역사의식이나 현실 인식, 문화 등을 포함하는 정체성을 식민 제국과 같은 강력한 타자에게 일치시켜 가려는 정신적 지향, 일상의 실천, 집합적 운동이라는 의미로 사용하고자 한다.[4] 오키나와에서 동화주의적 지향은 일정한 역사적 맥락을 지니고 있다. 20세기 초 오키나와의 대표적 지식인이었던 오타 초후(太田朝敷)는 일본 본토로부터의 차별에 대응하기 위해, 일본과 류큐가 동일한 조상에서 갈라져 나왔다는 '일류동조론'에 입각하여 오키나와가 근대적 발전을 이루기 위해서는 스스로를 일본의 언어, 종교, 역사에 적극적으로 일체화시켜 동화될 필요가 있다는 '수단적 동화론'을 제창했다. 오타 초후 이후의 지식인인 이하 후유(伊波普猷)는 당시 일본을 조선인, 타이완인까지 포함하는 다

4 동화주의를 병합주의, 독립주의, 자치주의 등과의 관계 속에서 보다 엄밀하게 정의하고 있는 연구로는 박훈의 논문(2008)을 참조.

민족 제국으로 바라보고, '대국민' 일본인 속에서 개성 있는 '오키나와 민족' 혹은 오키나와 '동포'의 자각을 촉구했다. 동화론적 지향과 오키나와인으로서의 자각을 통합시키려 했던 것이라고 볼 수 있다(박훈 2008). 일본 본토로부터의 차별과 오키나와의 경제적 공황 상태가 계속되면서 지식인뿐 아니라 대중도 이름을 일본식으로 바꾸거나 본토의 표준어 정책에 적극 참여하여 오키나와 방언의 사용을 금지하는 등 아래로부터 '자발적인 동화'를 추진했다.[5]

식민지 시기에 오타 초후는 '수단적 동화'의 목표를 '근대적 발전'을 이루는 것이라고 보았다. 일본과 병합된 후에, 뒤처진 자신의 현실과 문화를 비판하고 일상생활에서 '근대적 발전'을 이루려는 '생활 개선운동'이 오키나와에서뿐 아니라 오키나와인들이 이주해 간 남양 군도의 여러 섬에서 활발히 전개되었다. 도미야마 이치로(富山一郎)는 식민지 시기부터 전전(戰前)에 이르는 기간 동안의 문헌이나 대중적 실천, 규율 권력의 작동 방식에 대한 계보학적 분석을 통해 동화주의를 비판하고 있다(도미야마 이치로 2002, 2008). 도미야마에 따르면 이 '생활 개선운동'은 자신의 생활양식이나 자신의 언어(오키나와어)를 '뒤처진 것'으로 인식하고 이를 불식하는 것이었으며, 스스로를 '낮은 문화 수준'을 체현하는 존재로 인식하는 운동이었다. 그것은 일본이 강요한 사탕수수 농업의 파멸과 '소철 지옥'이라고 불린 극심한 빈곤 속에서 '자기 나라 속의 난민'이 될 수밖에 없었던 오키나와인들이 일

---

5 그러나 그것은 본토로부터의 전방위적인 압박 속에서 '강요된 자발성'이었으며 '차별의 결과물로서의 동화 노력'이었다. 역설적인 것은 일본 본토로부터의 지속적인 차별에 대한 대응 수단으로 출현한 동화의 움직임이 이전까지 섬으로 분단되어 상이한 언어를 사용하고 계급적으로 분리되어 있던 오키나와 사회 내부를 통합시킴으로써 '오키나와 아이덴티티'를 구축하는 데 토대를 제공했다는 점이다. 이에 대해서는 이지원의 논문(2008)과 이 책 제1장을 참조.

본에게 오키나와를 '구제'의 대상으로 신청하고, 자신의 지위에서 벗어나기 위해 불식되어야 할 '오키나와인'의 목록에 비추어 스스로를 개선하는 일이기도 했다(도미야마 이치로 2002). 특히 도미야마는 오키나와에서의 근대의 존재 양식과 주체화의 방식을 검토하면서 '전전과 놀라울 정도의 연속성을 유지하면서 전후로 이행하고 있던 신체적 실천'을 강조한다(도미야마 이치로 2002 : 37). 즉 동화주의에 기반한 복귀 지향, 그것은 '일본을 거부한다'는 몇 마디 말로 간단하게 해결될 수 없는 '역사적 체질'로 존재하는 것이었다.

전시 체제와 일본이 강요한 전장으로의 동원, 오키나와 전쟁의 경험 속에서 동화주의는 새로운 차원을 획득하며, 또 결정적인 한계에 봉착한다. 도미야마는 오키나와 출신의 일본군 사병이 아들의 생일날 남태평양의 부건빌(Bougainville)섬에서 보낸 편지를 인용하면서 그것을 잘 표현하고 있다.

> 이 대동아전쟁에서 승리하고 나면, 우리 오키나와인은 일본인과 똑같은 대우를 받을 거다. 그러니 전쟁에서 이기면 우리도 일본으로 가서 화기애애하게 살 수 있을 게야(도미야마 이치로 2002 : 29에서 재인용).

여기에서 일본인이 된다는 것은 전장으로의 동원에 적극적으로 참여한다는 것과 그러한 참여를 통해 일상생활의 행복과 근대적 발전을 이룬다는 이중의 의미를 지니고 있다. 즉 일본(인)으로의 동화 메커니즘은 폭력의 구조와 일상의 실천이라는 씨줄과 날줄의 직조를 통해 작동한다고 볼 수 있다. 하지만 이러한 동화주의는 오키나와전쟁을 거치면서 결정적인 한계에 봉착한다. 그것은 스스로 참여했던 전장에서 '우군(友軍)'이라고 믿었던 일본군이 그 총구를 오키나와어를 사용하는 주민들을 향해 돌렸던 사실 그리고 오키나와인들이 일본군에게 '스파이'로 몰려 죽임을 당하고 급기야는 무장한 주민들이 일본군과 대치하는 상황으로까지 발전했던 전쟁의 경험이 '전장의 기억'으로 계속해서 회귀하기 때문이다. 이처럼 '전장에 고착된 주체'의 처리야말로 일본·오키나와 관계에서 가장 중요한 문제였다. 도미야마는 오키나와의 조국복귀는 그것을 가능하게 하려는 일종의 '제도화'였다고 본다(도미야마 이치로 2002). 하지만 '전장에 고착된 주체'로서 오키나와인들이 지닌 '원한'은 결코 해소될 수 없는 것이었다. 이러한 시각에서 보면 동화주의적 복귀운동은 전장의 경험 속에서 동화주의가 맞이한 파산을 봉합하려는 시도이며, 복귀운동에 대한 비판의 고조는 '원한'의 회귀와 직결된다. '상처'란 바로 복귀라는 봉합선을 뚫고 '원한'이 창궐하는 상황이라고 말해도 좋을 것이다. 도미야마의 논의는 복귀운동 자체를 직접 검토하는 것은 아니지만, 동화주의적 복귀운동의 형성 배경과 그 모순을 이해하는 데 중요한 시사점을 던져 주고 있다.

1972년 오키나와의 지위 변동을 지칭하는 용어로는 '반환'과 '복귀'라는 용어가 사용되고 있다. '반환'이라는 용어는 주로 오키나와 반환을 둘러싼 국제 관계의 변동이나 정치 과정을 설명하는 데 이용되며, 여기에서는 반환의 주체가 미국으로 설정되거나 '돌려받는다' 혹은 '돌려받을 것을 요구한다'는 의미에서 일본이 등장하기도 한다. 예외적으로 오키나와 측에서 돌려 달라(返せ!)고 요구할 경우에는 일본으로 돌려 달라는 의미를 지니기도 하지만, 오키나와를 오키나와에게 돌려 달라는 의미를 함축하기도 한다. 반면 '복귀'의 주체는 오키나와(인)이며 그 방향은 일본을 향하는 것이다. 그래서 대중운동이나 복귀 이념에 관한 사상적 검토 작업에서는 '복귀'라는 용어가 주로 사용되고 있다.[6] 이 글에서도 위와 같은 대략적인 용법

6 이 경우에는 '반환'이라는 명사형이 아니라 돌려 달라(返せ)는 동사형이 사용된다.

을 따라서 주로 '복귀'라는 용어를 사용하고자 한다. 그러나 복귀에 관한 비판적 시각이 도입될 경우, 이러한 객체/주체라는 구분은 오히려 전도된다는 데 주의를 기울일 필요가 있다. 이 경우 '복귀'의 '돌아간다'는 방향은 오히려 부정적인 것으로 이해되며, 오키나와를 오키나와에 돌려 달라는 구호가 적극적이며 긍정적인 의미를 지니게 된다. '복귀'의 '돌아간다'는 방향이 스스로에게 향할 때, 즉 '오키나와는 스스로에게 돌아간다'고 할 경우에는 '오키나와를 오키나와에 돌려 달라'는 요구는 서로 이어지게 된다. 따라서 '반환'과 '복귀'의 의미는 상황에 따라 맥락적으로 파악할 필요가 있다.

오키나와 반환과 조국복귀(혹은 일본 복귀)의 의미를 묻는 작업은 오키나와 현대사 연구자들에게 회피할 수 없는 질문이었다. 그것은 다수의 저서가 '오키나와 반환이란 무엇이었는가(沖縄返還とは何だったのか)' 혹은 '오키나와에게 조국복귀란 무엇이었는가(沖縄にとって祖国復帰とは何だったのか)'라는 제목을 달고 있는 것에서 직접적으로 확인할 수 있다. 이 질문에 대해, 오키나와의 국제정치학자인 가베 마사아키는 '오키나와 반환'은 오키나와 민중의 반환 요구와 국제 정세의 변화에 떠밀린 미·일 양 정부가 시정권의 반환 후에도 오키나와 미군기지를 자유롭게 사용하기 위해 벌인 공식적인 반환 협정 및 비공식적인 밀약 체결의 과정이었다고 본다(我部政明 2000). 시각과 결론은 상이할 수 있지만, 국제 관계나 미·일(동맹) 관계 속에서 오키나와 반환의 의미를 찾으려는 이와 같은 시도는 다수의 일본 본토 측의 연구자들에 의해서도 수행되고 있다(소토오카 히데토시·혼다 마사루·미우라 도시아키 2005).

이와 대조적으로 오키나와인들의 투쟁과 고뇌, 길 찾기 속에서 '반환'과 '복귀'의 의미를 찾고자 하는 흐름이 오키나와 내부에서 지속적으로 이어져 왔다. 오키나와 혁신계의 대표적인 정치인이자 연구자인 오타 마사히데는 자신의 자전적 경험과 결부시켜 본토로부터의 지속적인 차별과 미군의 점령 지배에 대항한 오키나와인의 권리 투쟁과 정체성의 변동을 연구해 왔다(大田昌秀 1980, 1996, 2004). 오타는 이러한 차별의 하나로서 오키나와 반환 과정을 다루고 있으며, 이러한 구조적 차별의 극복은 오키나와와 본토 양측의 '인간 회복'과 자립을 통해 가능하다고 본다.

오키나와의 저명한 역사학자인 아라사키 모리테루는 1960년의 안보조약 개정이 오키나와의 분리를 전제로 한 미·일 안보 체제 강화였다면, 1972년의 오키나와 반환은 오키나와 민중의 요구를 무시하고 오키나와의 시정권 반환을 계기로 미·일 동맹을 강화하고자 한 일련의 정치 과정이었다고 보고 있다(新崎盛暉 2005). 특히 아라사키는 오키나와 반환의 과정에서 오키나와 측에서 추진한 복귀운동이 초기의 소박한 민족 감정에 근거한 운동에서 베트남전쟁을 계기로 반전·반기지의 요구를 전면에 내세운 '반전 복귀'운동으로 전환했다고 본다. 대중운동의 시각에서 오키나와 반환 과정을 바라보는 아라사키는 '히노마루 복귀운동'과 '반전 복귀운동' 사이의 단절을 강조하는 셈이다. 또한 그의 논리에서는 '반전 복귀'운동과 복귀 이후 오키나와 내부에서 폭발한 반자위대·반천황제 운동과의 연속성이 강조되고 있다.

오키나와의 반환 과정을 오키나와 내부로부터 파악하려는 또 하나의 시도로는 동화주의적 복귀운동에 대해 명시적인 반대 입장을 편 아라카와 아키라(新川明)의 '반복귀론'을 언급할 수 있다. 아라카와는 오히려 '히노마루 복귀운동'과 '반전 복귀운동' 사이의 공통성을 강조한다(新川明 2000a, 2000b). 즉 오키나와 측의 '복귀'운동 '전체'는 동화주의의 자장 속에 있었으며, 그것은 현재도 진행형이라는 것이다. 아라사키 모리테루와 아라카와 아키라 사이에 형성된 이러한 쟁점은 복귀운동 전체의 공죄에 대한 평가와 직접적으로 관련되어 있으며, 오타 마사히데의 인권의 보편화라는 시각까지 포함하면 '오키나와로 가는 길'을 찾기 위한 현재의 여러 모색이나 논쟁과도 연결되어 있다.

오키나와의 복귀 과정에 대한 국내의 연구들 역시 오키나와 반환을 둘러싼 국제정치적 과정을 해명하는 연구들이 한편을 이루고 있고, 다른 한편에서는 미군의 직접 통치로부터 복귀로 이어지는 과정에서 오키나와인들의 정체성과 지위의 변동에 관한 문제를 다루고 있다.[7] 하지만 기존 연구에서 복귀운동의 역사에 대한 분석은 거의 이루어지지 않았다. 이 글에서는 위에서 검토한 기존 자료를 참조하면서, 오키나와 복귀운동에서 핵심적인 역할을 담당해 왔으면서도 기존 연구에서 간략히 언급하는 정도에 그쳤던 오키나와현 조국복귀협의회(이하 '복귀협')의 자료를 중심으로 복귀운동의 과정을 재구성해 볼 것이다. 특히 대중운동과 대중 의식의 방향을 일본으로의 동화 지향으로 이끈 요인들을 살펴보고, 동화주의의 한계와 그에 대한 비판적 흐름들이 출현한 배경 및 그 내용을 중심으로 복귀운동의 전 과정을 고찰해 보고자 한다.

오키나와의 연구자인 도리야마 아츠시(鳥山淳)는 '탈식민지화' 운동으로

7 오키나와의 지위와 정체성, 복귀 과정에 대한 주목할 만한 분석으로는 다음과 같은 글들이 있다. 식민지 시기 오키나와의 정체성을 다룬 글로는 박훈(2008)의 「동화론과 오키나와 아이덴티티」를 참조. 영화와 소설을 통해 오키나와의 정체성을 다룬 글로는 주은우(2007)의 「섬의 시선 : 영화와 오키나와의 자기 정체성」, 백지운(2013)의 「폭력의 연쇄, 연대의 고리 — 오키나와 문학의 발견」, 조정민(2010)의 「오키나와가 기억하는 전후 — 마타요시 에이키 「자귀나무 저택」과 김정한 「오키나와에서 온 편지」를 중심으로 —」 등을 참조. 이 책의 제1장에 실린 이지원의 「오키나와 아이덴티티 문제와 자문화 인식」은 오키나와교직원회의 동화주의적 교육 운동과 복귀/반환을 둘러싼 아이덴티티의 변동을 다루고 있다.

서의 일본 복귀운동을 국민국가로의 복귀라는 예정 조화적인 도식으로 이해해 버리면, 일본 복귀운동에 새겨져 있는 '좌절'을 보지 못한다고 주장한다. 오키나와와 일본 사이의 관계에 존재하는 보다 장기적이며 구조적인 억압 · 폭력의 문제를 배제해 버리기 때문이다(도리야마 아츠시 2002). 다른 한편으로 그러한 시각은 복귀운동이 지녔던 '자기해방 운동'으로서의 성격을 간과한다. 즉 복귀운동을 비롯한 당시 오키나와의 대중운동 속에는 일본 지향의 동화주의로 환원되지 않는 요소들이 존재했으며, 그럼에도 불구하고 '조국으로 돌아간다'는 복귀의 경로가 고착화되는 과정을 보다 복합적으로 이해할 필요가 있는 것이다. 다시 말해서 오키나와의 일본 복귀는 이미 결정되어 있던 운명을 미리 선취해 낸 것이라기보다는 오히려 역사상 존재했던 다양한 가능성들을 오키나와인 스스로가 봉쇄하고 봉합하는 실천 속에서 구조화된 경로였다고 이해할 수 있다.[8] 이 경우 '상처'나 '좌절'은 봉쇄와 봉합선에 대한 스스로의 참여를 비판하고 성찰하는 용어라는 점에서, '원한'은 봉쇄와 봉합의 불가능을 지시하는 용어라는 점에서 복귀 과정 전체를 이해하는 나침반이 될 수 있다.

3. 오키나와 복귀운동 형성의 구조와 역사적 배경

전후 오키나와에서 대중운동과 대중 의식의 수준에서 최초로 일본으로의 복귀 움직임이 나타나는 것은 1950년 9월 군도지사 선거부터 1951년 말 샌프란시스코 강화 협상이 진행될 무렵이었다. 하지만 그러한 움직임

8 그것은 오키나와인들에게 일본으로의 동화를 강요 / 장려하면서 동시에 차별적인 눈길을 거두지 않았던 일본인의 시선을 전제로 한 것이었다.

은 결코 '예정 조화적인' 귀결은 아니었다. 그것은 특히 오키나와전과 미군의 점령 지배에 대한 해석을 둘러싼 갈등과 투쟁의 산물이었다. 여기에서는 우선 그러한 기억과 해석의 변화를 가져온 요인과 그 내용을 살펴보고자 한다.

1) 오키나와전의 경험과 미군의 점령 지배

1945년 오키나와전은 1952년 일본으로부터의 독립, 1972년 일본으로의 복귀와 더불어 오키나와 현대사를 규정한 몇 안 되는 격변 가운데 하나였다.[9] 미군의 거대한 군사력에 맞서 일본군은 오키나와 주민들을 동원한 전략 지구전으로 맞섰다. 미군은 1945년 3월 23일부터 포격을 시작하여 26일에는 케라마(慶良間) 열도에 상륙하고 4월 1일에는 오키나와 본섬에 상륙했다. '철의 폭풍(鐵の暴風)'이라 불리던 오키나와전은 3개월 가까이 계속되었고, 6월 19일에는 일본군의 조직적인 저항이 종료되었다. 일본군 사령관 우시지마 미츠루(牛島滿)가 자결한 6월 23일이 '위령의 날'로 규정되어 있지만, 실제로 오키나와 지역에서 일본군의 항복 조인식이 열린 것은 9월 7일이었다.

집중적인 전투가 벌어졌던 약 3개월의 시간 동안 오키나와가 입은 피해는 막대했다. 오키나와현 원호과 자료에 따르면 오키나와전의 총사망자 수는 20만 656명으로, 그 가운데 미군이 1만 2520명, 외부에서 온 일본군이 6만 5908명이었으며, 오키나와 현민의 희생은 12만 2228명에 달했다. 군인과 군속으로 차출된 사람이 2만 8228명, 민간인으로 사망한 사람도 9만 4천 명에 달한다(沖縄平和祈念資料館 2001 : 90). 특히 이 가운데에는 일본

9 오키나와전에 대한 개략적인 설명은 정영신(2008)을 참조.

의 황민화 교육과 극단적인 전시 상황하에서 '강제 집단사'로 죽은 사람들과 일본군에 의해 스파이로 몰려 죽임을 당한 사람들도 포함되어 있다.

흔히 '집단자결'로 알려진 '강제 집단사'는 3월 26일과 6월 21일 사이에 대략 30여 개의 장소에서 발생했다. 큰 규모의 강제 집단사로는 3월 26~28일 케라마 제도의 도카시키(渡嘉敷) 329명, 자마미(座間味) 234명, 케루마(慶留間) 53명, 4월 1일 요미탄(読谷)의 치비치리가마에서 83명, 4월 22일 이에지마(伊江島)의 아하자가마에서 100여 명 등이 있다. 모두 미군이 상륙한 직후에 그리고 일본군이 있던 장소에서 발생했다.[10] 항복과 정보 유출을 방지한다는 명목으로 일본군의 감시하에 벌어진 이 강제 집단사는 가족이 서로 목을 졸라 죽이거나 돌이나 칼로 죽이는 등 그 참상을 말로 표현할 수 없을 정도였다. 그리고 이러한 오키나와전의 경험은 오랫동안 생존자들에게 트라우마로 작용해 왔다. 한편 일본군에 의해 스파이로 몰려 죽임을 당한 사람들의 경우, 과거에 간행된 시정촌사(市町寸史)에서는 학살당한 주민의 수를 3백 수십여 명으로 집계하고 있지만, 그 전모는 아직 다 밝혀지지 않고 있다(야카비 오사무 2008 : 161).

이러한 오키나와전의 경험은 오키나와의 정치와 사회운동, 정체성에 심대한 영향을 미쳤다. 앞에서 지적한 것처럼 전전에 오키나와 내부에서 '일본인'이 되고자 했던 동화주의의 움직임은 주로 일상생활의 영역에서 낙후된 생활과 문화를 개선함으로써 오키나와인들도 근대적 문명을 누리자는 생각에 기반하고 있었다. 그런데 일상생활을 향상시킨다는 대중의 욕망은 전시 체제와 오키나와전을 거치면서 전장으로의 동원이라는 폭력의 구조

---

10 大田平和總合研究所, 『沖縄関連資料』, 5~6쪽 ; ガバン・マコーマック・乗松聡子(2013 : 23)에서 재인용.

그림 2-2. '총구는 누구를 향했는가?'
1999년 개관한 오키나와신평화기념자료관의 피난 동굴의 모형이다. 원래 모형은 일본군의 총구가 동굴에 피난한 주민들을 겨눈 것이었다. 하지만 보수계의 이나미네 게이이치(稲嶺恵一) 지사의 지시에 의해 모형에서 총이 없어졌다가 전문가들과 언론의 비판이 거세지면서 다시 등장했지만, 마치 지켜 주는 듯한 인상으로 바뀌었다.
출처 오키나와현 평화기념자료관

와 보다 직접적으로 연결되었다. '대동아공영권'이라는 일본의 제국 건설에 동참함으로써 오키나와인도 일본인과 똑같은 대우를 받을 수 있으리라 기대했던 것이다. 하지만 그런 동화주의적 바람은 두 가지 이유 때문에 실현될 수 없었다. 첫째, 일본의 패전으로 인해 제국은 해체되었고 가장 적극적으로 동참했던 오키나와 출신의 '황군' 병사들은 주검으로 돌아왔다. 둘째, 전시 상황에서 폭력이 전면화되자 '우군'이라 믿었던 본토 출신의 '황군'은 총구를 주민들에게로 돌렸다. 그리고 오키나와어를 사용하는 사람들은 적의 스파이로 몰려 죽임을 당했다(야카비 오사무 2008).[11] 전쟁 과정

11 그러나 이러한 사실이 전장의 경험을 일본=가해자, 오키나와=피해자의 이분법적

에서 주민에게로 향한 '총구'는 전전 시기에 오키나와어를 버리고 표준어(=일본어)를 사용하려 했던 '자발적인'(혹은 그렇게 믿었던) 동화주의적 실천의 배후에 이미 폭력의 구조가 작동하고 있었음을 말해 준다. 그러므로 오키나와전에서 일본군의 조직적 폭력을 경험한 오키나와인 속에서 동화주의가 파산했다는 점, 그리하여 미군을 해방군으로 받아들이고 일본으로부터의 독립을 희망했던 것도 그렇게 이상한 일은 아니었다.

초기 미군의 점령에 관해서는 세 가지 정도를 지적할 필요가 있을 것이다.

첫째, 1945년부터 1946년까지 주민 대다수가 미군의 수용소에 강제로 수용되었다는 점이다. 일본군의 조직적인 저항이 종결된 1945년 6월 말에는 28만 4천 명, 7월 30일에는 32만 명이 미군이 설치한 민간인 수용소에서 관리되었다(도리야마 아츠시 2009). 이 때문에 미군 점령 초기에 오키나와 주민들은 생계를 전적으로 미군에게 의존할 수밖에 없었고, 이러한 상황은 종종 식량 부족 현상이 발생하거나 성폭력의 위험이 산재했음에도 불구하고 미군에 대한 긍정적인 이미지를 심어 주었다.

둘째, 미군은 오키나와 주민들을 수용소에 수용한 상태에서 방대한 토지를 접수하고 군사기지 건설에 착수했다. 미군은 이른바 '총검과 불도저'를 앞세워 촌락의 가옥과 전답을 밀어 버리고 비행장과 무기고, 병사(兵舍) 등을 건설했다. 공사에는 수용소의 주민들이 동원되어 강제 노동에 종사했다. 1946년 4월의 군정 보고서에 의하면, 오키나와 본도의 주민 35만 명 가운데 출신 지역으로 이동하지 못한 이산자는 6만 명, 전쟁 전의 마을로 돌아가지 못한 사람은 13만 명으로 추계되었다(도리야마 아츠시 2009 : 110에서

도식으로 이해할 수 있다는 것을 의미하지는 않는다. 도미야마는 실제로 '스파이'의 적발에는 적잖은 수의 주민들이 관여하고 있었고, 특히 '조선인'과 관련된 '스파이' 적발의 경우에 주민의 참여가 두드러졌다고 지적하고 있다(도미야마 이치로 2002 : 80).

재인용). 군사기지의 건설과 확장으로 인해 본래의 거주지로 돌아가지 못하는 사람이 3명에 1명꼴이었는데, 이들은 대규모 군사기지 주변에 촌락을 형성할 수밖에 없었다. 오늘날 시내 중심부에 대규모의 미군기지가 자리 잡아 주민들이 상시적인 사고 위험에 노출되는 오키나와 미군기지의 배치 구조는 이 시기에 형성되었던 것이다. 이러한 폭력적인 기지 건설 과정은 이후에도 계속되며, 기지 확장과 강제적인 무상 접수는 주민들의 가장 큰 불만 사항이었고, 미군의 안정적인 통치와 오키나와 사회운동 · 복귀운동에 뇌관의 역할을 담당하게 된다.

셋째, 미국의 점령정책은 일본 본토에 비해 오키나와에서 훨씬 더 강압적인 방식으로 이루어졌다. 미국의 대일 점령정책은 1945년 9월 22일의 「초기 대일 방침, SWNCC 150 / 4A」에서부터 '비군사화'와 '민주화'라는 기조하에 간접 통치의 형식을 취하고 있었지만, 오키나와에서는 '니미츠 포고'를 통해 '일본의 침략력 파괴'나 '군벌의 파멸'만이 강조되었고 미군의 직접 점령이 이루어졌다(中野好夫 編 1969 : 9). 대일 점령정책과 달리 대오키나와 점령정책은 점령의 목적이 불분명한 상황 속에서 진행되었고, 이후에도 정치 · 사회 체제의 개편에 대한 내용이 없었기 때문에 전시 체제하에서 대일 협력에 앞장섰던 기존 정치인이나 지도층에 대한 검거나 비판 역시 수행되지 않았다. 심지어 이들은 미군 수용소에서 다시 전후의 지도층으로 부상하기 시작했다. 이러한 점령정책에서의 차이는 오키나와의 전후와 전전의 연속성에 중요한 역할을 담당했다고 할 수 있을 것이다.

1945년부터 1952년까지 지속된 미국의 전시 점령은 1952년의 대일강화조약에 의해 종식되었다. 그러나 대일강화조약 제3조를 통해 오키나와는 일본 본토로부터 분리되었고, 미국은 일본 정부의 양해와 지지하에 오키나와에 군사기지를 유지할 수 있었다. 1952년 4월 28일 발효된 대일강화조약 제3조는 오키나와에 대해 다음과 같이 규정하고 있다.

> 일본국은 미합중국이 국제연합에 제안한, 북위 29도 이남의 남서 제도를 미합중국을 유일한 시정권자로 하는 신탁통치하에 둔다는 것에 동의한다. 이러한 제안이 가결될 때까지 미합중국은 영해를 포함한 이들 제도의 영역 및 주민에 대해 행정, 입법 및 사법상의 모든 권력 및 일부를 행사할 수 있는 권리를 지니는 것으로 한다.

여기에서 미국은 일본의 협조와 지지를 명시함으로써 오키나와에 대한 일본의 '잠재 주권'을 인정했다. 오키나와의 지위에 대한 이 '모호한' 규정은 국제사회의 비판을 피하면서 오키나와를 배타적으로 지배하기 위해 그리고 미국 내부의 의견 대립을 조정하기 위해 덜레스(John F. Dulles)가 고안한 것이었다(宮里正玄 2000 : 41-69). 이를 통해 미국은 오키나와를 일종의 '전리품'으로 획득할 수 있었지만, 오키나와를 직접 통치해야 할 부담을 져야 했으며 동시에 일본은 향후에 오키나와의 반환을 요구할 수 있는 여지를 획득했다. 이러한 제도적 배경 역시 이후 오키나와의 복귀운동에서 중요한 맥락을 형성하게 된다.

2) 류큐 / 오키나와의 귀속을 둘러싼 혼란 : 독립론에서 복귀론으로

오키나와의 일본 복귀에 대한 요구가 처음으로 등장한 것은 도쿄에서였다. 슈리(首里) 시장을 지낸 바 있는 나카요시 료코(仲吉良光) 등이 1946년 10월 2일 맥아더(Douglas MacArthur) 연합군 사령관에게 오키나와의 복귀를 청원하는 진정서를 제출했던 것이다. 그러나 이러한 움직임은 오키나와 내부의 동향과는 달랐다. 사실 그는 먼저 오키나와의 점령군에게 진정서를 제출했으나(1945년 8월 4일), 오키나와인 유지들로 구성된 오키나와자순회(諮詢會)에서 오키나와 주민 다수의 의견이 아니라는 이유로 배척당했던 것이다(中野好夫 · 新崎盛暉 1976 : 35-38).

1947년 무렵부터 오키나와에서는 정치조직과 정당들이 건설되기 시작했다. 정치 활동은 오키나와전의 경험뿐 아니라 전전의 식민지 경험 그리고 미군의 점령에 대해 해석하고 말할 수 있는 기회를 제공했다. 1947년이라는 시기는 미군의 민간 수용소에서 주민들이 대부분 귀환한 시기이며, 또 일본 본토에서 5월 3일부터 신헌법이 시행된 시기이기도 했다. 1947년 6월에 나카소네 겐와(仲宗根源和)를 중심으로 오키나와민주동맹이 결성되었고 7월에는 세나가 가메지로(瀬長亀次郎) 등의 오키나와인민당이 결성되었으며, 9~10월에 걸쳐 오키나와사회당, 류큐사회당이 결성되었다가 곧 이어 사회당으로 합당했다. 1947년에 결성된 정당들의 공통점은 향토 오키나와의 재건과 정치, 경제, 사회, 문화, 교육 등의 '민주화'를 강조한 점과 오키나와의 귀속 문제에 대해서는 류큐 / 오키나와의 일본으로부터의 분리 · 독립을 당연한 것으로 전제한 점이다. 오키나와의 귀속 문제와 관련해서는 독립론, 신탁론,[12] 일본 복귀론, 미국의 하나의 주가 되자는 미주론(米州論) 등이 거론되었다. 오키나와인민당은 언론에 "전 오키나와 민족의 해방", "오키나와 민족의 주권의 확립", "해방군으로서의 미군에 협력하는 민주 오키나와의 건설", "인민 자치 정부의 수립", "오키나와의 기본법을 만

12 신탁론은 오키나와 주민들의 일상생활의 재건을 유엔의 책임하에 수행하고, 그 정치적 진로는 유엔의 감독하에 오키나와 민중의 의사에 따라 결정할 것을 주장한다. 신탁론의 입장에 대해서는 『うるま新報』의 사설 「沖縄は国連の信託たるべし」(1951. 2. 2)를 참조. http://www7b.biglobe.ne.jp/~whoyou/emigrant11.html#urumashinpo19510202.

들 헌법 의회의 소집" 등을 주장했다(中野好夫 · 新崎盛暉 1976 : 27-33). 오키나와 민주동맹이나 1950년 10월에 결성된 공화당도 정치적 독립을 주장했다. 이러한 시대 조류의 핵심적인 원인은 오키나와전의 경험이었다고 할 수 있으며, 특히 혁신적인 사상을 가진 엘리트층에서 일본 국민으로서의 동화주의 의식이 일정 정도 붕괴되고 있었음을 보여 주는 것이라고 할 수 있다(国場幸太郎 2000). 하지만 곧이어 엘리트층을 중심으로 그러한 붕괴를 봉합하려는 시도들이 나타나면서 이른바 '귀속 논쟁'이 벌어졌다.

오키나와 내에서 본격적으로 오키나와의 지위를 둘러싼 논쟁이 벌어진 것은 1950년 9월에 있었던 군도지사 선거에서였다(与那国暹 2001 : 251).[13] 오키나와 군도의 지사 선거에는 친미파로 류큐 독립을 주장하던 오키나와민주동맹과 신탁통치에 찬성의 입장을 보인 사회당의 지지를 받은 마츠오카 세이호(松岡政保), 반미파로 인민 자치 정부의 수립을 내건 세나가 가메지로, 중간파로서 일반 지식인층의 지지를 받던 무소속의 다이라 다츠오(平良辰雄)의 3명이 입후보했다. 선거 전에는 미 군정부에 협조적이던 마츠오카의 우세가 예상되었지만 다이라가 압승을 거두었다. 다이라 15만 8520표, 마츠오카 6만 9595표, 세나가 1만 4081표였다(国場幸太郎 2000 : 77). 나카요시 료코의 맹우였던 다이라는 공개적으로는 '의회정치의 확립'이라는 민주화 요구를 중심에 두었지만, 뒤에서는 복귀 문제를 제기했다(中野好夫 · 新崎盛暉 1976 : 43). 다이라의 압승에는 지역의 유지와 농민층뿐 아니라, 청년 단체와 교직원회의 지지가 크게 기여했고 이들은 다이라의 복귀 지향에 공

13 일본에서는 전후 최초의 총선거가 1946년 4월 10일 실시되었다. 이보다 앞선 1월 29일 미국은 연합군 총사령부의 「약간의 외곽 지역을 정치상 · 행정상 일본에서 분리하는 각서(SCAPIN 677)」를 통해 오키나와를 일본의 선거구에서 분리시켰다. 이에 대해서는 天川晃(1993) 참조.

명하고 있었다(中野好夫 · 新崎盛暉 1976 : 45). 요컨대 일본 복귀를 지향한 다이라의 배후 · 지지층에는 전전 시대부터 지역사회를 지배하고 있던 기득권층, 1947년의 신헌법으로 대표되는 일본의 민주화에 민감한 반응을 보이고 있던 청년층 그리고 전전 시대부터 일본으로의 동화에 가장 적극적인 역할을 수행하던 교직원회가 중심을 이루고 있었던 것이다. 1950년 10월에는 다이라 지사의 다수파 여당으로서 사회대중당이 결성되었고, 1951년 3월에는 '일본 복귀'를 당의 정식 정책으로 내걸고 '복귀 정당'으로서의 역할을 담당하게 되었다. 2월경에는 인민당도 일본 복귀를 당의 기본 정책으로 내세웠다. 그렇다면 일본으로부터의 독립 · 분리 지향으로부터 복귀 지향으로의 변화는 어떻게 일어나게 된 것일까.

1948년 무렵 오키나와인민당의 연설회 기록에는 "우리는 일본 민족의 이름하에 일본의 노예에 지나지 않았다"는 비판이나 일본 정부에게 전쟁 피해 배상금의 지불을 요구하던 움직임도 눈에 띈다. 1947년 인민당 결성에 동참했다가 1950년 사회대중당에 참여하여 초대 서기장을 지낸 가네시 사이치(兼次佐一)는 1948년 초 다음과 같이 발언하고 있다.

> 우리는 산에서 내려와서도 종전 날까지 일본이 이길 것이라고, 그리고 일본 본토에서 도움이 올 것이라고 믿고 있었습니다만, 수만의 우리 동포를 전사시키고 오키나와를 초토화하고 집 없이 살아야 하는, 더할 나위 없이 비참한 모습을 무시하고 돌보지 않은 것에 대해서, 나는 **일본에 대해 대단한 원한**을 지니게 되었습니다(강조는 인용자).[14]

14　沖縄縣公文書館所藏 琉球政府文書R00000475B,「沖縄人民党に関する書類綴 一九四八年一月～」.

가네시의 지적처럼, 오키나와전의 경험은 많은 사람들에게 '원한'과 분노를 남겨 놓았다. 그러나 한편에서는 미 군정의 통치에 대한 불만이 쌓여 가고 있었다. 1948년 8월에는 항만 작업 노동자의 공출 부족을 이유로 군정부가 배급 정지를 선언하기도 했고, 1949년에 가면 배급 물자의 가격이 폭등하여 생계가 더욱 어려워졌다. 억압적인 미 군정부에 대한 반감은 일본 본토에 대한 '원한'에 비견될 만큼 커져 갔다. 가네시 사이치는 1949년 5월경에는 다음과 같이 발언하고 있다.

> 세금을 내라고 인민을 쥐어짜고 있다. 이는 **완전히 일본의 군벌과 똑같다**. ……류큐 민족만큼 불쌍한 민족이 있는가? 옛날부터 침략을 받고 있다. 일본어다 영어다 하면서 어떤 민족적 언어도 가질 수 없다(강조는 인용자).[15]

이러한 와중에 대일강화회의의 전개 소식은 복귀로의 방향 전환에 결정적인 계기가 되었다. 미국은 1950년 4월 평화 교섭의 담당자로 덜레스를 임명하였고, 한국전쟁의 발발과 중국의 개입을 계기로 교섭을 신속하게 진행했다. 9월부터는 오키나와에 대한 배타적 통치 방침을 확고히 했으며, 12월에는 종래의 군정부를 류큐열도미국민정부(United States Civil Administration of the Ryukyu Islands, USCAR)로 개편하였다.

1950년 말에 접어들면서 대일강화교섭에 관한 소식이 오키나와에도 전해지기 시작했다. 강화회의가 시작되는 1951년 9월까지 오키나와에는 격렬한 귀속 논쟁이 벌어졌고, 처음으로 조직적인 차원에서 복귀운동이 진

---

15 沖縄縣公文書館所藏 琉球政府文書R00000477B,「政党にかんする書類綴 一九四八年一月～」.

행되었다. 오키나와인민당의 요청에 의해 1951년 2월 귀속 문제에 대처하기 위한 4정당 협의회가 개최되었다. 하지만 4정당의 입장은 제각각 달라서 오키나와인민당과 사회대중당은 즉시 일본 복귀를 주장했지만, 공화당은 류큐 독립을, 사회당은 미국의 신탁통치를 주장했다. 공동의 합의 도출에 실패한 오키나와인민당과 사회대중당은 4월 29일 '류큐일본복귀촉진기성회'(이하 '기성회')를 조직하여 일본 복귀를 청원하는 서명운동을 전개했다.[16] 기성회는 "류큐의 역사적 · 지리적 · 경제적 · 문화적 · 민족적 관계에서 하루속히 일본으로 복귀하는 것이 류큐인의 번영과 행복을 가져올 것"이라고 주장하면서 일본 본토와의 문화적 · 민족적 일체감을 강조했다. 다이라 군도정부 주석이 적극적으로 나서고 청년 단체에서 적극적인 실천 활동을 벌인 결과, 8월 28일까지 기성회가 모은 즉시 복귀 청원 서명서에 유권자의 72.1퍼센트인 19만 7천 명이 서명하였다.[17] 그러나 이들은 "전면 강화나 기지 제공 반대 등의 주장을 하지 않고, 운동을 단순히 류큐의 귀속 문제로 국한한다"고 하면서 정치적 주장을 적극적으로 배제했다. 오키나와 군도의회 역시 "동일 민족이 동일 정치 태세하에 있는 것은 인류 사회의 자연적인 모습"이라고 주장하며 일본 복귀를 결의했다(中野好夫 · 新崎

16 오키나와보다 앞서서 아마미 군도에서도 복귀운동이 진행되었다. 1951년 2월 13일 아마미오시마(奄美大島)일본복귀협의회가 결성되었고, 2월 19일부터 4월 10일까지 서명운동이 전개되어 만 14세 이상 주민의 99.8퍼센트가 서명을 했고, 1951년 3월 30일에는 아마미 군도의회에서 복귀 요청 결의를 했다. 沖繩縣祖國復歸鬪爭史 編輯委員會(1982 : 1295-1296).

17 서명운동 당시의 상황에 대해 자세히 언급하는 문헌은 찾을 수 없었다. 한 가지 흥미로운 점은 군도지사 선거에서 다이라 다츠오와 세나가 가메지로가 얻은 득표 수와 기성회가 얻은 서명자 수가 거의 일치한다는 점이다. 이것은 당시의 서명운동이 자발적인 대중성에 기반하기보다 정치조직을 중심으로 한 위로부터의 활동이라는 것을 짐작하게 한다.

■ 그림 2-3. 류큐일본복귀촉진기성회의 서명운동
1951년 8월 28일 기성회 임원들이 서명 용지를 앞에 두고 기념사진을 촬영한 것이다. '우리의 비원, 모국 일본으로 즉시 복귀', '신탁(통치) 절대 반대'를 내걸고 있다.
출처 나하(那覇)시

盛暉 1976 : 53-55). 미 민정부가 정치운동, 반미 운동이라며 탄압하자, 복귀운동을 실천적으로 이끈 단체 중의 하나인 오키나와청년연합회(이하 '청년연합회')는 복귀 서명운동은 정치운동이 아니라 '민족운동'이라며 반발했다. 하지만 이러한 조직적 움직임에 비해 집회나 행진과 같은 대중적인 움직임은 크게 일어나지 않았다.

독립적 · 반일적 지향에서 일본 복귀 지향으로의 전환이 일어나게 된 원인을 명료하게 설명하기란 쉽지 않다. 우선 앞에서 언급한 것처럼, 미국에 대한 인식의 변화가 중요한 계기가 되었다. 미 군정이 한국전쟁을 계기로 반공 체제를 강화하고 미·일 양국의 대일강화조약 교섭 과정에서 오키나와에 대한 장기 지배의 의도를 드러내 보이면서, '군국주의 일본'과 '민주주의 미국' 사이의 대립 구도가 '평화헌법을 가진 민주국가 일본'과 '군정 지배와 강압적인 기지 건설을 강행하는 미국' 사이의 대립 구도로 전환되기 시작한 것이다.[18]

둘째, '비군사화'와 '민주화' 조치가 취해졌던 일본 본토와 달리, 미 군정의 직접 지배하에서 군국주의자들에 대한 추방이 진전되지 않았던 오키나와 사이의 차이가 중요하게 작동하기 시작했다. 전전에 동화주의적 생활개선운동을 이끌었고 전시에는 전장으로의 동원을 이끌었던 지역의 지도자들은 미군의 수용소 캠프에서도 시장이나 보안관, 행정 요원을 담당했다. 1950년 6월 30일 미군의 포고 제37호 「군도정부의 지사 및 민정 의원 선거」에 따라 9월 17일과 24일에 실시된 각 군도별 지사 선거와 군도의회 선거에서는 전전에 오키나와를 이끌었던 지도층 인사들이 대거 당선되었다. 이들 정치 엘리트는 주도적으로 복귀 담론을 생산·유포했고 복귀 서명운동이나 복귀 조직을 결성했다. 이러한 사실과 더불어 1951년에 진행된 복귀 서명운동에서 대중적인 실천 활동이 부재했다는 점은 지도층과 대중 사이에 복귀 지향의 정도에서 일정한 차이가 존재했다는 것으로 해석할 여지가 있다고 생각된다.

한편 이 무렵 일본 본토 측으로부터도 오키나와의 귀속 문제에 관한 발언이 이어졌다. 1949년 2월 중의원 예산위원회에서 사회당의 니시무라 에이이치(西村栄一) 의원의 질의에 답하는 가운데 요시다 시게루(吉田茂) 수상

---

18 군도지사 선거(1950년 9월)에 앞서 벌어진 한국전쟁(1950년 6월)이 오키나와의 일본 지향으로의 움직임에 미친 영향은 흥미로운 문제다. 하지만 자료의 제약 때문에 이에 대한 종합적인 검토를 진행하지는 못했다. 이것은 이후의 과제로 남겨 둔다.

이 "오키나와의 복귀는 국민의 희망으로서 받아들여지게 될 것이다"라고 대답한 것이 알려지면서, 복귀가 현실성이 있다는 의식이 확산되었다.[19] 1950년 5월 전국 지사 모임에서는 남서 제도의 반환 요청이 결의되었고, 9~10월의 군도지사 선거 무렵부터 복귀 문제는 곧 오키나와의 귀속 문제로 논의되기 시작했다. 일본 본토와 오키나와의 지배층이 오키나와의 귀속 문제를 거론하기 시작하면서 대중 속에서도 일정한 변화가 일어났을 것이다.

그런데 위와 같은 변화들이 대중적인 복귀 지향의 충분조건이었을까. 나미히라 츠네오는 복귀 사상 혹은 복귀운동이 안고 있는 최대의 아포리아가 전전의 역사적 차별을 어떻게 설명할까 하는 문제였다고 본다(波平恒男 2003). 이것이 첫 번째 아포리아라면, 오키나와전에서의 '배신'과 '원한'을 어떻게 설명할까라는 문제가 두 번째 아포리아라고 할 수 있을 것이다. 오히려 이 두 번째 아포리아가 더 중요한 것이 아닐까. 우선 첫 번째 문제에 대해서는 이 시기 복귀운동에서 크게 언급되지 않았다는 점을 지적할 수 있다. 그것은 두 번째 문제에 가려져 있었다고 할 수 있을 것이다. 그렇다면 이 두 번째 문제에 대해 오키나와인은 스스로를 어떻게 납득시킬 수 있었을까. 미군 통치에 대한 불만이 미군과 일본군의 통치가 다를 바 없다는 정도로 고조되었다고 하더라도, 일본군에 대한 '배신감', '원한'이 미군 통치에 대한 불만을 상쇄했다고 보기는 힘들 것이다.

스스로를 납득시키기 위해서는 두 가지 언술의 구도가 필요했을 것이라고 추론해 볼 수 있다. 하나는 일본이 이전과는 완전히 달라졌다는 인식,

---

19 그러나 이 시기에 미국은 1949년 5월 6일 「미 국가안전보장회의 문서 : 일본에 대한 미국의 정책에 관한 권고(NSC 13/3)」를 통해 오키나와의 분리 지배 방침을 정식으로 결정하였다.

다시 말해서 '군국주의 일본'에서 '평화헌법을 가진 민주국가 일본'으로의 전환에 대한 인식이다. 이것은 특히 1947년 신헌법 제정 전후로 오키나와에 돌아온 다이라 다츠오를 지지한 청년층과 지식인층에 의해 유포되었다. 두 번째는 오키나와인을 착취하고 죽인 것은 일본 국민, 일본 민족이 아니라 그 가운데 일부였다는 인식이다. 그렇다면 그들을 제외한 일본의 민중과 연합하고 일본의 민족으로 돌아가는 것도 가능하다는 구도였다. 가네시 사이치와 세나가 가메지로의 다음과 같은 발언은 이러한 언술의 구도를 잘 보여 준다.

> 주권 천황에서 주권 인민으로, 제국주의에서 민주주의로, 호전 국가에서 평화 국가로, 180도 전환을 한 일본의 8천만 동포와 함께 일본의 국적으로 복귀하여 중·참 양원에 대표를 선출하여 국정에 참가하고, 인민의 정치를 인민의 손에 의해 행하는 민주주의의 은전을 받는 것이 가능하다.

> 우리 류큐 민족을 착취한 것은 일본의 인민이 아니었다. …… 오키나와 인민을 착취한 것은 일본의 자본가, 대지주, 은행, 그들과 결탁한 악질 관료와 군벌, 총칭하여 일본의 군벌 정부였다.[20]

여기에 제2차 세계대전으로 인한 오키나와의 파괴는 일본의 책임이기 때문에 일본으로 돌아가서 일본의 책임하에 오키나와가 재건되어야 한다는 논리가 더해졌다.[21] 이후의 사태 전개를 볼 때 이러한 언술 구도는 실

---

20 兼次佐一 1951：39-40；瀬名亀次郎 1951：15.

21 『沖縄タイムス』,「社説 琉球の帰属」(1951. 2. 3).

제로 힘을 발휘했던 것으로 보인다. 또한 위와 같은 언술의 구도는 왜 일본 복귀운동이 특히 혁신계에 의해 주도되었는가를 말해 준다. 복귀는 '평화헌법을 가진 민주국가 일본'으로 돌아가는 것이었으며, 군국주의에 대한 반대에 기반한 것이었다. 그렇지만 일본 인민과의 연대는 과연 가능한 것이었을까? 복귀운동이 탈국가 · 탈(일본)민족주의를 내포하지 않는 한, 위의 언술 구도는 너무나 쉽게 인민(민중)과 국민(민족)을 등치 관계에 놓을 가능성이 있으며, 또 실제로 그러한 방향으로 역사가 전개되었다. 또한 위와 같은 구도에서는 식민지 시기와 전시기를 걸쳐 오키나와인과 본토인 양측의 대중 의식 속에 자리 잡고 있던 '차별'과 '동화주의'에 대한 성찰 · 반성의 계기가 누락되고 만다. 무엇보다도 '우군'이라고 믿던 일본군에게 배신당하고 부모 자식과 형제자매가 살해당했던 (그리고 그러한 전쟁에 스스로 동참했다는) '원한'은 잠시 억압될 수는 있어도 쉽게 망각될 수 없는 것이었다. 이후의 사태 전개에서 드러난 것처럼, 현실 정치에서 '배신'과 '환멸'이 반복됨에 따라 역사적 트라우마들이 회귀하면서 이러한 구도는 파탄을 맞이하게 된다.

4. 동화주의적 복귀운동의 형성과 전개

1) 동화주의적 복귀운동으로서 '히노마루 복귀운동'

초기에 복귀운동을 주도한 주체에는 정치 엘리트들 이외에도 오키나와교직원회를 비롯한 교사들이 있었다. 공적인 장에서 최초로 복귀 결의를 거행한 대중조직으로는 오키나와교직원회의 전신인 교원연합회가 거론되는데, 1952년 1월 제2회 교장회의에서 이루어진 것이었다. 그 이전에도 교장회는 1950년 11월 제1회 교장회의에서 "교육행정을 본토와 일체화하고 싶다"는 진정서를 주미 대사 앞으로 보낸 바 있었다. 이 진정서 안에는 히노마루 게양의 바람도 담겨 있었다. 제3회 교장회의에서도 본토로 보냈던 교육 시찰단의 보고를 듣고, '홀로 남겨진 오키나와 교육의 현실'의 근본적인 해결은 일본 복귀밖에 없다는 결론을 내렸다(儀間進 1975 : 91).

교직원회 회장을 역임하고 1968년에는 초대 공선 주석으로 선출되기도 했던 야라 초뵤(屋良朝苗)는 식민지 시대부터 교육 현장에서 풍부한 경험을 쌓은 인물이었다. 그는 미군의 점령하에 있던 오키나와 교육의 문제들을 해결하기 위해서는 사회의 민주화가 전제되어야 한다고 보고, 평화·민주주의 헌법하의 일본으로의 복귀를 추진했다. 야라를 비롯한 교육자들은 미군의 점령하에서 교육의 '식민지적 환경'이 우려되는 속에서 "오키나와의 20만 어린이들에게는 직접 국정의 은혜가 미치지 않고 있다"는 인식으로부터, "이러한 상태가 계속될수록 오키나와의 어린이들이 조국도 알지 못하고…… 점점 이인시(異人視)되어 갈 것"이라는 점을 우려했다. 위의 교장회의를 주도했던 야라는 교육 부흥의 실정, 교육 격차의 문제, 교육 조건, 환경 정비 등을 생각하면 복귀 외에는 길이 없다는 점을 역설했다(沖縄縣祖國復歸鬪爭史 編輯委員會 1982 : 1294-1295). 요컨대 교사들은 교육 환경의 문제뿐 아니라 오키나와의 미래 세대가 일본인과는 다른 아이덴티티를 가진 인간(이인)으로 취급받을지 모른다는 우려 속에서 초기 복귀운동에 나섰던 것이다.

대일강화조약 체결을 전후하여 오키나와에서는 일본복귀기성회가 서명운동을 종료하고 해산한 상태여서 복귀운동을 위한 대중조직이 부재한 상태였다. 교직원회와 청년연합회를 중심으로 조직 재건의 요구가 고조되자, 1953년 1월 10일에는 야라 초뵤가 주축이 된 '오키나와제도조국복귀기성회'가 결성되어, 대일 강화와 오키나와 분리 이후의 복귀운동을 주도했다.

2기의 조국복귀기성회는 1기의 일본복귀기성회와 달리 정당을 배제하고 교직원회, 청년연합회, 부인연합회 등 민주 단체들로만 구성되었는데, 이것은 미 민정부의 정치운동에 대한 탄압이 계속되는 가운데 복귀운동을 탈정치적인 민족운동으로 전개하려는 의도였다. 그러나 2기 기성회는 미 민정부가 공산주의 운동이라며 탄압을 가하면서 곧바로 해체되고 말았다. 미 민정부의 논리는 1953년 아마미 제도를 반환받은 일본 정부도 오키나와를 미국이 장기적으로 지배하는 것에 동의했으며, 그러므로 이러한 국제 질서에 반대하는 것은 공산주의를 이롭게 한다는 것이었다(中野好夫 · 新崎盛暉 1976 : 53-55).

따라서 1950년대에는 다양한 세력을 망라하는 대중조직의 차원에서 복귀운동이 진행되지 못했고, 오키나와의 사회운동 세력들은 정치적 민주화와 자치의 확대 문제에 집중했다. 이 과정에서 줄기차게 복귀운동을 추진한 것은 역시 교직원회였고, 그 핵심은 히노마루 게양과 민족 교육의 실시였다.

미군은 오키나와를 점령하자마자 포령과 포고를 통해 히노마루의 게양을 금지했고, 미군 통치의 억압성이 전면화되자 히노마루 게양의 금지 역시 억압적인 통치의 일부로 인식되었다. 오키나와교직원회는 1952년 발족과 동시에 히노마루 게양 운동을 전개했다. 각 학교 학생들 가운데 희망자를 모아 '히노마루'를 공동으로 구입하여 각 가정에 배포했다(儀間進 1975 : 90-91). 히노마루 게양 운동이 수행한 중요한 역할은 일종의 상징 정치를 통해 다양한 계급, 계층을 히노마루의 깃발 아래로 불러 모으는 것이었다. 히노마루 복귀운동은 '왜 일본으로 돌아가야 하는가'에 대한 논리적 답을 제시하지 않았다. 대신 오키나와인 한 사람 한 사람의 소박한 감정을 자극했다. 가네시 사이치는 초기 복귀운동의 성격을 다음과 같이 설명한다.

당시 우리가 항상 강조했던 것은 '아무리 부자가 되어도 다른 사람과 지내는 것보다 가난해도 좋으니까 혈족(親)의 품에서 살자!'였습니다. 반미 · 항미가 아니라 단순히 일본인이니까 통일 민족 속으로 들어가 통일 헌법 속에서 살지 않겠는가라고 설득했던 것입니다(沖繩縣祖國復歸闘爭史 編輯委員會 1982 : 1295).

오키나와교직원회가 1961년 6월 30일 발행한 「조국복귀운동 입문서」의 서문은 대중적인 조국복귀운동의 지향을 잘 보여 주고 있다.

우리가 떠안고 있는 문제가 조국복귀를 함으로써만 해결된다는 것은 최근의 사태로부터 너무나 명백할 정도다. 조국과 이어지는 것이 경제적으로 더 나아진다는 점은 정해져 있지만, 만약 더 나아지지 않더라도 우리는 조국으로 복귀하지 않으면 안 된다. **이민족의 지배가 어떠한 결과를 가져왔는가**는 역사가 증명하는 바다(강조는 인용자).[22]

한 손에 '히노마루'를 들고서 '이민족의 지배'에서 벗어나 '통일 민족 속으로 들어가 살자'고 주장했던 1950년대의 복귀운동에 대해서는 두 가지 내용을 지적해 둘 필요가 있다. 첫째, 히노마루 복귀운동은 '인민의 연대'가 아니라 '일본 민족 속으로의 복귀'를 명확히 주장했다는 점이다. 이것은 초기에 일본 인민과의 계급적 연대를 염두에 두었던 혁신계가 복귀 문제에서는 동화주의적 민족주의에 기반했음을 말해 준다. 둘째, 복귀운동이 교직원회를 비롯한 몇몇 대중조직에 의해 줄기차게 진행되면서 지지 기반을 점차 넓혀 갔지만, 아직 미 군정의 지배에 도전할 만큼의 역량을 결집

22 沖繩教職員會, 「祖国復帰運動のしおり」(1961. 6. 30).

하지 못했다는 점이다.

1960년대가 되면서 상황은 서서히 변화하기 시작했다. 우선 동화주의적인 지향이 보다 명시적으로 강조되었다. 1960년 12월부터 교직원회의 교장부회에서는 '조국과의 친근감을 높인다'는 목적하에 '일본'으로 불리던 것을 '본토'나 '조국'으로 부를 것, 미 군정이 공식적인 명칭으로 사용하던 '류큐'를 '오키나와'로 부를 것 등을 결의했다. 또한 히노마루 게양 운동을 보다 대대적으로 전개하기로 했다.[23] 일부 대중 조직에서만 사용되던 것을 대중의 일상용어에서도 '일본'이 아니라 '조국', '오키나와인'이 아니라 '현민'을 사용하도록 장려하는 '국민교육운동'이 진행되었다(小熊英二 1998 : 574). 이러한 언어의 변용은 일본과 류큐 / 오키나와의 관계에 대한 상징 정치의 일환이었다. '일본'이라는 호칭은 돌아가야 할 곳을 객체화시킴으로써 은연중 일본과 류큐 / 오키나와 사이의 거리감을 부각시킬 수 있었다. 이 때문에 '일본 복귀'를 '조국복귀'로 호칭한 것은 히노마루 게양과 더불어 히노마루 복귀운동이 행한 가장 중요한 상징 정치였다고 할 수 있다.

나아가 1950년대에 폭넓은 전선을 구축하지 못했던 복귀운동 진영은 1960년 4월 28일 오키나와현 조국복귀협의회(이하 '복귀협')를 결성했다. 복귀협의 결성 대회장에는 대형 히노마루가 게양되었고, 식장에는 조국복귀의 노래(祖国復帰の歌)가 울려 퍼졌다. 복귀협은 결성 선언문을 통해 오키나와의 분리 · 기지화의 근거로 사용되는 '긴장과 위협' 논리를 비판하고, "동시에 우리는 조국의 동포가 본래 일본의 하나의 현이며 동일 민족인 오키나와 현민을 하루라도 빨리 따뜻한 손으로 되찾도록 국민적인 운동이 전

23 沖縄教職員會, 「新年における日の丸の自由掲揚に関する陳情」(1960. 11. 23).

■ 그림 2-4. 오키나와현 조국복귀협의회 결성식에 내걸린 '히노마루'(1960년 4월 28일)
출처 沖縄縣祖國復歸鬪爭史 編輯委員會(1982)

개되기를 희망한다"고 호소했다.[24]

복귀협의 목적이나 사업은 '조국복귀'를 제일의 목표로 추구한다는 점에서는 복귀기성회와 크게 다르지 않았다. 복귀협의 기본적인 요구는 '포령·포고의 철폐 및 일본 제 법규의 적용 촉진', '히노마루 게양 및 도항의 자유 획득', '주석 공선의 촉진', '국회에 오키나와 대표 참가' 등이었다. 복귀협은 1961년부터 대일강화조약이 발효된 4월 28일을 '굴욕의 날'로 규정하고 대대적인 복귀운동을 펼쳤다. 4월 28일이 '굴욕의 날'로 기억되는 한 그 주체가 국토의 일부를 이민족에게 빼앗긴 '일본 민족'이라는 점은 명확하다.

24 沖縄縣祖國復歸協議會, 「沖縄県祖国復帰協議会 結成大会 宣言」(1960. 4. 28).

복귀협의 실무는 교직원회와 오키나와현 청년단체협의회(이하 '오키청협'), 오키나와관공청노동조합협의회(관공노) 등이 담당했다. 나아가 복귀협은 초당파적인 전 현민의 조직을 표방하였고 그것은 복귀협에 혁신 3정당과 주요 민주 단체 외에도 PTA연합회나 유족연합회 등이 참여한 것에서 잘 드러난다.[25] 1963년부터는 일본 본토와 오키나와를 경계 짓는 북위 27도선 해상에서 일본 본토 측 대표단과 오키나와 측 대표단이 해상에서 만나는 해상 대회를 개최하였다. 1964년에는 미군들이 복귀운동의 과정에서 내걸린 히노마루를 찢거나 버리는 사건이 다수 발생하자, 복귀협은 강력한 항의 성명을 내놓았고, 입법원에서도 「국기 손괴에 관한 항의 결의」를 통과시켜 히노마루를 '국기'로 지칭했다(沖縄縣祖國復歸闘争史 編輯委員會 1982 : 195). '히노마루'를 '국기'로 지칭한 이 입법원 결의는 1940년대 말 일본의 '배신'을 '원한'으로 여기던 입장에서 출발하여, 10여 년에 걸쳐 진행되어 온 동화주의적 복귀운동의 '성과'를 보여 주는 것이라 평가할 만하다.

히노마루 복귀운동이 광범위한 오키나와 대중을 복귀운동의 대열로 동참시키고 단합시킴으로써 복귀운동의 영향력을 증폭시켰다는 점을 부인하기는 힘들다. 하지만 복귀운동의 상징으로서 히노마루가 강조될수록 식민지배와 오키나와전의 진실은 억압되고 금기시될 수밖에 없었다. 아라사키 모리테루는 동화주의적 복귀운동의 상징인 히노마루에 대해 그것이 떠맡아 온 역사적 역할에 대한 비판을 거치지 않은 채 복귀해야 할 일본, 평화

---

25 준비회의 결정에 근거하여 복귀협 가맹을 호소한 단체는 70개 단체에 이른다. 여기에는 교직원회, 관공서와 시정촌의 노동조합, 사회대중당과 인민당, 사회당, 자민당, 시정촌회와 시정촌의장회 등 정치단체 및 종교 단체도 포함되었다. 그 외 오키청협, 류큐대학, 유족연합회, 시정촌군용토지위원회연합회(토지련), 민주주의옹호연락협의회(민련) 등 민주·사회·평화 운동 단체들이 총결집하였다(沖縄縣祖國復歸闘争史 編輯委員會 1982 : 58).

헌법을 가진 민주국가 일본의 상징으로 은근슬쩍 탈바꿈한 것이었다고 비판한다(아라사키 모리테루 2008 : 81-82).

2) '섬 전체 투쟁'과 오키나와 반전 평화 의식의 뿌리

한편 1950~1960년대 오키나와 대중운동은 복귀운동이라는 단일한 틀로 포괄되지 않는 다양한 내용을 지니고 있었다. 특히 미국의 군사기지에 반대하는 반전·반기지의 평화 운동이 또 하나의 큰 물줄기를 형성하면서 전개되어 왔다. 오키나와의 역사학자인 아라사키 모리테루는 오키나와 대중운동의 역사를 세 번에 걸친 '섬 전체 투쟁(島ぐるみ闘争)'과 그 사이의 모색기라는 틀로 분석한다. 1955~1956년 농민을 중심으로 토지의 폭력적 접수에 반대한 토지 투쟁, 1969~1972년 조직 노동자와 청년 단체를 중심으로 반전·반기지를 내세웠던 오키나와 투쟁, 1995~1997년 소녀폭행사건을 계기로 평화와 인권, 생명의 가치를 들고 미·일 안보 체제의 재검토를 요구했던 대중 투쟁이 세 번의 섬 전체 투쟁으로 거론된다(아라사키 모리테루 2008). 여기에서는 토지 투쟁의 간략한 경위와 복귀운동과의 관련성을 살펴보고자 한다.

오키나와전 당시 '전시 점령'을 명분으로 '헤이그 육전법규'를 내세우면서 광대한 토지를 군사기지로 접수한 미군은 군용지에 대한 사용료를 지불하지 않았다. 강화조약이 발효된 후인 1952년 11월에 가서야 포령 91호 「계약권(Authority to Contract)」을 공포하였지만 당시 농민들이 '코카콜라 한 병 값도 안 된다'고 불만을 표시할 정도로 토지 사용료를 낮게 책정해서 군용지주의 90퍼센트 이상이 계약을 거부하는 사태가 빚어졌다. 그러자 미 민정부는 1953년 12월에 포고 26호를 공포하여 "장기간에 걸친 사용 사실에 의해 '묵계(默契)'가 성립되었다"고 일방적으로 선언했다. 또한 한국

전쟁의 휴전 협상이 진전되면서 동아시아 미군을 재편하고 미군기지를 체계화할 필요가 있었다.[26] 기지 재편을 위해 새로운 토지가 필요하자 미군은 1953년 4월 3일, 포령 109호 「토지 수용령(The Land Acquisition Procedure)」을 공포했다. 다음 날부터 1955년까지 미군은 '총검과 불도저'를 앞세워 농민들의 저항을 무력화하고 오키나와 곳곳에서 기지 건설에 착수했다. 이러한 대규모 폭력 사태는 오키나와 민중의 광범위한 항의와 저항을 불러일으켰다.

오키나와의 기지화 정책에 대한 아래로부터의 저항에 대처하기 위해 미하원 군사위원회는 1955년 10월 프라이스(M. Price)를 위원장으로 하는 특별분과위원회를 오키나와로 파견하고, 1956년 6월 「프라이스 보고서」를 발표했다. 이 보고서는 오키나와의 중요성을 다음과 같이 정리하고 있다.

> 우리가 오키나와에 있는 것은 오키나와가 미국의 세계적 규모에 걸친 방위의 불가결한 일부를 이루고 있기 때문이다. 세계의 다른 지역과 마찬가지로, 일본과 필리핀에서도 우리가 기지를 보유하고 있는 것은 우호적인 정부의 계속적인 존재에 의존하고 있다. 류큐 제도에 대해 우리가 정치적 통제를 행사하고 있다는 사정과 **(일본에) 호전적인 민족주의 운동이 존재하지 않는다는 이유 때문에,** 물론 우리의 국가 정책에 따른 것이지만, 극동 · 태평양 지역의 여러 해상 도서들에서 전진 군사기지의 장기간 사용 계획을 입안하는 것이 가능하다(中野好夫 編 1969 : 177. 강조는 인용자).

미군기지의 존재를 정당화하는 프라이스 권고의 골자가 알려진 1956년

26 한국전쟁을 전후한 시기의 미군과 미군기지의 재편에 대해서는 정영신(2012) 참조.

6월 9일 이후 섬 전체 규모의 대중적 저항이 폭발했다. 6월 20일에 열린 시정촌 주민 대회에는 64개 시정촌 가운데 56개 시정촌이 참여할 정도였다. 이 토지 투쟁은 10년간의 미군 지배에 대한 '섬 전체'의 총반격이었다고 평가받고 있다(新崎盛暉 2005 : 16).

그런데 '호전적인 민족운동'의 부재 때문에 어떠한 제한도 없이 자유롭게 사용할 수 있다고 전제했던 오키나와와 일본에서 이 무렵부터 점차 민족주의가 고조되었다. 1955~1956년에 전개된 섬 전체 투쟁 역시 토지 투쟁으로서의 성격과 더불어 일본 민족으로의 동화를 지향하는 복귀운동의 성격도 지니고 있었다. 투쟁의 과정에서 '영토권의 사수'나 '국토방위'도 주창되었고, 투쟁을 주도했던 '오키나와 토지를 지키는 협의회'(이하 '토지협')는 "국토의 한 평도 미국에게 팔아넘기지 않기 위해 민족의 끝없는 저력을 발휘하여 싸울 것"이며 "전 현민과 함께 독립과 평화와 민주주의의 깃발을 높이 걸고 조국과 민족을 지키기 위해 싸울 것"이라고 밝혔다(中野好夫 · 新崎盛暉 1976 : 83-88). 토지 투쟁 직후에 전개된 교육4법(교육기본법, 학교교육법, 교육위원회법, 사회교육법) 투쟁에서도 오키나와교직원회는 실질적으로 본토의 교육과 같은 내용의 교육안을 만들기 위해 노력했고, "우리는 '일본 국민으로서' 인류 불편(不偏)의 원리에 서서 민주적인 문화국가를 만들지 않으면 안 된다"는 이념을 내세웠다. 그러나 미 민정부는 '일본 국민으로서'라는 문구를 문제 삼아 여러 차례 입법안을 폐안시켰다(沖縄縣祖國復歸鬪爭史 編輯委員會 1982 : 1300). 이 교육기본법은 당시만 해도 오키나와인이 일본인임을 명문화한 유일한 법안이었다. 이처럼 오키나와 대중 투쟁의 전반에는 동화주의적 흐름이 깊이 침투하고 있었다.

그런데 이 토지 투쟁에는 민족주의나 동화주의적 복귀운동과는 완전히 별개는 아니었으나, 그 결이 다른 흐름도 존재하고 있었다. 그것은 이에지마의 아하곤 쇼코(阿波根昌鴻)를 중심으로 한 비폭력적 반전 · 평화 운동이다.[27] 오키나와전에서 외아들을 잃은 그는 1954년부터 시작된 이에지마 마자(真謝)지구에 대한 토지 접수 과정에서 미군에게 토지를 빼앗겼다. '총검과 불도저'를 앞세운 미군 앞에서 그는 철저한 비폭력주의로 맞섰고 '진정(陳情) 규정'을 정하고 미군과의 교섭에 임했다. 그 가운데에는 '반미적으로 되지 않을 것', '화를 내며 험담을 하지 않을 것', '회담을 할 때는 반드시 앉을 것' 등의 태도와 함께 '인도, 도덕, 종교의 정신과 태도로 절충하고, 포령 · 포고 등 잘못된 법규에 얽매이지 않으며, 도리를 통해 호소할 것', '인간성에 대해서는 생산자인 우리 농민이 군인보다 우위에 있다는 자각을 견지하고, 파괴자인 군인을 가르치고 이끌 마음가짐을 중요하게 여길 것' 등의 규정이 눈에 띈다(阿波根昌鴻 1973 : 50-51). 이에지마의 농민들과 가족들은 이러한 규정을 가지고 '거지 행각'으로 오키나와의 각지를 돌면서, 그리고 미군에게 직접 호소하면서 토지와 생명을 지키기 위한 싸움을 벌였다. 여기에서도 미군에 대한 태도의 변화는 존재했다. 아하곤을 비롯한 이에지마의 농민들도 처음에는 미군을 해방군이라고 생각했고, 그런 와중에 속아서 토지 계약서에 도장을 찍기까지 했다. 그렇지만 이들은 미군에 대한 배신과 분노를 보다 보편적인 인간성에 대한 호소로 승화시켰다.

> 전시 중에 일본 정부가 말한 의미와는 다르지만, 역시 상대는 귀축(鬼畜)이다. 물려고 덤벼든다. 물리지 않도록 정신을 차리자. 귀축이라면 어떻게 싸우는 게 좋을까. 저쪽이 귀축이면 우리는 인간이다. 인간에게는 짐승이 당하지 못한다. 인간이란 어떤 존재인지 가르쳐 주자(阿波根昌鴻 1973 : 41).

---

27 아하곤 쇼코의 삶과 투쟁에 대해서는 阿波根昌鴻(1973, 1992) ; 亀井淳(1992) 등을 참조.

■ 그림 2-5. 진정 규정과 요구 사항을 내걸고 투쟁하는 이에지마 주민들

토지를 빼앗긴 이에지마 주민들은 걸식을 통해 허기를 달래며 항의하는 '걸식 행진'을 이어 나갔다. 사진은 1955년 7월의 모습이다.

출처 아하곤 쇼코를 기념하는 와비아이의 마을(재) (www3.ocn.ne.jp/~wabiai/index.html)

이러한 인식이 폭력을 행사하는 군인에 대한 비하를 의미하는 것은 아니었다. 거기에는 인간을 '귀축'으로 만드는 군대의 조직 논리가 존재하지만 다른 한편에서는 개개인의 군인들에게 인간성이 내재한다는 신념과 더불어, 그러한 인간성의 실현을 먼저 보여 줌으로써 미군의 '비도(非道)'가 인도와 도리에 이길 수 없음을 보여 주려 했던 것이다.

이에지마 농민들의 투쟁은 1950년대 중반의 토지 투쟁을 주도하지도 다수를 형성하지도 못했다. 그러나 오늘날까지 계속되고 있는 이들의 투쟁이 오키나와에 남긴 정신사적 영향은 매우 크다고 할 수 있다. 그것은 '생명이야말로 보물'(命どう寶, 누치두타카라)이라는 '오키나와의 마음'을 삶과 투쟁 속에서 체현한 상징적 인물로서 아하곤을 비롯한 이에지마의 농민들이

거론되는 것에서 잘 알 수 있다. 이것은 대중 투쟁과 복귀운동 속에 깊이 침투해 있던 동화주의적 지향에 대한 비판의 근거가 오키나와 내부에 이미 존재하고 있었다는 것을 의미한다. 그러나 이러한 사상적 재발견은 훗날의 일로, 그때까지는 몇 차례에 걸친 일본 정부의 '배신'과 그에 대한 '환멸'과 '고뇌'를 거쳐야 했다.

5. '반전 복귀운동'으로의 전환과 동화주의 비판의 두 경로 : '반복귀론'과 '오키나와 처분론'

오키나와의 복귀운동은 1965년 베트남전의 확대를 배경으로 미군기지와 핵무기를 비롯한 현실의 정치 문제로 눈을 돌렸다. 복귀운동의 핵심 조직인 복귀협은 정치적 쟁점들을 둘러싸고 점차 미 군정과 직접적인 대결의 자세를 취했고, 일본 본토의 정치에 대한 비판의 수위를 높여 갔다. 그 속에서 오키나와의 역사, 오키나와전의 경험 그리고 일본과 오키나와의 관계를 새롭게 해석하고 실천하려는 움직임이 나타나기 시작했다.

1) 동화주의의 동요와 '반전 복귀'로의 전환

1965년은 여러 가지 의미에서 복귀운동의 전환점이 되는 해였다.

우선 베트남전쟁은 일본과 오키나와 시민사회에 큰 충격을 주었다. 1965년 2월 7일 미군이 북베트남에 대한 폭격을 시작하고, 3월 7일에는 오키나와 등에 주둔하는 해병대를 남베트남에 투입하자, 일본과 오키나와의 시민사회는 큰 충격을 받았다. 평화헌법 제9조를 가진 '평화 국가 일본'이라는 이미지는 크게 흔들렸다. 본토에서는 베트남전쟁 반대 운동이 급속히 확대되었고, 오키나와 입법원도 '전쟁 행위 즉시 중지에 관한 요청 결의'를 채택하였다. 7월 29일 태풍을 피한다는 명목으로 전략 폭격기 B52가 오키나와 카데나(嘉手納) 기지에 착륙하고, 이후 남베트남으로 '직접 출격'하자 베트남전쟁으로 인한 동요와 불안은 일본 정부와 의회에까지 확산되었다. 외무성은 오키나와가 안보조약의 범위 밖에 위치하기 때문에 사전 협의[28]의 대상에서 제외된다는 입장이었지만, 미국 측에 "일본의 감정을 고려하여 발진을 자제해 주었으면 한다"고 밝혔다.[29] 그러나 B52기는 오키나와에 그대로 상주하였다. 그리고 이 와중에 전후의 일본 수상으로는 처음으로 사토 에이사쿠가 오키나와를 방문했다.

둘째, 1965년부터 일본의 정치계 일각에서 오키나와의 반환을 거론함으로써 동아시아 국제 관계에서 오키나와 문제가 중요한 쟁점으로 떠올랐다. 1965년 8월 사토 에이사쿠 수상은 오키나와를 방문하여 "오키나와의 조국 복귀가 실현되지 않는 한, 일본의 전후는 끝나지 않는다"고 발언했다.[30]

---

28 1960년 개정된 미・일안보조약은 공동 방위 지역을 '일본의 시정하에 있는 영역'으로 규정(제5조)하는 대신, 주일 미군이 '일본의 평화와 안전'뿐 아니라 '극동에서의 국제 평화 및 안전 유지에 기여하기 위해' 일본의 기지를 사용할 수 있다고 규정(제6조)하였다. 하지만 미군이 마음대로 기지를 사용해서는 곤란하기 때문에, 교환 공문을 통해 핵무기의 반입과 같은 장비의 중요한 변경이나 일본으로부터의 직접적인 전투 작전 행동 등은 사전 협의의 대상으로 하였다(아라사키 모리테루 2008 : 46-47). 조약의 문구상으로 보면 오키나와에서의 전투 작전 행동이 사전 협의의 대상이 아니라고 할 수 있지만 일본의 국민감정과는 맞지 않는 것이었다.

29 『朝日新聞』, 「沖縄から渡洋 爆撃 サイゴン南東 台風避難のB52三十機 日本政府には通告 米国務省発表」, 「B52の沖縄発進 政府も困惑と不快 野党が追及、国会の焦点に — B52爆撃機沖縄から発進」, 「米に中止を申入れた 合法だが 割りきれぬ感じ 外相語る」, 「沖縄は安保条約の範囲外 外務省の見解 — B52爆撃機沖縄から発進」(1965. 7. 30) ; 「作戦行動後のB52飛来 事前協議の対象外 北米局長答弁 — 予算委」(1965. 8. 7).

30 『朝日新聞』, 「佐藤首相那覇入り 祖国復帰せぬ限り「戦後」は終らない 空港で声明」, 「当面は自治充実 極東平和に重要な沖縄 歓迎大会で首相あいさつ」(1965. 8. 19).

1964년 7월 자민당 총재 선거에 입후보한 사토는 미국에는 오키나와, 소련에는 '북방 영토'의 반환을 요구하겠다는 입장을 내걸었다. 고도성장을 경험하면서 경제 대국으로 부상하고 있던 일본에게 자국 영토의 일부가 동맹국에 의해 지배되고 있다는 것은 불명예스러운 일이었고, 그러한 의미에서 사토는 오키나와 반환에 의욕을 보였다. 1965년 1월 13일 미국으로 건너간 사토 수상은 존슨(Lyndon B. Johnson) 대통령과 공동성명을 발표하는 가운데, 오키나와와 오가사와라(小笠原) 제도의 조기 반환에 대한 희망을 표명하고, 다른 한편으로 미군 시설이 '극동의 안전을 위해 중요하다'는 입장을 밝혔다. 일본 스스로 오키나와 미군기지의 중요성을 확인한 최초의 성명이었다(소토오카 히데토시 · 혼다 마사루 · 미우라 도시아키 2005 : 225). 그후 오키나와를 방문한 사토는 20년간의 무관심과 차별에 대한 사과도 베트남전쟁에 복무하고 있던 오키나와의 현실에 대한 우려도 표명하지 않았고, 단지 오키나와 반환의 의지만을 보였을 뿐이었다. 오키나와의 보수계는 환영을 표한 반면, 혁신계는 현상 고착 타파를 요구하며 격렬한 항의 시위를 전개했다. 이 과정에서 '히노마루'는 길바닥에 버려졌다(小熊英二 1998 : 591). 이 사건 이후 복귀운동을 주도하던 혁신계는 점차 히노마루 대신 미 · 일 양 정부에 항의하는 주먹을 높이 치켜들었다.

셋째, 미국은 베트남에 대한 본격적인 개입의 길로 나서면서, 오키나와에 대해서는 새로운 정책을 모색하였다. 이미 1960년 안보조약 개정 시기에 엄청난 규모의 대중적 저항에 직면했던 미국 정부는 베트남전쟁을 계기로 일본 내에서 민족주의적 감정이 다시 부상할 것을 우려하였다. 하지만 미국 정부 내에서는 오키나와 주민들의 복지와 본토의 '관심'을 배려하려는 국무부와 독자적인 오키나와 정책을 고수하던 군부의 견해가 대립하고 있었다. 베트남전쟁은 이러한 분위기를 반전시켰다. 일본 내에서의 심각한 움직임을 파악한 라이샤워(Edwin O. Reischauer) 주일 대사는 맥나마라(Robert McNamara) 국방장관의 요청에 따라서 각서를 작성하여 7월 14일에 러스크(D. Dean Rusk) 국무장관에게 제출했다. 각서는 좌익 세력이 1970년 안보조약의 연장 문제[31]를 계기로 공세를 강화하고 있으며, 오키나와의 미 통치에 대한 민족주의적인 관심에 기대를 걸고 있다고 분석했다. 특히 미국의 북베트남 폭격(북폭)을 계기로 일본의 보수층마저 미국의 대외 정책에 의문을 표시하는 상황은 심각하게 받아들여졌다. 따라서 라이샤워는 "이러한 상황 속에서 1970년까지 우호적인 태도가 지속되고 미 · 일 관계에 대한 걱정이 전혀 없다고 단언할 수 없다. 우리 미국은 그때까지도 오키나와 문제를 잘 제어할 수 있다고 확신할 수 없다. 그것은 급속하게 고조되는 보수적인 일본인의 민족주의적인 감정과 반미주의를 결부시켜 미 · 일 관계의 가장 취약점이 되고 있다"며 명확한 정책 전환을 주장했다. 「프라이스 보고서」로부터 10년이 지난 시점에 '호전적인 민족주의'가 미 · 일 관계의 뇌관으로 등장한 것이다. 미국 정부는 라이샤워의 권고를 받아들여 1966년부터 대오키나와 정책에 대한 전면적인 재검토에 들어갔고, 이 작업은 1969년 초까지 계속되었다.[32]

---

31 1960년에 개정된 미 · 일안보조약은 유효기간을 10년으로 정해 두었다. 10년의 유효기간이 지난 뒤에는 미 · 일 중 어느 한쪽이 조약의 종료를 통고하면, 1년 후에는 자동으로 종료된다고 정해져 있었다. 따라서 미 · 일 양 정부는 1970년에 1960년 안보투쟁과 같은 대규모의 시민적 저항이 일어날지 모른다는 두려움을 가졌다.

32 소토오카 히데토시 · 혼다 마사루 · 미우라 도시아키 2005 : 226. 미국은 1966년 무렵부터는 라이샤워의 경고를 받아들여 오키나와 반환을 위한 준비 작업에 본격적으로 착수했다. 1966년 1월부터 미 국무부와 국방부의 합동 작업 그룹을 출범시켜 오키나와 반환 문제에 관한 연구를 시작했다. 1966년 3월 존슨 대통령은 국무차관, 국방차관, 국제개발국(AID) 장관, 중앙정보국(CIA) 장관, 합동참모본부 의장, 정보국(USIA) 장관, 대통령 국가안보 특별보좌관이 참여하는 '상급 부처 간 그룹(SIG)'의 신설을 지

마지막으로 베트남전쟁은 오키나와 대중운동의 지형도 크게 변화시켰다. 베트남전쟁이 '후방' 일본을 '전장'인 베트남에 연결시키고, 미군이 오키나와를 '출격 기지'로 활용하자 오키나와의 대중운동은 '섬 전체 투쟁'의 두 번째 물결을 이루면서 격렬히 저항했다. 특히 일본으로부터의 작전 행동은 '평화헌법을 가진 민주주의 국가 일본'이라는 동화주의적 복귀운동의 기본 가정에 심각한 의문을 제기했고, 나아가 베트남전쟁을 거치면서 전쟁에 사용되는 기지를 묵인하는 것 자체가 베트남 민중에 대한 가해자적 역할을 하는 것 아닌가 하는 사고도 확산되었다. '평화헌법 아래로의 복귀'라는 이념은 '반전 복귀'로 전환되기 시작했다. '비정치적' 민족운동임을 강조하던 방향에서 반전·반기지에 대한 강조로 복귀협의 주장이 이동한 것이었다. 베트남전쟁의 영향과 더불어 복귀운동에 반전·반기지의 성격을 강화한 또 하나의 계기는 기지노동자조합인 전오키나와군노동조합(이하 '전군노')이 복귀협에 가맹한 것이었다. 1960년에 결성된 전군노는 파업권과 단체교섭권을 부정하는 포령 11호 때문에 초기에는 조직적으로 참여하지 못했지만 1961년부터 참여를 확대했고, 1962년에는 복귀를 슬로건으로 내걸었다. 1967년 복귀협에 정식으로 가맹한 이후 전군노는 반전·복귀 투

시했고, SIG는 하위 그룹으로 '부처 간 지역 그룹(IRG)'을 두고, 그 가운데 '부처 간 극동 그룹(RIG / FE)'이 일본의 방위력과 오키나와의 미군기지, 미·일안전보장조약, 전반적인 미·일 관계 등에 관한 연구에 돌입했다. 1968년까지 계속된 이 작업의 토대 위에서, 새로 출범한 닉슨(Richard M. Nixon) 행정부의 국가안전보장회의는 1969년 1월 21일 대일 관계와 오키나와 반환의 검토를 명령하는 「국가안전보장연구각서 5호(NSSM-5)」를 작성했다. 그 검토 결과에 따라 5월 28일에는 「국가안전보장결정각서 13호(NSDM-13)」가 작성되어 오키나와 반환의 기본 방침이 마련되었다. 각 보고서는 National Security Archive의 누리집(http://www.gwu.edu/~nsarchiv/)에서 원문을 검색해 볼 수 있다. "NSSM 5—Japan, Table of Contents and Part III; Okinawa Reversion (Secret)", "NSDM 13: Policy Toward Japan, 5/28/69".

쟁의 선두에 섰다(沖縄縣祖國復歸闘争史 編輯委員會 1982 : 1308-1312).

그렇다면 '반전 복귀운동'은 '히노마루 복귀운동'과 얼마나 다른 것이었을까? 앞에서 히노마루 복귀운동과 반전 복귀운동의 차별성을 두고 아라사키 모리테루와 아라카와 아키라 사이에 이견이 존재한다는 점을 살펴보았다. 사실 복귀운동이 동화주의적 지향에 깊게 물들었다고 해도, 그것이 소박한 민족적 감정에만 의지한 것은 아니었다. 다른 한편에서는 일련의 정치적 판단도 작용하였는데, 미 군정의 지배하에 있던 오키나와에서는 민중의 여러 권리가 미국의 군사 정책에 종속되어 있기 때문에 그러한 상태를 먼저 '본토 수준'으로 시정한 다음에, 일본 전체의 (미군)기지 철수를 위해 노력하자는 것이었다(아라사키 모리테루 2008 : 49-50). 말하자면 '선 복귀, 후 미군기지 철수'의 주장이었으며, 그러한 의미에서 '평화헌법 아래로의 복귀'를 주장하는 것이었다. 그런데 이러한 논리는 베트남전쟁이라는 조건 하에서 그 정당성을 상실하였다. 당장 현실에서는 오키나와의 미군기지에서 발진한 폭격기가 베트남 민중을 살해하는 데 사용되었고, 일본 본토의 주일 미군 역시 오키나와를 전선 기지로 활용하여 베트남으로 출격했던 것이다. 따라서 '반전 복귀'로의 전환은 오키나와의 대중운동이 미군기지를 매개로 하여 베트남전쟁을 자신들의 현실로 인식하려 노력했고, 미군기지로 인해 자신들이 받는 피해뿐 아니라 타자의 고통과 피해에도 눈을 돌렸음을 의미한다. 요컨대 '반전 복귀'는 미군기지를 매개로 연결된 가해와 피해의 복합적인 현실에 대한 인식을 의미하며, 그러한 의미에서 오키나와에 대한 일본 본토의 차별과 미군의 억압적 통치만을 강조했던 이전의 복귀운동에 비해 훨씬 더 급진적인 면모를 보여 준다고 할 수 있다. 반전 복귀운동의 차별성을 강조하는 아라사키의 주장은 이 부분에 대해 정당한 평가를 하고 있는 것으로 보인다.

하지만 '반전 복귀운동' 역시 일정한 한계를 지니고 있었다는 점을 부인할 수 없다. 복귀협 내부에는 '복귀인가, 반전 · 반기지인가'라는 미묘한 혼란이 도사리고 있었고, 그것은 1969년의 2 · 4총파업을 둘러싼 논란에서 폭발한다. 앞에서 언급한 것처럼 1968년 2월부터 카데나 공군기지에 상주할 태세를 갖춘 B52기는 베트남으로 직접 출격하기 시작했다. 그런데 1968년 11월 19일, B52기가 이륙 직후에 추락하여 핵무기 저장소로 의심받던 장소 근처에서 폭발하는 사고가 일어났다. 이 사건은 전쟁과 핵무기에 대한 오키나와 민중의 불안을 크게 자극했다. 이를 계기로 'B52 철거 · 원잠기항저지 현민공투회의'(약칭 '생명을 지키는 현민공투')가 결성되었고, 전군노와 '생명을 지키는 현민공투' 등은 'B52 철거, 원자력 잠수항 기항 저지'를 내세우면서 1969년 2월 4일을 목표로 2 · 4총파업을 준비하였다(新崎盛暉 2005 : 24-29). 유례없는 전 현 규모의 총파업 사태에 일본 정부와 미군은 극도의 경계심을 보였다. 특히 일본 정부는 다양한 공작을 통해 총파업을 무마시키려 했다. 일본 정부는 다양한 채널을 통해 총파업으로 미 군부가 기지 유지에 불안감을 느끼게 되면 복귀가 늦어질지도 모른다며 오키나와의 정치인들과 대중운동을 강하게 압박했다. 이와 더불어 일본노동조합총평의회(총평)를 비롯한 일본 노동운동 주류는 일본 본토의 분열된 혁신 운동 속에서 주도권을 상실할 것을 우려하여, 총파업에 미온적인 태도를 보이면서 일부에서는 반대 입장을 표명하기도 했다. 그 결과 총파업은 성사되지 못했고, 오키나와 혁신 운동을 중심으로 대규모 항의 집회가 개최되었다(沖縄縣祖國復歸鬪爭史 編輯委員會 1982 : 1314-1318). 이 2 · 4총파업의 좌절은 오키나와 대중운동에 두 가지 문제를 던져 주었다. 하나는 자기주장 없이 본토 혁신 세력의 일개 지부로 계열화하는 것이 가진 위험성, 그리고 어떤 것보다 복귀를 우선시한다는 방침으로 오키나와가 직면한 문제를 타개할 수 있는가의 문제였다(中野好夫 · 新崎盛暉 1976 : 182-189).

1969년 전반기 오키나와의 대중운동은 2 · 4투쟁에 대한 총괄 작업에 들어갔고, 이것은 복귀운동에 대한 총괄에 그치지 않고 '조국이란, 복귀란 도대체 무엇인가'라는 질문으로 이어졌다. 특히 개개인에게 복잡 미묘한 영향을 남겨 『류큐신보(琉球新報)』나 문학 동인지, 각종 기관지 등에는 개개인의 보다 깊은 내면적 고민들이 표출되었다. 『류큐신보』는 '나에게 있어 본토란 무엇인가'라는 제목의 특집 기사를 시리즈로 기획했고, 복귀에 의문을 표시하는 투고가 이어졌다. 3월 3일자 신문에서 기마 스스무는 피해자의 입장에서 조국을 고발하고 번영하는 조국으로 이어짐을 요청하는 목

그림 2-6. 1969년 2월 4일에 열린 B52기 철거 투쟁
출처『沖縄タイムス』

소리가 높아진 것을 비판하면서 "우리는 그러한 일본과 이어진 **오키나와 속에 있는 일본과 단절해야** 한다"고 주장했다(강조는 인용자).

이러한 조류는 복귀협의 활동으로도 이어졌다. 당시까지 일본 정부에 대한 복귀협의 태도는 오키나와 현민의 총의를 통해 일본 정부를 압박하여 일본이 유리한 대미 교섭을 펼치도록 유도한다는 것이었다. 그러나 5월 23일 열린 복귀협 집행위원회는 6월의 아이치 기이치(愛知揆一) 외상의 방미와 뒤이은 사토 수상의 방미에 대한 적극적인 '반대' 입장을 표명할 것을 결정했다. 복귀운동의 주류를 형성해 온 야라 초뵤 주석이 일본 정부에 대한 입장을 바꾸지 않자 관공노, 교직원회, 복귀협 등은 야라 주석의 등청을 저지하기까지 했다. 정치 명망가들과 혁신적인 대중운동 사이의 입장 차가 표면화된 것이었다. 더 나아가 복귀협은 6월 23일 '위령의 날'을 '반일의 날'로 명명했다. 1969년 11월에 열린 사토 · 닉슨 회담과 공동성명에서 오키나와 미군기지의 중요성을 재확인하고 베트남전쟁에 대한 개입을 확인하는 내용이 발표되자, 일본(정부)에 대한 '배신감'과 '환멸'은 걷잡을 수 없이 확대되었다(中野好夫 · 新崎盛暉 1976 : 196).

이상에서 살펴본 것처럼 '반전 복귀운동'이 지녔던 한계는 복귀협 내부의 혼란과 논쟁을 통해서 확인해 볼 수 있다. 소박한 민족주의적 감정에 매달리지는 않았지만, 대중운동의 형식과 내용 측면에서 동화주의의 영향력은 지속되었다. 그것은 내용적인 측면에서 보면 일본 본토와 오키나와의 공통의 요구인 복귀를 우선시하고 오키나와 자체의 미군기지와 핵무기 문제를 후순위로 인식하던 사고의 영향력이었으며, 형식적인 측면에서 보면 오키나와의 대중운동이 본토 조직의 일개 지부로 계열화됨으로써 오키나와 내부의 횡적인 연대보다 본토 중앙의 방침에 얽매이는 상황을 의미했다. 사토 · 닉슨 회담을 통해 1972년으로 예정되어 있던 복귀가 다가오자, 복귀협 내부에서뿐 아니라 오키나와 시민사회 전반에서 이러한 경향에 대한 우려와 반발은 점차 확산되었다. 그러나 이러한 일련의 움직임은 이미 기정사실화된 복귀를 되돌려 놓지도 '조국복귀'의 환상을 완전히 떨쳐 버리지도 못했다.

2) '반복귀론' : 동화주의에 대한 사상적 비판

1969년에 있었던 일련의 사태 변화에 가장 비판적인 인식을 제출한 것은 동화주의에 대한 발본적인 비판과 성찰을 주장한 '반복귀론'이었다. 이전부터 오키나와의 독자적인 아이덴티티를 구축하려는 시도로서 '류큐 독립론'이 여러 입장에서 제기되어 왔다.[33] 류큐 / 오키나와의 독립에 대한 구상은 일본의 '류큐 처분'과 식민지배 이후부터 간헐적으로 제기되어 현재까지 이르고 있지만, 대중적인 영향력을 크게 획득한 것은 미군의 점령 초기였다. 무엇보다 독립론은 새로운 국가 건설의 구상이라는 점에도 불구하고, 근대국가에 대한 발본적 비판보다는 답습에 그치고 있어서 역사와 현실의 인식 측면에서 비판의 대상이 되는 경우가 많다. 그와는 다르게 반국가 혹은 국가 비판의 시각에서 복귀운동의 동화주의에 반대해 온 흐름이 '반복귀론'이라고 할 수 있다. '반복귀론'은 1960년대 말 보수와 혁신을 막론하고 복귀를 좋은 것으로 보던 시대적 조류에 대한 비판적 사상으로 출현하였다. '반복귀론'이 대중적으로 제기된 때는 1970년이었는데, 당시 오키나와 유일의 종합잡지였던 『신오키나와문학』 18호(1970년 12월)와 19호(1971년 3월)의 특집 편을 통해 소개되었다. 주요 논자는 아라카와 아키

33 대표적인 독립론자인 다이라 고지(平恒次)의 견해에 대한 설명으로는 松島泰勝 · 平恒次(2008) 참조.

라, 가와미츠 신이치(川滿信一), 오카모토 게이토쿠(岡本惠德), 나카소네 이사무(仲宗根勇) 등이었다.

대표적 논자인 아라카와 아키라는 '반복귀론'을 복귀운동·사상에 대한 총체적인 비판으로 설명한다.

> 오키나와의 '일본 복귀'란 무엇인가라는 명제는 오키나와에 있어서 일본이란 무엇이었으며, 무엇인가 그리고 앞으로 무엇이려 하는가, 일본에게 있어서 오키나와는 무엇이었으며, 무엇이려 하는가라는 것과 관련된, 특히 사상적인 질문이다. 그러면서도, 이 질문에 대한 사상적인 위치 부여가 누락된 곳에서 전후 오키나와의 '조국복귀'운동(히노마루 복귀운동이든 반전 복귀운동이든)이 성립되어 온 까닭에, 오늘날 오키나와의 사상과 운동의 비극이 있으며 희극이 있다(新川明 1996 : 64).

그에게 '히노마루 복귀운동'과 '반전 복귀운동'은 크게 다르지 않은 것으로 인식되고 있다. '반전 복귀운동'은 일견 '히노마루 복귀운동'의 소박한 심정주의·민족주의를 극복하고 있는 듯하지만, '히노마루 복귀운동'과 중첩되는 '평화헌법 아래로의 복귀'라는 사상을 더욱 발전시켜 오키나와와 본토가 동시에 '있어야 할 일본(あるべき日本)', 말하자면 평화헌법이 실현되는 민주국가 일본으로의 복귀를 주장했다는 것이다.

> 그런데 아무리 '있어야 할 일본'이라며 '반전 복귀'라고 말해도, 그것이 이른바 '복귀' 사상의 한 변종으로서 일본 민족주의의 사정 내에 있는 것에는 변함이 없으며, 그러한 한에서 그것이 목표로 삼은 '있어야 할 일본'에 도달하는 것조차 아마도 불가능한 것일 뿐이라는 점은 말할 필요도 없다. 즉 일본 지향의

민족주의를 사상적으로 극복하지 않는 한, 아무리 '있어야 할 일본'을 주창해도 그것은 결국 공허한 자전을 반복하는 것일 뿐이다. 왜냐하면 '복귀'란, 말하자면 일본 동화의 지향에 뿌리를 두고, 일본과 오키나와를 등질의 네이션으로 용해해 간다는 것에 다름 아니며, 오키나와의 우리가 일본인과 조금의 차별도 없는 동등한 국민으로서의 자격 부여를 바라는 심정에 다름 아니기 때문이다. 그리고 그러한 한에서, 그 지향하는 곳으로부터 오키나와가 일본에 대해 사상적으로 소유하고 있는 역사적 · 지리적 소산으로서의 국가 부인의 가능성은 생겨나지 않을 뿐 아니라, 오히려 국가 환상에 의해 그 맹아는 교살될 뿐이기 때문이다(新川明 1996 : 66).

반복귀론자들이 보기에 복귀론의 토대였던 '같은 민족이니까, 일본으로 돌아간다'는 '동일 민족'론은 허구에 불과했다. 또 복귀를 바라는 오키나와 대중 모두가 바라는 이상적인 근대국가는 어디에도 존재하지 않는 것이었다. 그리고 혁신계 복귀운동의 근거가 되고 있던 평화헌법도 이미 풍화되는 현실 속에서 '평화헌법 아래로의 복귀'라는 이념 역시 비판의 대상이 될 수밖에 없었다. 아라카와는 보수와 혁신은 심정적 민족주의를 모체로 한 쌍두아일 뿐이며, 공히 국가와 민족의 논리에 대한 냉철한 인식을 결여하고 있다고 보았다. 더 나아가 반복귀론자의 한 사람인 가와미츠 신이치는 복귀 슬로건 자체를 버릴 것을, "'조국'을 거절하고 투쟁하는 망명자의 사상을 구축할 것"을 주장했다(川滿信一 1969). 복귀협이 '복귀인가 반기지인가' 라는 고민 속에서도 복귀라는 절대 명제를 버릴 수 없었던 것과 대조적으로, 반복귀론자들은 복귀론의 토대를 이루었던 전제들이 환상에 불과하다는 점을 지적하고 '돌아갈 곳은 없다'는 점을 명확히 했다.

하지만 아라카와의 반국가 · 반권력의 사상이든 가와미츠의 '망명자의 사상'이든, 현실에서 그것은 일정한 정치 공동체의 재구축을 전망하는 집단적 실천에 의해 실현될 수밖에 없을 것이다. 그렇다면 반국가·반권력의 가능성은 어떤 근거에서 주장할 수 있는 것일까? 아라카와는 오키나와인이 가진 강고한 '야마토(일본 본토) / 우치나(오키나와)' 의식에서 그 근거를 찾을 수 있다고 본다. 그는 오키나와인이 일본(인)을 부현(인)의 구별 없이 통째로 동질적으로 지각하는 현상의 기반에는 오키나와와 일본의 잠재적인 거리감의 크기, 혹은 그러한 잠재적 거리감의 크기를 전제로 성립하는 '차(差) 의식'이 있다고 본다. 즉 일본을 구성하는 47개 도도부현(都道府縣) 가운데 하나로서 다른 도도부현과의 차이를 통해 자신을 인식하면서 그들 전체를 아우르는 일본 속으로 포섭되는 것이 아니라, 오키나와인들에게는 '야마토'와 '우치나'라는 구분에 근거하여 일본과의 차이를 인식하고 또 그것을 통해 스스로를 인식하는 역사적 감각이 있다는 것이다. 그러한 '차 의식'은 일본에 대한 이질감 혹은 '이족감(異族感)'의 표현으로, 그가 말하는 '역사적·지리적 소산' 위에서 성립한 것으로 볼 수 있다. 그리고 이 이질감은 오키나와(인)이 걸어온 역사적·지리적 조건, 즉 메이지(明治) 정권에 의한 '류큐 처분' 시기까지 독자의 문화권을 만들어 온 것에 의해 형성되었다고 본다(新川明 1996 : 80-81).

그런데 이러한 아라카와의 논의는 여러 가지 미묘한 쟁점을 제기한다. 우선 그가 이야기하는 일본과의 이질감, '이족감'이 류큐왕국 영역의 역사 속에서 일정한 근거를 발견할 수 있다고 하더라도, 류큐 / 오키나와 전체에 일정한 '차 의식'을 제공한 것은 근대 이후라고 보아야 할 것이다. 앞에서 지적한 것처럼, 오키나와의 아이덴티티는 근대국가 일본의 강압적인 동화정책에 의해 그리고 그것을 내면화 혹은 거부하는 다양한 실천에 의해 역사적으로 형성된 것이며, 류큐왕국의 역사에 대한 재발견은 탈일본을 지향하는 다양한 사상과 실천 속에서 이루어진 것이라고 할 수 있다. 미국과 일본 그리고 주변의 여러 국가 / 지역과의 관계 속에서 형성·재형성되는 오키나와의 아이덴티티는 반기지 운동에서 확인할 수 있는 것처럼, 현실에서 일정한 힘을 발휘하지만 결코 자명하지도 고정적이지도 않다. 더 나아가 일본과의 거리감이나 이질성은 독자적인 사회 구상의 근거는 될 수 있어도, 그 자체로 열린 정치 공동체의 기반이 되지는 않는다.

아라카와의 논의는 반복귀론자들 사이에서도 미묘한 쟁점을 만들었다. 예컨대 오카모토 게이토쿠는 그러한 공동체적 생리가 외부적 조건에 의해 왜곡될 경우 이른바 '집단자결'과 같은 '죽음의 공동체'로 귀결할 위험성을 지적한다. 나아가 역사를 거슬러 소급되는 류큐 / 오키나와가 실체화될 경우 '상상의 공동체'로 귀결될 수 있으며, 보다 큰 '일본인 의식'의 거점이 될 여지도 존재한다고 비판한다(岡本恵徳 1970 ; 徳田匡 2008.). 아라카와는 "'반국가·비국민·반권력'의 사상을 기축으로 포착하여 국가로서의 일본을 상대화하는 정신의 자립"이야말로 '반복귀'론의 지향이라는 점을 강조해 왔지만(新川明 2000 : 138), 최근에는 '일본 대 오키나와'라는 단순한 도식을 넘어서 일본의 특수성뿐 아니라 근대국가의 한계를 넘어서려는 여러 시도들과의 접합을 시도한다. 아라카와에 의하면 "'반복귀'론이란 현재 이 지구상을 채우고 있는 국가군이 저마다 국가라는 환상 공간 속에서 사수하고 있는 통합의 질서에 대한 제한 없는 이의 제기이며, 그것을 돌파하기 위한 사상의 영위이자 정신의 작용"이라는 데 그 현재적 의의가 있다는 것이다. 이러한 사상운동이 생명력을 획득하는 것은 개인적인 '망명'이나 '이적(移籍)'이 아니라, 일정한 지리적 공간 속에서 역사적으로 독자의 사회를 형성하고 그 사회 공간에 모든 생존을 의거하고 살아가는 사람들이 현재의 질서와 대치하고, 그것을 뛰어넘는 보편적인 가치관을 가지면서, 자신의 생존 방식의 선택과 방향성을 묻는 작업을 현실적인 과제로서 받아들일 때이다(新川明 2008 : 73-74). 하지만 아라카와에게 그러한 처소는 여전히 난점으로 남았다.

반복귀론에 대한 평가와 관련하여 두 가지 문제를 지적할 필요가 있다고 생각된다. 하나는 오키나와의 일본 복귀가 결정되어 가던 시점에 제기된 반복귀론의 비판이 영향력을 획득하지 못한 부분에 대한 평가다. 아라사키 모리테루는 이에 대해 "반복귀론이 반복귀론에서 멈출 수밖에 없었던 것은 그것이 독자적인 사회 구상을 갖추지 못했기 때문"이었다고 평가한다(아라사키 모리테루 2008 : 129). 아라카와 아키라는 반복귀론을 사상운동으로 위치 지었지만, 그러한 사상의 사회 공간 혹은 처소에 대한 질문은 회피할 수 없는 것이기도 하다. 그러나 복귀 당시에 초점을 맞추어 보면, 반복귀론이 복귀운동의 주류적 흐름을 전환시키지 못한 것은 사상운동으로서 반복귀론이 가진 추상성의 문제라기보다는 오히려 '조국'으로의 복귀를 강하게 추동한 동화주의적 실천의 연속성과 강력함 그리고 (그와 관련된) 반복귀론의 '뒤늦은' 비판이 빚은 결과라고 보아야 할 것이다. 다시 말해서 '조국을 단호히 거절'하는 사상적 전환은 오키나와의 역사와 현실에 관한 '역사상(像)'의 변화를 필요로 하며, 전장으로의 동원과 참여의 배후에서 작동하고 있던 생활의 개선이나 경제개발에 대한 대중의 욕망에 대한 인식과 성찰, 대안적 실천을 필요로 한다. 또 하나의 문제는 사상의 사회 공간 혹은 처소와 관련한 질문이다. 최근 아라사키 모리테루는 지역 주민의 '생활권'을 제시한 바 있다. 아라사키의 '생활권'은 근대의 영토 국가에 근거한 동아시아 지역의 영토 분쟁을 해소하고 평화를 창조할 수 있는 방안을 모색하는 가운데 나온 것으로, 해당 지역을 "역사적 · 문화적 · 경제적 생활권으로 삼아 온 사람들의 이야기의 장을 통해서" 공존의 길을 모색한다는 것이다(아라사키 모리테루 2013). 이것은 국가를 넘어서는 새로운 정치적 공간을 모색하려는 시도라고 평가할 수 있지만, 그 자체로 독자적인 사회 구상의 내용을 내포하고 있는 것은 아니다. 일정한 사회 공간과 비판적인 사회사상을 접목시키려는 시도는 여전히 진행 중이며, 그에 대한 평가는 미래로 열려 있다.[34]

3) '오키나와 처분론' : 동화 불가능의 역사적 구조에 대한 인식

오키나와 반환을 즈음하여 사상 영역에서 새로운 조류가 출현할 무렵, 대중의 의식과 운동의 측면에서도 새로운 역사상의 변화, 새로운 언어가 등장하기 시작했다.

베트남전쟁 이후의 반전 복귀운동 과정에서 오키나와 주민들은 오키나와에 집중된 핵무기를 철거하고 미군기지를 일본 본토 수준으로 할 것을 요구하는 '핵 없이(核抜き), 본토 수준(本土並み)'으로의 복귀를 모토로 내걸었다. 이에 대해 일본 정부는 오키나와의 요구를 기만하기 위한 다양한 술책을 구사했다. 사토 수상은 자민당 총재 선거가 열리던 1968년 11월 18일 미키 다케오(三木武夫) 후보 측이 "오키나와를 반환할 때 미군기지의 존재는 본토 수준을 기대하며 교섭해야 한다"고 주장한 데 대해, 11월 19일에 열린 사토파 총회에 출석한 자리에서 "반환 교섭에 나가서 처음부터 '본토 수준'을 내세우면 어려운 문제에 부딪힌다"며 "'본토 수준'의 기지를 오키나와

34 이와 관련하여 오키나와 내부에는 반복귀론자들뿐 아니라 독립론자들도 가세하여 다양한 구상을 제안하고 있다. 오키나와 자치주 구상론, 오키나와의 자치에 관한 특별 현 구상(沖縄の自治に關する一つの視点 ― 特別縣構想), 류큐 공화 사회 헌법 구상, 오키나와 자치 헌장(生存と平和を根幹とする「沖縄自治憲章」) 구상 등이 제안되고 있다. 이에 대한 연구는 후속 작업으로 남겨 둔다.

동포가 원하고 있다는 것은 인식 부족"이라고 비판했다. '본토 수준'의 미군기지 주둔을 바란다는 것이 오키나와의 민의(民意)라고 할 수 없다는 것이었다.[35] 나아가 오키나와의 복귀 문제에 관해 일본 정부는 여러 조건을 내세우며 오키나와인들의 감정을 자극했다. 1965년 사토 수상의 오키나와 방문을 계기로, 1966년에는 모리 기요시(森清) 총무장관이 방문하여 교육권 분리 반환론을 내세웠고, 나카소네 겐와는 미야코(宮古)와 야에야마(八重山)를 분리하여 반환하는 지역별 반환론을 제기했다. 1967년 9월 사토 수상은 오키나와 기지를 요체로 하는 핵 안보론을 주장했고, 10월에는 시모다 다케소(下田武三) 주미 대사가 노골적인 핵 수반(核付き) 반환론을 주장했다.

오키나와의 운동 진영은 일본 정부의 여러 조건부 반환론에 맞서 '즉시 · 무조건 · 전면 반환'을 슬로건으로 내걸었다. 장기간의 이민족 지배에 대해서는 '즉시', 핵 수반 조건에는 '무조건', 분리론에는 '전면 반환'을 요구했던 것이다(沖縄縣祖國復歸闘争史 編輯委員會 1982 : 463). B52기 철거로 대표되는 베트남전쟁에의 참전에 대한 거부, 핵 기지의 철거, 원자력잠수함의 기항 반대, 미군기지의 축소와 핵무기 없는(核抜き) 반환을 요구하는 목소리가 높아졌고, 그 속에서 한미 공수 훈련인 포커스레티나 작전에 대한 반대 결의도 행해졌다.[36] 1966년부터 종래의 국민교육운동에 대한 반성을 시도해 온 오키나와교직원회는 '이에나가 소송 지지 운동'이나 '자위대 모집에 협력하지 않는 운동' 등 평화 운동의 강화를 제창하였고, 1969년에는 오히

35 『朝日新聞』, 「沖縄の「本土なみ」基地 民意とはいえぬ 佐藤首相三木氏を批判」(1968. 11. 19).

36 沖縄縣祖國復歸協議會, 「アメリカの米韓大空輸送作戦に対する抗議決議」(1969. 3. 22).

려 히노마루와 기미가요를 본토의 '반동화'와 연관시켜 파악했으며, 방언 사용을 억압하고 일본어를 장려해 온 언어 정책을 전전의 방언 통제 정책과 관련시켜 비판하였다(小熊英二 1998 : 593-594). 자신들이 주도해 온 '히노마루 복귀운동'에 대한 전면적인 비판으로 돌아선 것이었다.

그런데 이러한 복귀운동 슬로건의 변화, 비판 기조의 강화 이면에는 역사상의 거대한 변화가 자리 잡고 있었다. 류큐 / 오키나와가 일본에 합병된 그 원점에서부터 폭력이나 사기에 의한 것이었고, 그것과 연결된 차별이 오늘까지 이어져 있다면 '우리는 원래 일본인이었기 때문에 일본으로 돌아간다'는 동화주의의 논리는 설 자리를 잃기 때문이다. 나미히라 츠네오는 오키나와에 대한 역사적 차별의 해명과 관련한 역사상의 변화가 오키나와 아이덴티티의 해명에서 핵심적인 부분이라고 보고 있다(波平恒男 2003).

원래 류큐 / 오키나와 지역에는 전근대 시기부터 독자적인 해상 교역을 통해 번성하던 '류큐왕국'이 존재했다. 그러다가 1609년 막부의 명령을 받은 사츠마번(薩摩藩)의 침략 이후, 청나라와 일본 막부의 지배를 받는 일지양속(日支兩屬)체제하에 놓였다. 1872년 일본이 근대국가를 형성하던 시점에 류큐번을 설치했고[37] 1879년에는 폐번치현(廢藩置県)을 통해 류큐왕국을 근대국가 일본의 하나의 현으로 강권·편입시켰다. 이 일련의 과정을 '류큐 처분'이라고 부른다. '류큐 처분'이라는 말을 최초로 사용한 것은 1879년 폐번치현을 지휘한 메이지 정부의 내무관료 마츠다 미치유키(松田

37 일본 정부는 이미 1871년에 국내의 번을 모두 폐지했지만, 1872년 류큐왕국을 폐지하고 류큐번을 설치함으로써 시대에 역행하는 봉건적 존재로서 류큐왕국을 부각시키는 한편, '지방 제도 개혁'을 통해 언제라도 일본의 현으로 통합될 운명이라는 점을 부각시키려 했다. 또한 이를 통해 일국을 병합시키려 할 때 발생할 수 있는 국제문제, 즉 청국의 개입이라는 사태를 회피하려 했던 것이다(森宣雄 2003 : 10).

道之)였고, 이 말은 '류큐번 처분', '폐번치현' 등과 혼용되어 왔다. 그런데 이 '류큐 처분'에 대해 '오키나와학'의 창시자로 알려진 이하 후유는 「류큐 처분은 일종의 노예해방이다」라는 제목의 단문을 썼고, 식민지기를 거쳐 1960년대까지의 역사 연구에서 '류큐 처분'에 대해서는 대체로 긍정적인 평가가 내려졌다. '류큐 처분'에 반대한 것은 지배층뿐이었고, 많든 적든 인민/민중의 해방에 기여하거나 그 역사적 조건을 만드는 데 일조했다는 것이었다(波平恒男 2003 : 171-168). 하지만 복귀운동이 복귀의 질을 문제 삼았던 1960년대 말부터 역사 연구 내에서도 '류큐 처분'을 일본으로부터의 고난과 차별의 도정 가운데 위치시키려는 시도가 나타나기 시작했다. 1967년 오키나와의 역사학자인 긴조 세이토쿠(金城正篤)는 메이지 정부의 강권적이며 '반민족적'인 지배를 비판하는 무기로 '류큐 처분론'을 제기했으며, 당시 류큐 정부가 추진하던 『오키나와현사(沖縄縣史)』의 제작에도 '류큐 처분'은 핵심적인 개념으로 자리 잡았다.

대중적인 차원에서 '류큐 처분'이라는 말이 회자되기 시작한 것은 1968년 말에서 1969년 초의 시기였다. 1968년 11월 10일로 예정되어 있던 류큐 정부 주석 선거에서 혁신계의 야라 초뵤와 보수계의 니시메 준지(西銘順治)가 대결했을 때, 보수계의 오키나와 자민당은 야라가 당선되면 기지 경제가 파탄 나 초근목피로 돌아갈 것이라는 '초근목피론(イモ・ハダシ論)'을 내세웠고, 일본 정부의 고위 관료들은 야라가 당선될 경우 조국복귀와 민생의 향상에 장해를 초래할 것이라고 노골적으로 선전했다. 이러한 협박에 대한 반발로 '류큐 처분'이라는 말이 회자되기 시작했다(中野好夫・新崎盛暉 1976 : 181). 요컨대 '류큐 처분'이라는 언어의 유행은 군사기지의 인정과 전장으로의 동원에 대한 동참을 전제로 '민생의 향상'이나 경제개발을 제시하는 일본・오키나와 관계의 구조에 대한 문제 제기 속에서 출현했던 것이다.

그림 2-7. 1972년 5월 15일 오키나와 반환 항의 집회
복귀협은 '굴욕의 날'을 1952년의 4월 28일에서 1972년의 5월 15일로 바꾸어 불렀다.
출처 沖縄縣祖國復歸鬪爭史 編輯委員會(1982)

'류큐 처분', '오키나와 처분'이라는 말의 확산과 함께 자위대는 강한 비판의 대상이 되었다. 복귀협은 "현재 자위대는 평화헌법을 위반하고 과거 군국주의 절정기의 십 수배에 이르는 아시아 최강의 군대이며, 아메리카 제국주의의 아시아 침략의 공범자적 역할을 맡고 있다"고 비판했다.[38] 또한 1971년 5월 20일 방위청이 반환 후의 오키나와 경비를 위해 자위대 6천8백 명을 배치할 계획이라고 발표한 데 대한 항의 행동도 이어졌다. 자위대는 '일본군'으로 표현되기도 했으며 일본 군국주의 부활의 징표로 인식되었

38 沖縄縣祖國復歸協議會, 「護国神社例祭への自衛隊軍楽隊招請抗議声明」(1970. 11. 21).

다.[39] 오키나와의 주류 대중운동은 복귀에 즈음한 '평화현' 건설이라는 시각에서 오키나와에 자위대를 배치하는 것은 주변 국가들에 군국주의의 위협을 가하는 것으로 인식했다. 무엇보다 자위대의 배치와 그에 대한 항의가 지니는 의의는 오키나와전 당시 오키나와 주민들을 '비국민'으로 대우하고 방언 사용자를 스파이로 몰아 학살했던 일본군의 만행을 상기시킴으로써, 오키나와 반환의 현실을 오키나와전쟁의 경험과 직접적으로 연결시켰다는 점이다. 요컨대 바로 이 자위대 비판 시기에 즈음하여 오키나와전의 '원한'[40]은 복귀운동 내부로 회귀한다. 1971년에 류큐 정부가 펴낸『오키나와현사』9권과 복귀 직후인 1975년 오키나와현에서 펴낸『오키나와현사』10권에는 오키나와전쟁의 체험을 기록하면서 일본군에 대한 격렬한 '원한'이 표출되어 있다. 거기에는 '죽여 버리고 싶을 만큼 증오스럽다'거나 '아연실색할 지경'이라는 반감이 있으며, 또 '지금까지 거짓말만 했다'는 일본군의 배신에 대한 증오가 존재하고 있다(도미야마 이치로 2002 : 84에서 재인용).

1972년 2월에 작성된「복귀 조치의 총점검」은 당시까지 미·일 양 정부

39 沖縄縣祖國復歸協議會,「日本軍(自衛隊)の沖縄進駐に抗議する声明」(1972. 4. 22).

40 도미야마 이치로는 과거를 돌이켜 보는 마음에 근거해서 일어나는 분노를 '원한'으로 규정하면서, 그것을 '후회'와 대비시키고 있다. 도미야마가 인용하고 있는 도미나가 시게키(富永茂樹)의 논의에 따르면, 소중한 것을 잃은 상실감이나 양심의 가책이라는 충동에서 '후회'가 유래하지만 후회를 거듭하는 가운데 이 충동이 수습되며, 과거에서 현재를 거쳐 미래로 흘러가는 시간적 질서가 다시 회복된다. 도미야마는 여기에서 '후회'는 '일시적인 일탈로부터 질서 전체로의 복귀 과정'으로 이해할 수 있다고 본다. 반면 '원한'은 본래의 시간적 질서로 복귀하지 못하는 '과격해진 후회'와 유사하다. 도미야마는 이 '과격해진 후회'에서 나타나는 것처럼 과거에 들러붙어 복귀할 수 없는 내적 성찰을 '원한'의 첫 번째 특징으로 파악하며, 타자에 대한 분노를 원한의 두 번째 특징으로 보고 있다. 요컨대 일본군에 대한 '원한'은 일본군의 만행에 대한 증오뿐 아니라 그러한 동원에 깊숙이 관여한 자기 자신에 대한 인식과 비판을 포함한다(도미야마 이치로 2002 : 84-85).

에 의해 취해진 오키나와 관련 정책에 관한 총체적인 비판과 대안을 집약하고 있는 복귀협의 역사적인 문서다. 이 문서는 "'류큐 처분'에 대한 현민의 호소"라는 부제를 달고 있다. '류큐 처분'이라는 표현을 복귀협의 공식 문서에서 사용한 것은 이것이 처음이었다. 이 표현의 사용은 오키나와 반환의 문제를 보다 긴 역사적 맥락 속에서, 그리고 복귀의 의미를 일본·오키나와 관계의 지속적인 구조 속에서 파악하려는 것이었다고 볼 수 있다. 당연한 것이겠지만, 이러한 역사상의 전환은 한 번에 이루어지지 않았다. 당시 복귀협이 '류큐 처분'이라는 표현을 통해 주목한 것은 종전(1945) 이후의 오키나와의 현실이었다. 다른 한편 오키나와의 대중은 '류큐 처분'을 복귀 현실에 대한 총체적인 비판의 언어로 전유하기 시작했다. 1609년 무력에 의한 '사츠마의 류큐 침략', 1879년 무력을 배경으로 한 폐번치현, 1951년 오키나와의 분리를 전제로 한 대일강화조약의 체결이 역사적인 '류큐 처분들'로 인식되었고, 민의를 무시한 1972년의 반환은 '네 번째 류큐 처분'이라는 비판을 받았다(大田昌秀 2004 : 157). 복귀와 관련된 조치를 총괄하기 위해 본토로부터 파견된 류큐 정부 총괄국장은 활동가들로부터 '류큐 처분관'이라고 불렸다. 1972년의 '네 번째 류큐 처분'과 관련해서는, 4월 28일 현민 총궐기 대회와 같은 실제 대중행동에서 '오키나와 처분'이라는 말이 사용되었다. '반환의 날'이었던 1972년 5월 15일 복귀협이 주최했던 항의 집회의 제목이 '오키나와 처분 항의, 사토 내각 타도, 5·15 현민 총궐기 대회'였다는 것은 당시 이 말이 가졌던 위상을 잘 보여 준다. 1967년 이후

기존 방침과 변해 가는 '복귀'의 내실을 둘러싸고 대중운동과 사상 투쟁이 격렬하게 전개되었다. 이 격동의 한가운데서 19세기의 '류큐 처분'이 발견된 것이다. 일본의 국권 확립과 아시아 침략의 목적을 위해 '위로부터의 일체화'의

통합이 오키나와에 외재적 · 강압적으로 강요되어 간 사태는, 100년의 시간을 넘어서 과거와 현재를 겹쳐 보이게 만든 것으로 파악되었다. 그리고 예전의 '처분'을 고발하는 작업은 거기에 파묻힌 가능성을 다시금 질문하는 것과 함께, 목전에 몰린 '처분'의 재귀(再歸)에 저항하기 위한 사상적 근거지를 오키나와 자신의 역사 속에서 창조해 간다는 의미를 가졌던 것이다(森宣雄 2003 : 14).

요컨대 '류큐 처분'과 '오키나와 처분'이 대중성을 획득한 것은 오키나와 대중의 역사상의 변화와 인식의 전환이 존재했다는 것을 의미한다. 아라카와 아키라의 반복귀론의 입장에서 본다면, 야마토 / 우치나 사이의 '차의식'과 이질감이 형성된 역사적 과정이라고 할 수 있으며, 독자적인 오키나와 아이덴티티를 자신의 역사와 현실 속에서 구축해 가려고 한 오키나와 대중의 집단적 실천이었다고 평가할 수 있다. 그것은 동화주의적 복귀운동 속에서 해결될 수 없었던 아포리아가 재귀하여 전면에 등장한 것에 붙여진 이름이었다고 할 수 있을 것이다.

6. 맺음말

오키나와의 대표적인 보수계 인사였던 니시메 준지가 지사가 된 직후인 1979년 아사히신문 기자에게 '오키나와의 마음이란 무엇인가'라는 질문을 받고 "야마톤츄가 되고 싶어도, 될 수 없는 마음(ヤマトンチュになりたくて、なれない心)"이라고 대답한 것은 잘 알려진 이야기다. 기지 문제에 대해 보수적인 입장을 보였던 니시메조차도 야마톤츄=본토인이 되려고 해도 될 수 없는, 따라서 우치난츄=오키나와인으로 남을 수밖에 없는 어떤 구조를 감지했던 셈이다. '되고 싶어도, 될 수 없다'는 말은 본토의 차별과 오키나

와 내부의 동화주의적 지향에 대한 니시메 자신의 총괄이었을지 모른다.

아라사키 모리테루, 오타 마사히데 그리고 반복귀론자들은 오키나와 내부의 동화주의의 완성을 불가능하게 했던 장벽을 '역사적인 구조적 차별'이라고 부른다. 복귀 이후에 오키나와 대중이 느꼈던 '상처'나 '좌절'은 '되고 싶어도, 될 수 없다'는 표현에서 한 걸음 더 나아간다. 그것은 구조적 차별에 대한 반응으로서의 동화주의 그리고 동화주의적 실천이 전제했던 약속들의 배반, 마지막으로 그런 장벽을 '다시' 확인했을 때 느꼈을 혼란과 고투를 지시하는 언어였다. 오키나와의 지식인들은 '총구는 누구를 향했는가?'라는 질문을 제기할 수밖에 없었다(야카비 오사무 2008). 그것은 정확하게 구조적 차별 속에서 동화주의적 실천에 동참했던 오키나와인 스스로의 '원한'에 관한 질문이라고 할 수 있을 것이다.

필자는 2000년대 후반 오키나와를 방문하는 과정에서 유명한 반전 · 반기지 운동가이자 정치인인 치바나 쇼이치(知花昌一)와 이야기를 나눌 기회가 있었다. 그는 자신의 선배였던 치넨 이사오(知念功)의 이야기를 들려주었다. 치넨은 1975년 7월 당시의 황태자(현재의 천황)가 오키나와의 히메유리(ひめゆり) 탑을 방문했을 때, 황태자에게 화염병을 던졌던 인물이다. 히메유리란 오키나와전에 동원된 현립제일고등여학교와 현립사범학교 여자부의 합동 간호부대 여학생들을 가리키는 말로서, 이들은 어린 나이에 일본군 부상자들의 온갖 수발과 간호를 담당하다가(심지어는 부상병의 팔과 다리를 잘라내기까지 했다) 미군의 가스탄 공격에 몰살당하면서 오키나와전의 비극을 상징하는 존재로 기억되고 있다. 그런데 이들의 죽음은 일본 본토의 관광객과 참배객들에 의해 일본이 전쟁의 피해자임을 부각시키는 존재로 이용되기도 한다. 히메유리 탑 앞에서 흘리는 그들의 참회의 눈물과 진혼은 일종의 '무죄 증명'을 위한 의식일지 모른다. 당시 황태자의 방문 역시 그런

상징적 구도 속에서 진행된 것이었다. 치넨은 황태자가 오기까지 10여 일 동안 히메유리 탑 근처의 어두운 동굴에서 지내면서 히메유리의 목소리를 듣고 있었다고 한다. 그리고 황태자를 향해 화염병을 던졌다. 그는 재판소에 제출한 진술서에서 히메유리 여학생들로부터 '복수해 달라'는 부탁을 받았다고 진술했다.

치넨 이사오가 황태자에게 화염병을 던져 히메유리의 '원한'을 말하고자 했던 1975년은 기마 스스무가 복귀운동의 공죄를 논구하면서 '상처'를 거론했던 바로 그해였고 『신오키나와문학』이 '오키나와에게 전후란 무엇인가'라는 질문을 던진 해였다. 그것은 '오키나와 반환 / 복귀란 무엇이었는가'라는 질문이기도 하다.

오키나와의 복귀운동은 전전의 식민지 시기부터 실천되어 온 동화주의의 바탕 위에서 그리고 동화주의의 강력한 자장 속에서 폭발했다. 동시에 복귀운동 속에는 동화주의와 중첩된 형태로 '오키나와는 스스로(에게) 돌아간다(沖縄は自ら帰る)'는 전후 일본을 향한 자기해방 운동으로서의 성격 역시 존재하고 있었다. 그러한 항의 행동이 온전히 실현되지 못한 것은 차별과 억압에서 탈출하기 위해 지배자와 일체화·동화하려 했던 (제국 일본 속의 근대 오키나와 시기부터 지속되어 온) 동화주의적 지향이 복귀운동 속에서 (그리고 오늘날까지) 반복·계승되었다는 점에서 찾을 수 있을 것이다. 하지만 스스로의 힘으로 해방을 추구하면서 투쟁을 거듭해 온 전후 오키나와의 경험 속에는 '조국 일본'이라는 국가 속으로 몰입하거나 그 억압 구조 속에 완전히 함몰되지 않은 무언가가 남아서 자라났다. 그래서 오키나와의 한 지식인이자 활동가는 그것을 응축하여 표현한 결정체의 하나가 "'오키나와 처분'이라는 언어, 그 분노와 원념에 가득 찬 절규"였다고 평가하고 있다(森宣雄 2003 : 15-16). 반복귀론은 바로 그러한 '분노와 원념에 가득 찬 절규'를 사

상화하려는 시도들 가운데 하나라고 평가할 수 있을 것이다. 대중운동과 사상·역사 인식의 측면에서 '오키나와 반환 / 복귀란 무엇이었는가'를 다시 질문한다면, 그것은 폭력과 지배, 차별의 구조에 순응하기를 강요당했던 한 인간 집단의 '영광'과 '오류'로 점철된 고투였다는 것 그리고 '자립'하는 인간의 거처를 질문하는 과정이었다고 말할 수 있지 않을까.

참고문헌

■ 1차 자료

中野好夫 編(1969),『戦後資料 沖縄』, 日本評論社.

沖縄教職員會,「新年における日の丸の自由掲揚に関する陳情」(1960. 11. 23).

沖縄教職員會,「祖国復帰運動のしおり」(1961. 6. 30).

沖縄平和祈念資料館(2001),『沖縄平和祈念資料館 総合案内』, 沖縄平和祈念資料館.

沖縄縣公文書館所藏 琉球政府文書R00000475B,「沖縄人民党に関する書類綴 一九四八年一月~」.

沖縄縣公文書館所藏 琉球政府文書R00000477B,「政党にかんする書類綴 一九四八年一月~」.

沖縄縣祖國復歸鬪爭史 編輯委員會(1982),『沖縄県祖国復帰闘争史 資料編 上・下』, 沖縄時事出版.

沖縄縣祖國復歸協議會,「沖縄県祖国復帰協議会 結成大会 宣言」(1960. 4. 28).

沖縄縣祖國復歸協議會,「アメリカの米韓大空輸送作戦に対する抗議決議」(1969. 3. 22).

沖縄縣祖國復歸協議會,「護国神社例祭への自衛隊軍楽隊招請抗議声明」(1970. 11. 21).

沖縄縣祖國復歸協議會,「日本軍(自衛隊)の沖縄進駐に抗議する声明」(1972. 4. 22).

■ 2차 자료

1. 논문

도리야마 아츠시(2002),「일본 복귀운동에 새겨진 좌절 — 1950년 전후 오키나와의 '탈식민화' 시도」,『여순사건 54주년 기념 제6회 동아시아 평화·인권 국제학술회의 여수대회 자료집』.

______(2009),「오키나와전에서의 민간인수용소」,『제노사이드 연구』 5호.

박훈(2008), 「동화론과 오키나와 아이덴티티」, 정근식 · 주은우 · 김백영 편저, 『경계의 섬, 오키나와 : 기억과 정체성』, 논형.
백지운(2013), 「폭력의 연쇄, 연대의 고리 : 오키나와 문학의 발견」, 『역사비평』 103호.
야카비 오사무(2008), 「오키나와전에서의 주민학살의 논리」, 정근식 · 주은우 · 김백영 편저, 『경계의 섬, 오키나와 : 기억과 정체성』, 논형.
이지원(2008), 「오키나와 아이덴티티 문제와 자문화인식」, 『사회와 역사』 78집.
정영신(2008), 「오키나와의 기지화 · 군사화에 관한 연구」, 정근식 · 전경수 · 이지원 편저, 『기지의 섬, 오키나와 : 현실과 운동』, 논형.
______(2012), 「동아시아 분단체제와 안보분업구조의 형성」, 『사회와 역사』 94집.
조정민(2010), 「오키나와가 기억하는 전후 — 마타요시 에이키 「자귀나무 저택」과 김정한 「오키나와에서 온 편지」를 중심으로 —」, 『일어일문학』 45호.
주은우(2007), 「섬의 시선 : 영화와 오키나와의 자기 정체성」, 『사회와 역사』 73집.
岡本恵徳(1970), 「水平軸の発想」, 谷川健一 編, 『叢書 わが沖縄』 6권.
兼次佐一(1951), 「日本復帰の提唱について」, 『世論週報 特輯号 日本復帰論』 7월호.
国場幸太郎(2000), 「現代世界史の中の沖縄」, 『現代思想』 6월호.
大城将保(1979), 「戦争体験は継承しうるか — 靖國思想から瓦全思想へ」, 『新沖縄文学』 43호.
徳田匡(2008), 「「反復帰 · 反国家」の思想を読みなおす」, 藤沢健一 編, 『沖縄 · 問いを立てる — 6 反復帰 · 反国家』, 社會評論社.
瀬名亀次郎(1951), 「日本人民と結合せよ」, 『世論週報 特輯号 日本復帰論』 7월호.
森宣雄(2003), 「「琉球処分」とは何か — 琉球併合と「沖縄処分」をつなぐ思想」, 「沖縄を知る事典」編輯委員會 編, 『沖縄を深く知る事典』, 日外アソシエーツ.
西里喜行(2007), 「琉球 · 沖縄史における「自治問題」」, 『環』 vol.30(summer).
松島泰勝 · 平恒次(2008), 「沖縄の自治 松島泰勝×平恒次」, 『情況』 10월호.

新川明(2000a), 「反復帰論」, 「沖縄を知る事典」編輯委員会 編, 『沖縄を知る事典』, 日外アソシエーツ.
儀間進(1975), 「栄光と誤謬 — 沖縄教職員会の公罪」, 『新沖縄文学』 27호.
川満信一(1969), 「転換期立つ沖縄闘争 — 復帰のスローガンを捨てよ!」, 『情況』 8월호.
天川晃(1993), 「日本本土の占領と沖縄占領」, 『梘浜国際経済法学』 1권 1호.
波平恒男(2003), 「戦後沖縄とアイデンティティをめぐる政治」, 『政策科学・国際関係論集』 6.

2. 단행본

도미야마 이치로(2002), 『전장의 기억』, 이산.
______(2008), 『폭력의 예감』, 그린비.
소토오카 히데토시 · 혼다 마사루 · 미우라 도시아키(2005), 『미일동맹 : 안보와 밀약의 역사』, 한울.
아라사키 모리테루(2008), 『오키나와 현대사』, 논형.
______(2013), 『오끼나와, 구조적 차별과 저항의 현장』, 창비.
ガバン・マコーマック・乗松聡子(2013), 『沖縄の〈怒〉』, 法律文化社.
亀井淳(1992), 『反戦と非暴力 — 阿波根昌鴻の闘い』, 高文研.
宮里正玄(2000), 『日米関係と沖縄 1945～1972』, 岩波書店.
大城将保(1998), 『沖縄戦 民衆の眼でとらえる「戦争」』, 高文研.
大田昌秀(1980), 『沖縄人とは何か』, green-life.
______(1996), 『拒絶する沖縄 : 日本復帰と沖縄の心』, 近代文芸社.
______(2004), 『沖縄差別と平和憲法』, BOC出版.
小熊英二(1998), 『〈日本人〉の境界 — 沖縄・アイヌ・台湾・朝鮮 植民地支配から復帰運動まで』, 新曜社.
新崎盛暉(2005), 『沖縄現代史』, 岩波書店.
新川明(1996), 『反国家の兇区』, 現代評論社(1971, 증보 신판 『反国家の兇区 — 沖縄・自立への視点』, 社會評論社).

______(2000b),『沖縄・統合と反逆』, 筑摩書房.
我部政明(2000),『沖縄返還とは何だったのか』, 日本放送出版協會.
阿波根昌鴻(1973),『米軍と農民』, 岩波書店.
______(1992),『命こそ宝 — 沖縄反戦の心』, 岩波書店.
与那国暹(2001),『戦後沖縄の社会変動と近代化：米軍支配と大衆運動のダイナミズム』, 沖縄タイムス社.
屋嘉比収(2009),『沖縄戦、米軍占領史を学びなおす 記憶をいかに継承するか』, 世織書房.
中野好夫・新崎盛暉(1976),『沖縄戦後史』, 岩波書店.
真栄城守定・牧野浩隆・高良倉吉(1998),『沖縄の自己検証 — 鼎談・「情念」から「論理」へ』, ひるぎ社.

3. 신문

『うるま新報』
『沖縄タイムス』
『朝日新聞』

4. 인터넷 사이트

National Security Archive http://www.gwu.edu/～nsarchiv

제3장

오키나와평화기념공원 형성의 다른 경로

‘초석론(礎論)’의 영향과 미 군정기의 경험

김민환

1. 머리말

오키나와전이 끝난 지 50년을 기념해 세상에 공개된 오키나와평화기념공원의 '평화의 주춧돌(平和の礎, へいわのいしじ)'[1]은 지구상의 기존 위령 시

1 오키나와평화기념공원에 있는 각명비 '平和の礎'는 보통 한국어로 '평화의 초석'으로 번역되고 표기된다. 한국어로 된 대부분의 오키나와 관련 책이나 논문에서 이렇게 표기되기 때문에 이 장에서 이것을 '평화의 주춧돌'로 표기하는 것은 매우 낯설고 이례적인 일이다. 그러나 이 장의 목적 중 하나는, 오키나와평화기념공원에 존재하는 '平和の礎'의 의미를 일본 본토의 다른 곳에 존재하는 많은 '平和の礎'의 의미와 관련해서 해석하는 것이기 때문에, 또 비록 표기는 같아도 이 둘을 읽는 방법에서 차이가 나기 때문에 부득이 이 둘을 구분하여 한글 표기를 해야만 한다. 오키나와평화기념공원의 '平和の礎'는 '헤와노이시지(へいわのいしじ)'라고 읽으며, 일본 본토의 '평화의 초석'들은 '헤와노이시즈에(へいわのいしずえ)'라고 읽는다. 오키나와평화기념공원의 '헤와노이시지(へいわのいしじ)'는 일본어와 구분되는 오키나와 고유어이기 때문에 이를 '평화의 주춧돌'로 표기하며, 일본 본토의 '헤와노이시즈에(へいわのいしずえ)'를 '평화의 초석'으로 표기한다. 다만 이 책의 다른 글에서는 양자를 구분할 필요가 없어 통례대로 '헤와노이시지(へいわのいしじ)'를 '평화의 초석'으로 표기하였다.

설과는 매우 다르다는 평가를 받아 오키나와 내외에서 많은 주목을 받았다. 즉 근대 국민국가가 터 잡고 있는 내셔널리즘(nationalism)과 밀리터리즘(militarism)을 가장 잘 보여 주는 것은 일반적으로 각국의 '무명용사비'라는 베네딕트 앤더슨(1991 : 25-26)의 관찰과는 달리, '평화의 주춧돌'은 내셔널리즘(국적)과 밀리터리즘(군적, 軍籍)을 초월하여 '죽음 앞의 평등'이라는 원칙하에 전쟁 중에 사망한 모든 피해자의 이름을 각명하기로 하였던 것이다. 이 때문에 '평화의 주춧돌'은 '자국민 중심, 군인 중심'이라는 기존 위령 시설의 한계를 뛰어넘는 대안적인 위령 시설이라는 상찬을 여러 곳으로부터 받았다(Yonetani 2003 ; Figal 2003 ; 保坂廣志 2004). 오키나와전에서 무수히 많은 민간인 사망자가 발생했다는 점을 근본적인 곳까지 끈질기게 성찰해 온 오키나와 시민사회의 역량이 이러한 성과를 낳았다고 할 수 있다.

그림 3-1. '평화의 주춧돌'과 오키나와평화기념자료관
출처 주은우(촬영)

그러나 이 대안적인 위령 시설을 본 한국 사람들은 매우 복잡한 감정을 토로하곤 한다. 가령 『매일경제신문』 2012년 8월 23일에는 「오키나와 평화공원을 부숴라」라는 다소 과격한 제목을 단 데스크칼럼이 게재되었다. 이 칼럼은 "평화공원에서조차 한국인들은 철저히 무시당하고 있……다. 당시 강제 노역이나 학도병으로 끌려왔던 조선인은 1만 명에 달했다. 그러나 23만 명의 희생자 이름을 새겨 넣은 위령비……에 기록된 한국인은 3백 명에 불과하다. ……그것도 일본인과 미군 위령비가 중심을 차지하고 조선인은 맨 뒤편 구석에 '불편하게' 자리 잡고 있다. …… 누가, 왜, 무엇을 위해 전쟁을 일으켜 수많은 목숨을 앗아 갔는지 설명이 없다. 전쟁의 총지휘자였던 '천황 책임론'은 더더욱 없다. …… 한국인에게 이 공원은 불편하고 불쾌한 존재다. 이름만 '평화'인 또 다른 역사 왜곡 현장"이라고 주장한다. 물론 이 칼럼의 의도는 "최근 이명박 대통령의 독도 방문과 일왕에 대한 사과 요구로 한일 간 갈등이 심해지고 있다. …… 전범 처벌에 미흡했던 도쿄재판과 맥아더 군정의 천황 면죄부 조치가 당연하다고 일본이 인식하는 한, 자위대의 재무장 움직임이 계속되는 한 이런 갈등은 언제든 재발할 수 있다. 이런 점에서 이 대통령 발언과 독도 방문의 기본적인 방향은 옳다"는 구절에 노골적으로 드러나 있기 때문에 이 칼럼의 오키나와평화기념공원과 '평화의 주춧돌'에 관한 내용은 피상적인 관찰과 특정한 편견에 의해 상당한 부분에서 과장된 측면이 있다. 그러나 오키나와평화기념공원을 여러 차례 방문하여 진지하게 그 조성 과정을 성찰할 한국 사람은 많지 않기 때문에 오히려 이러한 인상은 보통 한국 사람의 일반적인 방문기를 대표할 가능성이 매우 높다.

한편 학문적 영역에서도 한국인 연구자들은 '평화의 주춧돌'을 의문의 시선으로 바라보는 경향이 강하다. 한중일3국공동역사편찬위원회(2012a, 2012b)

가 펴낸 두 권의 교과서는 한·중·일 3국의 역사학자들이 오랜 토론을 거쳐 합의된 내용을 3국에서 공통으로 출간한 것이다. 이들의 작업은 2001년 일본의 '위험한' 교과서 문제에 대응하기 위해 시작되어 이미 2005년 『미래를 여는 역사』로 결실을 맺었다. 작년에 새로 출간된 이 두 권의 교과서는, 2005년 출간된 책이 3국의 역사를 단지 병렬적으로 나열했다는 외부의 비판과 내부의 반성을 통해 동아시아 3국의 유기적인 '관계사'를 정리하고 있다. 2005년의 책이 3국 역사의 '물리적인 결합'에 불과했다면, 새로운 책 두 권은 '화학적인 결합'을 지향했다는 점에서 매우 획기적이었다. 이러한 혁신은 참가한 한·중·일 3국 역사학자들의 경이로운 인내와 상호 존중, 진지한 토론의 결과물일 것이다. 그러나 그토록 오랜 토론의 과정 속에서 결국 합의에 도달하지 못한 것이 바로 '평화의 주춧돌'에 관한 부분이었다. 일본 학자들은 '평화의 주춧돌'의 대안성을 강조하면서 그것이 편협한 민족주의를 넘어 전쟁의 희생자 전체를 위령하는 '최선'의 방식이라고 주장한 반면, 한국 연구자들은 '평화의 주춧돌'의 각명 방식은 식민지배의 '피해자'인 한국인의 관점에서는 수용하기 힘든 점이 있다고 맞섰다. 3국 중 가장 먼저 한국에서 책이 출간되었는데, 그때까지 이 부분에 대한 합의가 이루어지지 않았다. 한국 측의 경우 이 부분에 대해서는 각국이 자신들의 입장대로 서술하되, 논의 과정에서 의견이 일치하지 않는 부분을 별도로 밝히자고 주장하고 있는데, 이 주장에 대해서도 일본 측은 난색을 표하고 있다.[2]

일본의 시민사회가 자랑하는 오키나와평화기념공원의 '평화의 주춧돌'에 대한 한국 측의 이러한 불만은 과연 정당한 것인가? 혹시 그것은 '평화

---

2 한중일3국공동역사편찬위원회에서 열성적으로 활동하신 신주백 선생으로부터 이와 관련된 정보를 제공받았다. 신주백 선생께 감사드린다.

의 주춧돌'이 극복하고자 한 바로 그 편협한 '민족주의'적 시각에 기반해 있는 것은 아닌가? 한중일3국공동역사편찬위원회의 일본 측 참여자들은 한국 측의 '평화의 주춧돌' 비판에 대해 이러한 의문을 갖고 있는 것 같다. 이 장은 그들의 의문에 대한 우회적인 답변을 제공하기 위해 구상되었다.

'우회적'이라고 표현한 것은 이 장에서 직접적으로 '평화의 주춧돌' 조성을 추진한 주도 세력, 즉 오키나와 내부의 비판적인 시민사회의 의도를 분석하는 것이 아니기 때문이다. 오히려 이 논문은 '평화의 주춧돌' 조성을 추진한 세력의 의도를 굴절시키고 좌절시킨 일본 혹은 오키나와 내부의 보수적인 세력의 논리를 복원하고 그것이 '평화의 주춧돌'과 어떻게 연결되었는가를 추적하는 데 방점을 찍는다. 그렇게 함으로써 '평화의 주춧돌'은 오키나와 내부의 비판적인 시민사회의 의도만이 투영된 조형물이 아니라 일본 혹은 오키나와 내부의 보수적인 세력들의 욕망도 함께 투사된 존재임이 부각될 것이다. 이 작업은 결국 '평화의 주춧돌' 자체가 일본의 '민족주의'라는 자장에서 자유롭지 못하다는 점을 지적하게 될 것이다.

그런데 '평화의 주춧돌' 조성을 추진한 세력의 의도를 굴절시키고 좌절시킨 일본 및 오키나와 내부의 보수 세력에 대한 분석은 이미 상당수 전개되었다. 그러나 그것들은 주로 '평화의 주춧돌'과 쌍을 이루는 오키나와평화기념공원 내 '신평화기념자료관'(이하 '신자료관')의 전시 내용 변경과 관련된 일련의 사건에 집중되어 있다(屋嘉比收 2000 ; 다카지마 노부요시 2001 ; 屋嘉比收 2002a ; 石原昌家 · 大城将保 · 保坂廣志 · 松永勝利 2002 ; Figal 2003 ; Yonetani 2003 ; 保坂廣志 2004 ; 김민환 2008). 이 사건은 '평화의 주춧돌'과 '신자료관'의 건립을 주도한 오타 마사히데(大田昌秀)가 오키나와 현지사에서 물러나고 보수적인 이나미네 게이이치(稲嶺惠一)가 취임하면서 시작되었다. 전시 내용 변경의 핵심은 「가마(ガマ)의 참극」이라는 섹션에서 원래 예정되어 있던 복원 모형

(replica)의 교체였다. 원래의 복원 모형은 아이의 울음 때문에 미군에 의해 발각될까 두려워한 일본군 병사가 오키나와인 어머니에게 그 자식을 죽이라고 협박하면서 총을 어머니에게 겨누는 장면을 묘사하도록 되어 있었다. 그러나 교체된 복원 모형에서는 병사가 더 이상 총을 갖고 있지 않았고 단순히 동굴에 숨어서 가족을 바라보는 것으로 변해 있었다. 또 일본 및 오키나와의 가해 사실(전쟁책임)을 전시하는 내용도 대부분 변경되었다. 이렇게 변경이 이루어진 것은 '신자료관'의 전시 계획을 전해들은 이나미네 지사가 "사실이기는 하지만, 너무 반일(反日)적이어서는 안 된다. 오키나와도 일본의 현 가운데 하나에 지나지 않기 때문에 일본 전체의 전시에 관해서 생각하지 않으면 안 된다"(屋嘉比收 2000 : 115에서 재인용)고 소감을 말한 것에서 시작되었다.

이나미네 지사와 현 당국의 전시 내용 변경 시도는 오키나와 시민사회의 격렬한 저항을 받아 대부분 무산되었다. 이러한 사실 때문에 '평화의 주춧돌' 및 '신자료관'은 일본과 오키나와의 비판적 시민사회에 더욱 큰 의미가 있다고 할 수 있다. 즉 '평화의 주춧돌'과 '신자료관'은 일본의 보수적인 세력의 공격을 격퇴한 상징적인 장소인 것이다.[3] 그런데 이 과정에서 '평화의 주춧돌'에 대한 일본과 오키나와 시민사회 내부의 이견이 보수 세력의 공격으로 인해 가려진 측면이 강하다. 오키나와 시민사회의 일부에서도 '평화의 주춧돌'에 대한 비판이 제기되었는데, 보수 세력의 이러한 '도발' 때문에 그들의 비판적 목소리는 잦아들 수밖에 없었다. 보수 세력의

---

3 그러나 복원 모형 등 일부는 원래의 계획대로 돌아오지 못했다. 이 때문에 한국의 연구자는 '신자료관'의 성격에 손상이 있다고 주장하기도 한다. 또 '신자료관'의 성격 변화는 곧 '평화의 주춧돌'의 성격 변화로 이어진다. 여기에 대해서는 김민환(2012 : 209-214)을 참조.

공격에 대응하는 것이 우선이었기 때문이다.

'신자료관'의 전시 내용 변경에 초점을 맞춘 기존의 관심과는 달리 이 장은 '평화의 주춧돌' 자체의 논리에 주목한다. 이것은 짧은 시간에 전개된 특정한 '사건'과는 별도로 비교적 긴 시간 동안 이루어진 논리 전개의 궤적을 따라가는 것이기 때문에 '평화의 주춧돌'에 대한 보다 근본적인 검토가 가능한 방식이라고 할 수 있다.

2. '평화의 주춧돌' 추진 세력의 입장과 추진 과정

'평화의 주춧돌'과 연결된 일본 및 오키나와 보수 세력의 논리를 본격적으로 살펴보기 전에 '평화의 주춧돌'을 탄생시킨 측의 입장을 먼저 정리할 필요가 있다. 이것이 명확해야 이후 보수 세력의 개입 지점을 확인할 수 있기 때문이다. 이들의 논리 구축 과정은 '평화의 주춧돌'의 실제 추진 과정과 밀접하게 결부되어 있다.

1) 부정 : 마부니 언덕 위의 공간에 대한 반대

'평화의 주춧돌'과 '신자료관'이 자리 잡은 마부니(摩文仁) 언덕 아래의 공간은 처음부터 오키나와평화기념공원의 나머지 절반을 차지하는 마부니 언덕 위의 공간을 '부정'하기 위해 기획되었다. 마부니 언덕 위의 공간은 연구자들이 '야스쿠니(靖國)'적인 공간으로 비판하는 곳이다. 그러니까 '평화의 주춧돌'은 기본적으로 야스쿠니적인 논리에 대항하는 차원에서 건립되었던 것이다.

마부니 언덕 위의 공간이 야스쿠니적인 방식으로 조성되기 시작한 것은 1960년대부터였다. 그것은 1950년대 중반부터 오키나와에서 오키나와전에 대한 해석이 '군민일체의 조국방위전쟁'으로 정착하게 된 사실과 관련이 깊었다. 오키나와전에 대한 해석이 바뀐 배경에는, 당시 오키나와를 통치하던 미군에 의한 억압에서 벗어나기 위해서 일본을 선택할 수밖에 없었던 오키나와의 어려운 처지가 존재한다. 특히 일본 정부로부터 「전상병자, 전몰자 유족 등 원호법(戰傷病者、戰沒者遺族等援護法)」에 의거해 금전적 지원을 받기 위해서는 오키나와전에서 사망한 오키나와인들은 국가의 방위를 위해 '순국'한 사람이 되어야만 했다.[4] 오키나와 사람들에게 해석할 수 없어 이름을 붙일 수 없는 '절대적 비극' 혹은 '트라우마'였을 뿐이던 오키나와전은 마침내 '조국방위전쟁'이 된 것이다.

오키나와전은 '조국방위전쟁'이었다는 해석에 기반하여 1960년대부터 오키나와 곳곳에서는 일본 정부와 지방자치체의 지원에 의해 새로운 위령탑 건립 등 여러 전적(戰跡)에 대한 성역화 작업 등이 추진되었다. 그것의 정점에 있었던 것이 마부니 언덕 위의 공간이었다. 마부니 언덕 위의 공간은 '조국방위전쟁'의 참여자들의 '혼'과 '뼈' 모두가 돌아온 공간이었다.

'뼈'가 돌아왔다는 것은 마부니 언덕 위에 '국립오키나와전몰자묘원(國立沖縄戰沒者墓苑)'이 자리 잡고 있기 때문이다. 이곳은 '국난에 순국한 전몰자분들의 유골을 영원히 납골하기 위해 거기에 어울리는 묘원'으로서 조성되었다. 그러나 '평화의 주춧돌'을 추진한 세력에게 '국립오키나와전몰자묘원'은 오키나와전 종전 직후부터 시작된 오키나와 주민들의 자발적인 유골 수습 방식을 일본적인 방식으로 '강제 전환'한 과정의 최종 결과물로 인식되었다.

---

4 1950년대 일본과 오키나와에서 오키나와전이 '군민일체의 조국방위전쟁'으로 해석된 구체적인 과정에 대해서는 김민환(2012 : 81-86)을 참조.

오키나와 주민들의 자발적인 유골 수습은 1946년부터 시작되었다. 오키나와전이 진행되는 와중에 미군에 의해 점진적으로 수용소에 수용되었던 오키나와 주민들은 1946년 초부터 원칙적으로 원래의 거주지로 돌아가게 되었다. 원래의 거주지에 돌아간 주민들은 생계를 위해 농사지을 준비를 하였다. 그런데 이들 주민, 특히 오키나와전의 주 전장이 되었던 오키나와 본섬 남부의 주민들을 경작지에서 기다리고 있었던 것은 오키나와전 당시에 사망한 일본군과 오키나와 주민의 무수히 많은 유골이었다. 농사일을 하기 위해서 작업을 할 때마다 마주치는 이 유골들을 수습하지 않고서는 오키나와 주민들은 농사를 지을 수가 없었다. 유골들을 수습하고 거기에 위령탑을 세우게 된 것은 '위령'을 위해서라기보다는 어쩌면 이러한 생활상의 이유가 더 컸다고 할 수 있다. 이처럼 오키나와 주민들이 세운 위령탑은 납골당이기도 했던 것이다. 오키나와전과 관련된 최초의 위령탑인 '혼백(魂魄)의 탑'을 필두로 '만화(萬華)의 탑', '정혼(淨魂)의 탑', '평화의 탑' 등의 위령탑은 모두 이러한 작업의 결과였다(大田昌秀 1985 : 31). 1953년까지 생겨난 납골당 겸 위령탑의 수는 17개에 이르며(北村毅 2009 : 76), 일본 정부가 유골 수집을 담당하기 시작한 1956년 이전까지 주민들이 수습한 유골의 수는 13만 5023개에 달한다. 1956년부터 1984년까지 일본 정부가 수집한 유골의 수는 4만 4301개인데, 이는 오키나와 주민들 손에 의해 자발적으로 수습된 유골의 수가 압도적으로 많다는 사실을 알 수 있다(大田昌秀 1985 : 33).

오키나와전에 대한 해석이 '군민일체의 조국방위전쟁'으로 굳어진 후, 일본 정부 차원에서 제일 먼저 한 일은 유골 발굴 사업의 국유화였다. 단순히 유골 발굴 사업만 국유화한 것이 아니라 오키나와 주민들이 자발적으로 수습한 유골들을 강제로 한곳에 모으는 작업도 병행하였다. 처음에는 일본 정부 주도로 발굴한 유골만 한곳에 모았으나, 사업이 진척되면서 특히

■■ 그림 3-2. 오키나와 주민들이 세운 최초의 위령탑인 '혼백의 탑'
출처 大田昌秀 1985 : 3

1960년대가 되면 기존의 장소에 납골되어 있던 유골도 한곳으로 모으라는 압력이 일본 정부로부터 나왔다. 일본 정부의 '유골의 중앙 집중화' 움직임에 대해서 오키나와 주민들은 기본적으로 반대했다. 그 이유는 정치적인 이유라기보다는 정서적인 것이었다. 자신들이 수집하여 마을 주변에 납골한 유골들 중에는 자기 가족의 유골들이 있었기 때문이다. 물론 납골할 당시에는 유골의 신원 파악을 할 수 없어 무작위로 유골을 납골했기 때문에 어느 유골이 자기 가족의 유골인지 알 수 없었지만, 그 유골들 중에는 틀림없이 자기 가족 유골이 있다는 확고한 믿음이 오키나와 주민들 사이에 자리 잡고 있었다. 그들은 자기 마을의 납골 시설을 청결하고 정성스럽게 유지하였으며, 매년 특정한 기일이나 6월 22일 전후에 그곳에서 제사를 모셨다. 따라서 대부분의 오키나와 주민들은 자기 가족의 유골을 자기 마을 주변에 그대로 두고 지금까지 해온 것처럼 계속 관리하고 싶어

했다. 그러나 사정은 오키나와 주민들의 이러한 희망과는 반대되는 방향으로 강하게 움직여 갔다. 결국 오키나와 각지의 납골소에 납골되어 있던 유골들은 최종적으로 마부니 언덕 위에 '국립오키나와전몰자묘원'으로 모이게 되었다.

'조국방위전쟁'의 참여자들의 '뼈'가 돌아온 곳에 '혼'도 함께 불러와야 했다. 그 역할을 담당한 것이 마부니 언덕 위를 중심으로 새롭게 만들어진 위령탑이었다. 앞에서 언급했듯이 오키나와 주민들이 만든 위령탑들은 납골당 기능을 함께 담당하고 있었다. 그런데 유골들이 일본 정부에 의해 '국유화'되면서 오키나와 주민들 손에 의해 세워진 기존의 위령탑은 다음 세 가지 중 하나의 운명을 맞이하게 된다. 우선 대부분의 납골소와 위령탑은 유골들이 옮겨진 후 폐쇄되거나 파괴되었다. 따라서 1946년부터 1950년대 중반까지 오키나와 주민들의 주도로 유골을 납골한 후 세웠던 위령탑은 현재 거의 찾아볼 수 없다. 둘째, 납골소 폐쇄와 위령탑 파괴에 대해 저항해서 성공한 사례가 일부 존재한다. 주민들이 격렬히 반대하여 유골을 하나도 옮기지 않고 원래대로 유지하거나, 아니면 전체를 옮기지는 않고 일부만 옮기게 된 경우가 여기에 해당한다. 이 경우에 해당하는 위령탑은 현재에도 그 모습을 찾아볼 수 있으며, 그 탑의 내부에는 유골이 남아 있다. '만혼(萬魂)의 탑', '남북(南北)의 탑' 등의 유골은 단 하나도 유출되지 않았다. 반면 '혼백의 탑', '만화의 탑'은 일부의 유골만 옮겨진 사례이다.[5]

---

5 앞에서도 소개했지만, 이 '혼백의 탑'은 오키나와전이 끝난 후 가장 먼저 세워진 탑이고, 이후 오키나와 주민이 주도한 유골 수집 운동의 상징이 된 탑이다. 그리고 가장 많은 유골을 납골하던 탑이기도 했다. 약 4만 개 정도의 유골이 납골되었다. 납골된 유골을 전부 옮기는 계획에 유족들은 반대했다. 그러나 가장 많은 유골을 납골하고 있던 곳이어서 일본 정부의 가장 확실한 목표가 되었다. 주민들의 반대도 강했고 일본 정부의 의지도 강했기 때문에 양측은 일종의 타협책으로 거의 대부분의 유골은 전몰자

기존의 납골소와 위령탑이 맞이한 세 번째 운명은 위령탑의 교체였다. 마부니 언덕 위로 '조국방위전쟁'의 참여자들의 '혼'을 불러온 역할을 한 위령탑들은 바로 이 세 번째 사례와 연관된다.

기존의 위령탑을 대체한 새로운 위령탑들의 가장 큰 특징은 그 탑의 위령 대상을 군인 혹은 군에 협력한 사람으로 한정하고 있다는 점이다. 여기에서 보통의 오키나와 주민들은 거의 전부 일본군에 협력한 사람으로 간주된다. 전쟁 말기 내쫓긴 피난민과 패잔병 등이 죽음을 맞이한 장소는 이제 군인과 전투에 협력해서 '산화'한 주민의 '영령'을 봉찬하는 장소로 변화된 것이다. 새로운 위령탑의 형태와 비문 모두에서 그것이 명확해졌다. 비문에서는 군인들과 주민들의 '옥쇄(玉碎)'를 강조하는 형태로 바뀌어 갔고(靖國神社國營化反對沖縄キリスト者連絡會 1983 : 25), 그 형태도 또한 '옥쇄'를 강조하는 방식으로 변하게 된다. 새롭게 만들어진 위령탑 중 많은 경우, 그 형태에 있어 중심적인 것은 탑의 한가운데를 차지하는 둥근 화강암으로 된 '구슬(玉)'이다(그림 3-3 참조).[6] 이것은 '옥쇄'로 인해 부서진 '구슬'이 위령탑을 통해서 다시 원래의 '구슬'로 되돌려진 것을 암시하는 형태인 것이다.[7] 한편 더욱 노골적으로, 구슬 대신 탑의 꼭대기에 일본 천황을

중앙납골소로 옮기고 아주 일부의 유골만 '상징뼈(象徵骨)'로서 남기기로 했다. 현재에도 유족들은 위령의 날에 이 위령탑에 참배하고 있다(新崎盛暉 外 1997 : 138-141).

6 여기에서 제시된 '평화의 탑' 외에도 무수히 많은 위령탑이 '구슬'을 포함하고 있다. 오타 마사히데는 오키나와에 존재하는 위령탑의 사진집을 출간했는데(大田昌秀 1985, 2007), 여기에서 그 모습을 확인하는 것은 어렵지 않다.

7 노마 필드는 "'교쿠(玉)'는 '천황'의 몸과 관계되는 접두어이기도 하다. 예컨대 '교쿠타이(玉體)'라는 말은 히로히토(裕仁)의 수술 여부를 시끄럽게 논의할 때 빈번히 사용되었다"(노마 필드 1995 : 73)고 주장하였다. 이 주장을 받아들인다면 여기에서 사용된 '구슬(玉)'은 '국화'와 마찬가지로 '천황'을 상징하는 것으로 해석해도 무방할 것이다. 일본 '천황'이 제2차 세계대전에서 무조건 항복을 선언한 방송을 '옥음(玉音)방송'이라고 부르는 것에서도 '구슬'은 천황을 상징한다.

■ 그림 3-3. 새로운 '평화의 탑'
출처 大田昌秀 1985 : 114

■ 그림 3-4. 새로운 '영리(榮理)의 탑'
출처 大田昌秀 1985 : 118

상징하는 국화 문양이 새겨진 형태로 새로운 위령탑이 만들어지기도 했다(그림 3-4).

마부니 언덕 위의 공간은 1960년대를 거치면서 이러한 새로운 유형의 위령탑으로 인해 가장 극적으로 그 경관이 변화했다. 이 시기 마부니 언덕 위에는 일본의 각 지방자치체가 마치 경합이라도 하는 것처럼 자신들의 위령탑을 건립했다. 총 46개의 일본 도도부현(都道府縣)의 위령탑 중 마부니 언덕 위에 세워져 있는 것은 전부 32부현의 위령탑인데, 이는 전체에서 약 67퍼센트가 넘는 수치이다(大田昌秀 2007 : 41-64). 그런데 마부니 언덕 위에 생겨난 일본의 각 도도부현의 위령탑은 기본적으로 오키나와전의 전사자들만을 위한 위령탑은 아니었다. 오히려 소위 '남방 지역'에서 전사한 사람들이 중심이라고 봐도 무방하다. 마부니 언덕에 있는 위령탑 중 자기 지역 출신의 오키나와전 전사자만을 '합사(合祀)'의 대상으로 한 것은 불과 5개에 불과하고, 나머지 27개의 위령탑은 오키나와전의 전사자를 넘어서 소위

'남방 지역'의 전사자까지 확대하여 '합사'의 대상으로 하였다. 이 위령탑들의 '합사' 대상자들을 전부 합하면 약 90만 명 정도 되는데, 오키나와전에서 죽은 오키나와 이외의 일본 출신 전사자들 수가 약 6만 5천여 명이라는 점을 염두에 둔다면, '합사' 대상자 중 '남방 지역' 전사자의 수가 압도적으로 많다는 것을 알 수 있다.[8] 일본 전체에서 야스쿠니신사를 제외하면 이 곳만큼 아시아·태평양전쟁의 전체 '전몰자'가 한곳에서 대규모로 기려지는 곳은 없다. 그리고 이 공간을 청소, 유지, 관리하는 단체의 성격도 이 공간이 야스쿠니적인 공간임을 드러낸다. 현재 이 공간을 관리하는 단체는 '오키나와현평화기념재단'인데, 이 단체가 처음 출발할 때의 명칭은 '야스쿠니신사봉찬회(奉讚會) 오키나와지방본부'[9]였다.

마부니 언덕 위의 공간을 옹호하고 지지했던 세력은 마부니 언덕 아래의 공간까지도 동일한 논리가 관철되도록 노력하였고, 여기에 반대했던 세력은 이를 거부하였다. 1975년 '오키나와평화기념자료관'(이하 '구자료관')의 전시 내용을 둘러싼 논란[10] 이래로 다양하게 표출되었던 이 두 세력의 대결은 '평화의 주춧돌' 건립 시도에 의해 새로운 국면을 맞게 된다. '평화의 주춧돌'을 추진했던 세력은 기본적으로 야스쿠니적인 이 공간을 통해 전면적으로 대결하려는 의도를 갖고 있었던 것이다.

---

8 각 도도부현 탑에 '합사'된 사람의 숫자와 그중 오키나와전에서 사망한 사람의 숫자는 新崎盛暉 外(1997 : 118)의 표를 참조.

9 이 단체 홈페이지에서 이 단체의 연혁을 확인할 수 있다(http://heiwa-irei-okinawa.jp/03zaidan/enkaku.html).

10 구자료관이 처음 개관되었을 때 전시 내용은 오키나와 방위군 사령관 우시지마 미츠루(牛島滿)와 일본 '황군'의 영웅성을 강조하는 방식으로 조직되어 있었다. 여기에 대해 오키나와 시민사회가 반발하여 개관 자체를 취소하고 새로 전시 내용을 준비하여 2년 후 다시 개관하게 되었다. 여기에 대해서는 나카야마 요시히코(2001)와 大城将保(2002)를 참조.

2) 참조 : 미국의 '베트남전참전기념비'

마부니 언덕 위의 공간에 대항하기 위해 오타 마사히데 당시 오키나와 현지사는 마부니 언덕 아래의 공간을 전면적으로 재편하는 계획을 출범시켰다. 그 핵심은 '평화의 주춧돌'과 '신자료관'이었다. 이 중 '평화의 주춧돌'은 마부니 언덕 위의 야스쿠니적 위령탑과 직접 대비되는 조형물로 기획되었다. 기존 위령탑이 아닌 대안적인 형태로서 참조되었던 것이 미국 워싱턴의 '베트남전참전기념비'(소위 the Wall)였다(Yonetani 2003 : 192). 그것은 대안적 조형물이 '평화의 주춧돌'로 명칭이 정식으로 결정되기 전까지 잠정적으로 '평화의 벽(平和の壁)'으로 불렸다는 사실에서도 드러난다. 또한 '평화의 주춧돌'에서 희생자들 이름 전체가 개별적으로 각명된 방식은 '베트남전참전기념비'의 방식과 일치한다.

미국의 수도 워싱턴에 '베트남전참전기념비'가 세워지는 과정은 엄청난 논쟁을 수반하였다(Griswold 1986 ; Wagner-Pacifici and Schwartz 1991 ; Sturken 1997). 이 기념비는 당시 21살의 예일대학교 학생이었던 마야 린(Maya Lin)에 의해 설계되었고 1982년 완성되었다. 이 기념비가 자리한 워싱턴 몰의 컨스티튜션 가든(Constitution Garden)은 백악관 근처의 공공 공원으로, 그 안에는 거대한 오벨리스크인 워싱턴 기념물과 링컨의 조각상이 안치된 신고전주의 양식의 링컨 기념관 등을 포함한 미국에서 가장 유명한 기념물이 자리 잡고 있는 곳이다. 미국의 국가적 영웅을 기리는 거대한 기념물들과 '베트남전참전기념비'의 극단적인 대비(수평성 대 수직성, 흰 대리석 대 검은 대리석 등)는 보수적인 미국인들의 반발을 불러왔다. 또한 이 기념비가 소극적인 외관과 지극히 절제된 표현 때문에 애국심 혹은 어떤 긍정적인 감정을 전달하지 않는다는 이유로 부정적인 반응을 보였다. 심지어 '치욕의 골짜기'라고 부르기도 했다. 이렇게 긍정적이고 밝은 사실적인 이미지가 제외된 탓에,

참전 군인들을 국가를 위해 목숨을 바친 숭고한 영웅으로 기려야 한다고 주장한 사람들의 반대를 샀으며, 나중에 결국 기념비 주위에 미국 병사 세 명을 사실적으로 재현한 조각물과 성조기 깃발이 추가로 제작되기도 했다. 이와 같이 '베트남전참전기념비'는 기존의 기념비 혹은 위령탑과는 거리가 멀었다.

그러나 이러한 특징은 베트남전 참전 군인들의 의견을 수렴하여 작성된 초안에서 특별히 요청된 사항이었다. 즉 정치색을 띤 표현을 철저히 배제하되, 이 전쟁에서 실종되거나 사망한 5만 8천 명의 남녀 미국인의 성명만을 새길 수 있는 단순한 디자인이 요구되었던 것이다. 참전 군인들은 이 기념비가 전쟁 자체도 국가도 아닌 바로 베트남에서 복무했던 모든 이에게 바쳐져야 한다는 점을 단호히 천명했다. 또 그들은 이 기념비는 집단이 아닌 개별적인 인간에게 바쳐지도록 결정하였다. 나중에 이곳은 소집단을 위한 만남의 장소가 되기도 했다. 방문객들은 그곳에 꽃이나 사진 혹은 분노에 찬 반정부적인 메모를 붙였고, 이 메모들은 나중에 일괄적으로 보관소에 소장되었다. 이 기념비는 미국 역사에 지울 수 없는 오점을 남긴 베트남전쟁의 과오를 시인하는 것으로 평가받는다. 높이가 낮아서 친근하게 느껴지는 수평적인 형태는 워싱턴 기념물이나 링컨 기념관처럼 높이 솟은 백색의 권위적인 구조물과는 상반되며, 이 기념비 벽의 흑색 화강암 표면에는 주변의 백색 화강암의 모습이 반사되어 마치 '백색 화강암의 영광'의 '어두움'을 드러내는 효과가 있기 때문이다.

이러한 대안적인 방식에 '평화의 주춧돌'을 추진하는 세력은 주목했다. 그들이 잠정적으로 '평화의 벽'이라는 이름을 채택했다는 것은 바로 미국의 '베트남전참전기념비', 즉 '그 벽(the Wall)'이 지향했던 이러한 기본 이념들을 상당 부분 인정했다고 해석해도 무방하다고 생각한다.

3) 비판을 통한 원칙의 형성 : '죽음 앞의 평등'

'평화의 주춧돌' 추진 세력은 '베트남전참전기념비'를 참조하기는 했지만, 그것의 한계 역시 간과하지 않았다. '베트남전참전기념비'의 대안성은 대체로 호평을 받았지만, 그것에는 미군에 의해 희생된 베트남 사람들에 대한 기억은 전적으로 배제되어 있다는 비판에서 자유롭지 못했다(Sturken 1997 : 84). '평화의 주춧돌' 추진 세력은 바로 이 점을 뛰어넘고자 했던 것이다.

1991년 5월부터 다음 해 3월까지 학계 인사 및 행정 관료 등 10인의 멤버로 구성된 ''평화의 벽' 건설부회('平和の壁'建設部會)'(이하 '건설부회')가 총 4회 개최되었다. 건설부회에서의 논의는, 오키나와전이라는 오키나와 고유의 체험을 어느 정도의 보편성까지 확장하는 것이 가능할 것인가 하는 점을 중심으로 위원 사이에서 의견이 교환되었다(北村毅 2009 : 319). 이 과정에서 '평화의 주춧돌'의 기본 이념이 된 '죽음 앞의 평등'이라는 개념이 도입되었다. 그것은 오키나와 고유의 체험을 최대한의 보편성까지 확장하는 것이자, '국적'에 따른 전쟁 희생자를 차별하는 '베트남전참전기념비'의 한계를 넘어서고자 하는 의지의 표현이었다.

'죽음 앞의 평등'이라는 개념이 도입된 또 다른 계기는 '생명이야말로 보물'(命どぅ寶, 오키나와어로 '누치두타카라')이라는 말이었다. 이것은 오키나와 주민들이 오키나와전을 주체적으로 말하기 위해서 1970년대 이후 오키나와전 체험 계승 운동 중에 역사적으로 형성된 말이다(屋嘉比收 2002b : 149). 이 말은 '옥쇄'라는 군대의 논리에 반박하기 위해 도입된 것인데, '옥쇄'라는 말이 '천황을 위해' 명예롭게 죽는 것을 칭송하는 것인 데 반해, '생명이야말로 보물'이라는 말은 그 어떤 대의보다도 소중한 것이 인간의 생명이라는 뜻이다. '생명이야말로 보물'이라는 개념과 쌍으로 대두된 용어가 '와전(瓦全)'이라는 말이다. '와전'이란 '기와(瓦)를 보존한다(全)'는 뜻이다. '구슬'

은 부서져도 가치를 인정받는 귀한 것인 데 반해, '기와'는 온전해도 하찮고 가치 없는 존재로 평가받는다. 그러나 오키나와 주민들의 입장에서는 오키나와전을 경험한 이후, 부서져서 귀하게 대접받는 '구슬'보다는 하찮고 가치 없더라도 온전하게 보전된 '기와'가 더 소중하다는 점을 강조할 수밖에 없다(屋嘉比收 2002b : 150). '옥쇄'에 대비된 '와전', 즉 '생명이야말로 보물'이라는 개념을 통해 오키나와전을 겪은 오키나와인들은 인간을 죽음으로 내모는 어떠한 대의명분에도 동의할 수 없다는 점을 분명히 밝힌 것이다. 이러한 관점에서 국적을 불문하고 오키나와전에서 희생당한 모든 사람의 이름을 새기는 것이 결정되었다(北村毅 2009 : 321).

3. '평화의 주춧돌'과 '평화의 초석' 사이의 거리

건설부회는 4회의 논의를 거쳐 최종적으로 '평화의 벽'이라는 명칭 대신 '평화의 주춧돌'이라는 명칭을 사용하기로 결정하였다. 이 명칭 변화의 의미를 어떻게 해석할 것인가? 우선적으로 생각할 수 있는 것은 '베트남전참전기념비'의 한계를 극복했기 때문에 그것과 구분되는 이름이 필요함에 따라 명칭을 변경했을 가능성이다. 만약 그렇다면 이것은 '평화의 주춧돌' 추진 세력의 자부심이 반영된 표현으로 읽어도 무방할 것이다. 그러나 비록 그렇다고 하더라도, 그것은 '평화의 벽' 대신에 선택된 명칭이 '평화의 주춧돌'인 이유는 설명해 주지 못한다. 즉 '평화의 주춧돌' 대신 다른 명칭이 선택될 수 있었는데, 왜 '평화의 주춧돌'이었는가? 필자가 입수한 건설부회의 회의록은 참가자들의 발언 전체가 표시된 것이 아니기 때문에 이를 통해 '평화의 주춧돌'로 이름이 변경된 구체적 맥락을 확인할 수는 없다.

다만 분명한 것은 '평화의 주춧돌' 추진 세력이 '평화의 초석'을 강하게

의식했다는 점이다. 그들은 '평화의 주춧돌'이 '평화의 초석'과는 다르다는 점을 지속적으로 강조하였는데, 이것은 오히려 '평화의 초석'의 영향력을 반증하는 것이라고 할 수 있다. 가령 건설부회는 「오키나와전 희생자 이름을 기재한 '평화의 주춧돌' 건설 기본 구상 소안 沖縄戰犧牲者の氏名を記載した'平和の礎(いしじ)'建設基本構想素案」을 제출하였는데, 여기에서 '평화의 주춧돌'을 '平和の礎(いしじ)'라고 표기하여 그것이 '평화의 초석(いしずえ)'과는 다름을 분명히 하고 있는 것이다. '주춧돌(いしじ)'은 일본어가 아닌 순수 오키나와어이다.

그렇다면 여기에서 확인해야 하는 것은 과연 '평화의 초석'은 무엇이며, '평화의 주춧돌'이 '평화의 초석'과 다른 점을 강조하는 이유이다.

1) '평화의 초석'과 '초석론(礎論)'

1960년 이래 일본 본토에서는 '평화의 초석'이라는 이름을 가진 많은 조형물이 만들어졌다. 또 비록 명칭은 '평화의 초석'이 아니지만 '평화의 초석'의 논리를 공유하는 많은 위령탑과 위령비가 만들어졌다.

1960년대는 1964년의 도쿄올림픽 개최와 고도의 경제성장을 바탕으로 일본이 스스로 자신감을 되찾아 이를 외부로 표출하던 시대였다. 경제적 부를 배경으로 일본의 자기 긍정 분위기가 최고조에 달하면서, 과거의 고난에 대한 '희생'은 특히 강조되었으며, 그것을 딛고 이룩한 것이 현재의 '평화'와 '번영'이라는 담론은 일본 곳곳에서 찾아볼 수 있었다. 즉 과거의 고난에 대한 '희생'이 마치 인과론적으로 1960년대의 '평화' 및 '번영'으로 연결된다는 점이 부각되었던 것이다. 이 논리에 따르면, 전쟁의 고난은 그 덕분에 오늘의 평화와 번영이 있다고 정당화된다. 전쟁에 대한 이러한 정당화는 급기야 '15년 전쟁'의 침략성을 부정하고, 소위 '대동아전쟁'은 아시아

제 민족의 해방을 위한 전쟁이라고 이야기할 수 있게 된다. 하야시 후사오(林房雄)의 『대동아전쟁긍정론(大東亜戦争肯定論)』(1964)과 『속 대동아전쟁긍정론(続·大東亜戦争肯定論)』(1965)이 출간된 것이 이 시기라는 점도 우연이 아니었다. 이러한 분위기 속에서 일본 전역에서 과거 전사자들에 대한 위령탑 및 위령비가 세워졌는데, 이것들에 '평화의 초석'라는 이름이 많이 붙었다.

이러한 논리를 이치노세 도시야는 '초석론(礎論)'이라고 불렀다(一ノ瀬俊也 2002). 이 논리는 시간적 순서를 인과관계로 바꾸어 놓는 그릇된 논리(post hoc, ergo propter hoc)를 따르는 전형적인 것이다(노마 필드 1995 : 240). 그렇기 때문에 이 논리는 현재 일본의 평화와 번영은 사실 주변 지역의 고난을 바탕으로 하고 있다는 '진실'을 철저하게 은폐하는 것이기도 하다. 일본의 번영은 '한국전쟁 특수'에서 시작되었으며, 일본의 평화는 한국과 대만의 '전쟁'에 기반하고 있었던 것이다.[11]

현재의 '평화'는 과거 '전쟁' 등의 고난 덕분이었다는 '초석론'의 이러한 잘못된 논리는 '야스쿠니'적인 사고와 '평화'를 연결시키는 핵심적인 기제

11 최근 일본에서는 일본의 '평화'로운 '전후'는 사실 과거 일본의 식민지였던 곳의 '고통'에 기반하고 있다는 의견이 자주 개진되고 있다. 가령 "일본(본토)에서는 '전후'가 1945년 8월 15일이라는 날을 기하여 명확히 구획되는, 지극히 자명한 시기 구분인 것으로 거론되고 있다. 그러나 이러한 분리는 오키나와나 한반도의 폭력적인 '전후'와 평화로운 일본(본토)의 '전후'가, '일본의 지금'과 '그들의 옛날'이 서로 구조적으로 연결되어 있거나 혹은 나란히 상관되며 같은 현재를 만들고 있다는 사실이 전혀 인식되지 못하고 있으며, 혹은 그것을 인식하기 위해 필요한 상상력도 발휘할 수 없게 되어 버린 것이다. ……일본의 '전후'의 출발을 주장하는 것에 이미 피해자 쪽의 고통의 계속을 부인한다는 점이 함축되어 있으며, 그러한 의미에서는 이 '전후'를 자명시하여 살아가는 자는 그만큼 이미 그것을 부인하는 데 한층 가담하고 있는 것이 된다"(나카노 도시오 2005 : 18-19)는 발언이나, 경제성장 및 전후 민주주의라는 열매를 일본이 향유하게 한 한국전쟁 등 동아시아의 냉전 / 열전을 망각하고 있는 일본의 문화적 현상을 비판하는 마루카와 데츠시(2010)의 논의는 주목할 만하다.

였다. 가령 일본 슈난(周南)시(옛 도쿠야마 德山시) 가이텐(回天) 기념관에는 제2차 세계대전 당시 어뢰를 타고 '적'의 함정에 자살 공격을 가하는 '가이텐 특공대'에 지원한 사람들을 시종일관 미화하는 방식으로 전시 내용이 구성되어 있는데, 그 전시의 마지막은 '평화'라는 문구로 끝난다.[12] 요컨대 '초석론'은 평화를 언급하지만 사실은 전쟁을 미화하는 논리였으며 '야스쿠니'적인 논리를 평화로 위장하는 논리인 것이다.

'야스쿠니'적인 논리를 평화로 위장하는 '초석론'의 논리가 가장 성공적으로 구현된 곳 중 하나가 오키나와 마부니 언덕 위의 공간이었다. 즉 '초석론' 덕분에 오키나와 마부니 언덕 위의 야스쿠니적 공간은 1970년에 오키나와'평화'기념공원으로 지정될 수 있었다. 당시 이 주변이 '오키나와평화기념공원'으로 제정되었을 때, 이곳에는 마부니 언덕 위 공간의 논리에 저항하는 언덕 아래의 공간이 형성되지 못했다. 오직 야스쿠니적 공간만 존재했는데, 그곳이 '평화'기념공원으로 지정되었던 것이다. 사실 과거의 전쟁을 정당화하는 이러한 논리가 가장 빛을 발할 수 있었던 장소가 바로 마부니 언덕 위의 공간이었다. 그곳은 전쟁을 수행한 군인들의 모든 고난이 최종적으로 응축되어 순식간에 폭발한 곳으로 받아들여졌다. 물론 여기에는 일본군 수비군 사령관 우시지마 미츠루(牛島滿) 사령관이 소위 '옥쇄 자결'을 한 것이 결정적이었다. 다시 번영하게 된 일본은 번영의 '원인'이었던 이들의 고난에 대해 '감사'를 표할 장소로 마부니 언덕을 선택했던 것이다. 이러한 점에서 마부니 언덕에 1960년대에 세워진 많은 위령탑 및 위령비는 과거 전쟁의 희생자에 대한 것이기도 했지만, 다른 한편으로는 1960년대 일본의 '부흥'이나 '평화', '번영'에 대한 기억을 담고 있는 위령탑

12 이곳의 전시 내용은 回天(基地)を保存する會(1999)에서 확인할 수 있다.

및 위령비이기도 했던 것이다(北村毅 2009 : 297-303). 다시 한 번 강조하지만 이 논리는 전형적인 '초석론'의 논리인 것이다.

2) 오해 혹은 의도된 오해 : '평화의 주춧돌'을 '평화의 초석'으로 바꾸는 실천

따라서 '평화의 주춧돌' 조성을 추진하던 세력은 '평화의 주춧돌'이 '평화의 초석'으로 받아들여지는 것을 극도로 경계할 수밖에 없었다. 그들의 출발 자체가 마부니 언덕 위의 공간을 '부정'하는 것이었는데, 그 부정의 결과가 마부니 언덕 위의 공간을 낳은 '초석론'으로의 회귀라면 그것은 결국 자신을 부정하는 것이 되기 때문이다. 그들이 '평화의 주춧돌'은 '평화의 초석'이 아니라고 그토록 강조하는 이유는 바로 여기에 있었다.

그런데 그들이 선택한 방식, 즉 표기는 '平和の礎'라고 하되 읽는 것은 '평화의 초석(いしずえ)'이 아니라 '평화의 주춧돌(いしじ)'이라고 '읽는 방식'에 차이를 두는 것이 얼마나 효과적이었을까? 앞에서 이야기했듯이 건설부회의 회의록에는 참석자들의 발언이 자세히 표기되지 않아 그 회의에서 이 점이 얼마나 숙고되었는지는 알 수 없다. 그러나 그들은 그것으로 충분하다고 느낀 것 같다. '평화의 주춧돌' 추진 세력은 그후 '평화의 주춧돌'은 '평화의 초석'과는 전혀 다르다는 점을 전제하고 논의 및 실제 건설에 임했다. 또한 '평화의 주춧돌'을 여러 곳에 소개할 때도 그것이 '평화의 초석'이 아니라는 점을 강조하면서, '평화의 주춧돌'의 대안적이고 보편적인 성격을 부각했다.

그들의 이러한 태도는 '평화의 주춧돌'의 원칙에 대해서 반발했던 일본 본토 보수 세력의 움직임에 의해 강화된 측면이 있다. 일본 본토의 보수주의자들은 전쟁 지도자 및 가해자와, 일반 주민 및 피해자를 같은 위상으로 간주하는 것은 '호국 영령'을 그렇지 않은 존재와 같이 취급하는 것으로 '불경'스럽다는 입장이었다. 그래서 그들은 '평화의 주춧돌'이 만들어진 이후 마부니 언덕 위에 기존의 위령탑과는 다른 형태의 위령탑을 만든다. 1960년대에 주로 만들어진 위령탑에는 죽은 자들의 이름이 각명된 형태가 없었는데, '평화의 주춧돌'이 만들어지고 나서는 죽은 자들의 이름이 각명된 형태의 위령비가 만들어졌다. 물론 마부니 언덕 위에 새롭게 만들어진 이 위령비에 이름이 새겨진 사람들은 오직 '군인'뿐이었다. 이처럼 일본 본토의 보수 세력은 '평화의 주춧돌' 추진 세력의 의도를 정확하게 읽었던 것이다.

그런데 문제는 오키나와 내부의 보수 세력이 '평화의 주춧돌'을 받아들이는 태도였다. 앞에서도 언급했듯이 '주춧돌(いしじ)'은 일본어가 아닌 순수 오키나와어이다. 이것의 의미는 오키나와 내부 보수 세력에게 일본 본토 보수 세력에게와는 다르게 다가갔을 가능성이 매우 높다. 즉 일본 본토의 보수 세력에게 '평화의 주춧돌'은 명백하게 '평화의 초석'과는 다른 것으로 읽혔다면, 오키나와 내부의 보수 세력에게는 그것이 '평화의 초석'의 오키나와 버전(version)으로 읽혔을지도 모른다. 이렇게 추측하는 것은 '평화의 주춧돌' 건립 과정에서 나타난 몇 가지 사건들 때문이다.

가장 먼저 언급해야 하는 것은 '평화의 주춧돌'에 각명된, 오키나와 출신으로 '15년 전쟁'에 징병되어 아시아 각지에서 가해자가 된 오키나와 출신의 군인 및 군속이다. '평화의 주춧돌'의 각명 원칙 중 하나는 '오키나와전과 관련되어 사망한 사람'을 그 대상으로 하는 것이다. 그런데 오키나와 출신자에 한해서는 오키나와전만이 아니라 그 이전의 '15년 전쟁'에 참전하여 사망한 사람들까지 그 대상이 확대되었다.

오키나와 출신자의 경우에 각명의 대상자가 '15년 전쟁' 동안의 사망자로 확대된 배경에는 유족회의 강력한 요구가 있었다. '평화의 주춧돌' 각명과 관련된 여러 논의를 정리하여 의견을 결정한 곳은 이시하라 마사이에(石原昌家)를 좌장으로 한 '평화의 주춧돌 각명검토위원회'(이하 '각명검토위원회')였다. 각명검토위원회는 1993년 4월부터 총 7회에 걸쳐 회의를 개최했는데, 제5차 위원회에서 '평화의 주춧돌'의 현내 출신 각명 대상자는 '오키나와현 유족연합회'의 요청을 받아들여, 15년 전쟁의 전사자까지 확대하게 되었다(平和の礎刻銘検討委員會 1993). '오키나와현 유족연합회'는 1950년대 원호법을 오키나와에까지 확대 적용하라는 운동을 전개하여 일본 정부로부터 원호법에 의한 지원을 받은 사람들의 모임이었다.[13] 이들은 1960년대 마부니 언덕 위의 야스쿠니화를 적극 지지한 세력인데, 결국 이들의 개입이 애초에 계획했던 '평화의 주춧돌' 각명 대상의 범위를 확대하게 만들었다.

각명의 대상이 오키나와전에서 사망한 오키나와 출신의 군인 및 군속, 민간인에 한정되었다면, 이들은 일본에 의해 강제로 전쟁에 내몰린 피해자로서 여겨졌을 수도 있다. 그러나 각명의 대상이 '15년 전쟁' 동안의 사망자로 확대되었기 때문에 오키나와전 사망자가 아니라 오키나와 출신 '일본군'의 위치는 매우 모호해졌다. 이들은 '일본군'으로서 아시아 각지의 민중에게 피해를 입힌 자들이기 때문이었다. 한국 측의 '평화의 주춧돌' 비판의 근거 중 하나가 바로 이것이다.

'오키나와현 유족연합회'는 오키나와전에서 사망한 그들 가족을 야스쿠니신사에 합사하는 것을 영광으로 생각한 사람들이었는데, 그 '영광'의 대상을 '15년 전쟁'에서 사망한 사람들로 확대하고자 한 것이다. 그들은 '평

13 이 운동에 대해서는 石原昌家(2007)와 김민환(2012 : 83-84)을 참조.

화의 주춧돌'의 이념을 제대로 이해하지 못했던, 혹은 안 했던 것처럼 보인다. 그들에게 '평화의 주춧돌'은 '평화의 초석'이었던 것이다. 물론 '오키나와현 유족연합회'는 일관되게 보수적인 입장을 취한 단체는 분명 아니다. 가령 일본 보수 세력의 '위령의 날' 폐지 시도에 대해서 가장 격렬하게 저항한 단체이기도 하며, 1960년대 '복귀운동'이나 '수단적 동화'와 같은 전술적 입장에서는 보통의 오키나와 사람을 대변하는 측면이 강했다. 그러나 '평화의 주춧돌'과 관련해서 이 단체는 '주체 위치'의 측면에서 명백하게 오키나와 보수 세력의 대표였다고 할 수 있다.[14]

유족들이 '평화의 주춧돌'을 '평화의 초석'으로 간주했다는 점을 보여 주는 두 번째 사건은 '평화의 주춧돌' 제막식에 맞추어 집단적으로 야스쿠니신사를 참배한 것이다. 그들의 야스쿠니신사 참배는 '평화의 주춧돌'에 반대하기 위해 이루어진 것이 아니라 그것을 '기념'하기 위해서 이루어진 것이다. 그들에게는 야스쿠니신사와 '평화의 주춧돌'이 다른 범주가 아니었던 것이다.

마지막으로 '오키나와전이 원인이 되어 사망한 사람'이라는 범주에 포함되어 '평화의 주춧돌'에 각명된 집단으로 전함 야마토의 승무원들이 별도로 들어가 있다는 점이다. 전함 야마토의 승무원들은 오키나와전에 직접

14 이 부분에서 일본 보수 세력과 오키나와 내의 보수 세력 사이의 차이가 드러나기도 한다. 이 지점은 별도로 논의해야 할 매우 흥미로운 주제이다. 이 문제는 1979년부터 10여 년간 오키나와 보수 현정을 이끈 니시메 준지(西銘順治)가 1979년 현지사 취임 직후 오키나와 지역지와의 신춘 인터뷰에서 사용한 '오키나와의 마음(沖縄の心)'이라는 유명한 말이 상징하고 있다. 그는 '아무리 야마톤츄(大和人)가 되려고 마음먹어도 그럴 수가 없는 것이 우치난츄(沖縄人)의 마음'이라고 표현했다. 비록 오키나와가 일본의 현 중 하나임이 틀림없지만, 일본의 다른 곳과 오키나와는 다르다는 점을 강조한 것인데, 그후 '오키나와의 마음'이라는 표현은 오키나와인의 정체성을 상징하는 말처럼 사용되었다.

참전하기도 전에 전함 야마토가 침몰하여 수장되었는데, 이들의 사망을 야기한 원인이 오키나와전이라는 점이 인정되어 그들의 이름이 '평화의 주춧돌'에 각명되었다. 이것은 '오키나와전이 원인이 되어 사망한 사람'이라는 각명 원칙에 의해 인정할 수밖에 없었던 측면이 있기는 하지만,[15] 역시 이러한 실천은 '초석론'적 의미를 떠올리게 한다.

이런 식으로 오키나와 내부 보수 세력은 '평화의 주춧돌'을 '평화의 초석'으로 의미를 전환시키는 실천을 지속적으로 전개했으며, 더 나아가서는 자신들의 욕망을 '평화의 주춧돌'에 투사해 버렸다. 이러한 실천들에 대해 '평화의 주춧돌' 추진 세력은 '유족들의 요구' 때문에 그렇게 되었다고 간단하게 설명하고 지나간다. 그러나 그들이 더욱 천착해야 하는 것은 바로 이 요구의 '의미'라고 생각한다. 한국 측의 여러 사람들이 '평화의 주춧돌'을 의혹의 시선으로 바라보는 것은, 그것의 원래 '의도'보다는 의도된 혹은 오인된 이러한 '실천'에서 기인하는 바가 더 크기 때문이다. '평화의 초석'을 '평화의 주춧돌'로 바꾸는 작업은 '평화의 주춧돌' 추진 세력이 전제하는 것처럼 그렇게 성공적이지만은 않은 것처럼 보인다.

---

15 물론 이 원칙 때문에 '평화의 주춧돌'로서 기능한 사례도 존재한다. 대표적인 것이 오키나와전에서 사망한 '애락원(愛樂園)' 수용 한센병자들이다. 애락원 입원자 중 총 270여 명이 전쟁 중에 사망했는데, 2004년 이 중에서 55명이 각명되었고, 2005년 2명이 추가적으로 각명되었다. 이들이 '평화의 주춧돌'에 각명되기까지는 최초 제막 이후 거의 10여 년의 세월이 흘렀다. 애락원의 한센병자 사망자들이 각명의 대상이 될 수 있었던 것은 '오키나와전이 원인이 되어 사망한 사람'이라는 원칙 때문이었다. 애락원 한센병자 사망자들 중 다수는 오키나와전이 직접 원인이 되어 사망한 것이 아니었다. 이들은 오키나와전을 대비하는 과정에서 생필품들이 제대로 보급되지 않아 발생한 질병 및 굶주림이 원인이 되어 사망했던 것이다. 여기에 대해서는 정근식(2008)을 참조.

4. 국적을 불문하고 희생자 전체를 위령하는 전통 : 미 군정기의 경험

앞에서 본 것처럼 '죽음 앞의 평등'이라는 원칙은 '평화의 주춧돌' 추진 세력이 마부니 언덕 위 공간의 '부정'에서 출발해서 워싱턴의 '베트남전참전기념비'라는 참조점을 경유해 도달한 매우 적극적이고 대안적인 의미를 갖고 있었다. 그러나 그 의미가 구체화된 '국적 및 군적을 불문하고 희생자 전체를 각명'한 '평화의 주춧돌'의 실현 방식은, 유족회로 대표되는 오키나와 보수 세력의 눈에 그리 낯선 것이 아니었다. 그들은 이미 30년 이상 그러한 방식으로 움직여 왔던 것이다. 이 점에서 오키나와 내부의 보수 세력은 일본 본토의 보수 세력과 다른 감성을 갖고 있었다고 할 수 있는데, 그것은 오키나와 내부 보수 세력이 체험한 미 군정의 경험 때문이었다. 오키나와전 종전 직후부터 미군의 존재는 오키나와전 희생자의 위령 방식에 결정적인 영향을 끼친 변수였다.

1) 유골 수습과 미군의 영향

미군은 오키나와에서 주민들이 자발적으로 유골 수습에 나선 초기 단계에서부터 이 문제에 영향을 끼쳐 왔다. 오키나와 주민들이 유골 수습에 나섰을 때, 당시 오키나와를 점령하고 있던 미군은 이 문제에 대해 민감하게 반응했다. 당시 미군은 오키나와 주민들이 유골 수습에 나서는 것을 쉽게 허가하지 않았다. 미군은 유골 수집이나 위령탑 건립이 반미 운동으로 이어지는 것을 경계했던 것이다. 또한 정서적으로도 미군은 자신들과 치열한 전투를 수행한 '적군'에 대한 위령에 대해서도 반감이 있었다. 미군은 자신들이 수행한 오키나와전을 '정의의 전쟁'의 일환으로 간주했는데, 그 전쟁 때문에 사망한 사람들의 유골을 수습하는 것은 자신들이 수행한 '정

■ 그림 3-5. 최초의 '히메유리(ひめゆり)의 탑'
출처 大田昌秀 1985 : 34

■ 그림 3-6. 2003년 이전의 '만화의 탑'
출처 大田昌秀 1985 : 121

의의 전쟁'을 흠집 내는 것으로 해석했던 것이다. 따라서 그들은 주민들의 유골 수습을 몹시 경계했다.

그러나 오키나와 주민들의 강력한 요청의 결과 유골 수집 활동을 허가할 수밖에 없었다. 단 여기에는 단서가 하나 붙었는데, 그것은 유골 수집 활동은 미군의 감시를 받아야 한다는 것이었다(大田昌秀 1985 : 30-31). 오키나와 주민들의 유골 수집 활동과 위령탑 건립에 대한 미군의 이러한 민감한 태도를 누그러뜨리기 위해 오키나와 주민들은 위령탑의 형태를 아주 조심스럽게 결정하였다. 자신들이 미군의 '적군'이었던 일본군을 '현창(顯彰)하지 않으며' 순수하게 죽은 자에 대한 추모의 뜻만을 나타내고 있다는 사실을 드러내기 위해 위령탑의 형태를 그림 3-5와 3-6에서처럼 '십자가'로 결정하기도 했으며,[16] 형태 자체를 소박하게 만들기도 했다. 또 사건이나

16 현재 이 두 탑에 십자가는 존재하지 않는다.

죽은 자에 대해 의미 부여를 하기 마련인 비문(碑文)은 생략한 채, 탑의 이름만을 새겨 넣기도 했다. 비문이 생략된 이유는 미군의 입장을 고려한 측면도 있지만, 다른 한편으로 이 시기는 전쟁이 끝난 직후라서 전쟁과 전쟁에 연관되어 죽은 사람들에 대한 의미 부여 자체가 불가능했기 때문일 수도 있다(大城将保 2002 : 23-24). 마찬가지 이유로 비문이 남아 있는 일부 위령탑의 경우에도 그 비문의 내용은 사실에 대한 담담한 서술 중심이었다(靖國神社國營化反對沖縄キリスト者連絡會 1983 : 5). 오키나와 주민들은 결코 오키나와전에 대한 미군의 해석에 도전하지 않았던 것이다.

1950년대 유골 발굴 사업이 공식적으로 일본 정부의 손에 넘어간 것도 미국 및 미 군정의 양해가 없으면 불가능했다. 자신들이 수행한 '정의의 전쟁'의 적국이었던 일본군의 유해를 발굴하여 일본 정부가 그들을 위령하기 위해 납골소를 만들고 위령탑을 건립하는 것은, 당시 오키나와를 통치하던 미군 당국의 입장에서는 매우 민감한 사안이었다. 제2차 세계대전에 대한 미국의 해석이 걸려 있었던 것이다. 또한 미국은 유골 발굴 사업을 매개로 일본 본토와 오키나와가 강력하게 결속하는 것을 두려워했다. 미군이 오키나와를 일본과 분리하여 직접 통치하는 방향을 선택한 것은 오키나와의 지정학적 위치로 인해 오키나와 미군기지가 동아시아에서 미군이 수행하고 있는 냉전의 물리적 기반이 될 수 있었기 때문이었다. 이 시점에서 미군은 오키나와를 포기할 생각이 없었는데, 혹시 유골 발굴 사업이 일본과 오키나와의 일체화를 가속화할지도 모른다고 우려했던 것이다. 따라서 당시 오키나와의 미군 당국은 이 문제를 단순히 오키나와에 파견나와 있던 일본의 담당 부서와 오키나와 주둔 미군의 문제가 아니라 일본 정부와 미국 정부 사이의 문제로 사고할 수밖에 없었고, 그 때문에 이 문제를 일본 정부와 미국 정부(의 입장을 대변하던 주일 미대사관) 사이에 해결하도록 요청하였다.[17] 미군의 이러한 우려에도 불구하고 미국 정부는 이 제안을 받아들이지 않았을 때 생길 수 있는 일본(본토)의 반미 감정 및 '인도적 차원'에 대한 고려를 함께하여 결국 일본 측의 요구를 수용하기로 했다.

2) 제막식 및 '위령의 날' 행사 진행의 필수 조건 : 미군 희생자에 대한 배려 혹은 기만

오키나와전 희생자 위령과 관련해 미군의 영향력이 가장 강하게 확인되는 중요한 실천은 '국적을 불문하고 오키나와전 희생자 전체를 위령'하는 것이었다. 그것이 가시화된 것은 1960년대 중후반을 거치면서 마부니 언덕 위의 위령비 및 위령탑이 세워질 때나 혹은 6월 23일 '위령의 날' 행사를 개최할 때였다. 미군은 이 시기 오키나와 전역에, 특히 집중적으로 마부니 언덕 위에 오키나와전 및 '남방 지역' 전투에서 사망한 일본군을 추모하는 위령비 및 위령탑이 만들어지자 불편한 감정을 숨기지 않았다. 그러한 상황에서 일본 및 오키나와의 보수 세력이 위령비 및 위령비 준공식과 '위령의 날' 행사를 개최하기 위해서는 미군 희생자를 배려할 수밖에 없었다. 행사 개최 여부의 최종 결정권을 가진 곳은 당시 미 군정이었기 때문이다.

이를 위해 행사 주최자들은 자신들이 위령의 대상으로 하는 것은 일본군인뿐 아니라 전쟁에 희생된 모든 사람이라는 점을 강조하는 전술을 취했다. 가령 1965년과 1966년에 6월 23일 '위령의 날' 행사를 위해 미군과 주고받은 문서에 따르면[18] 죽은 자에 대한 묵념을 올릴 경우 반드시 괄호

---

17 이 문제에 대해서는 주로 浜井和史(2005)와 粟津賢太(2006)를 참조했다.

18 원호과가 1965년 작성한 「잡서雜書(慰霊の日關係)」라는 관련 문서와, "Outline of Implementation of Memorial Services Day Events(1966. 6. 8)," Record Group : 260 :

안에 미군이 포함된다는 사실을 밝혀 놓고 있다.[19] 행사 주최자의 본심은 어떠하든 공식적으로 이들 행사에서 위령의 대상이 되는 사람은 오키나와전에서 사망한 모든 사람이 되었던 것이다. 이런 인도주의적 '외양'을 띤 행사 주최자들의 요구를 미군이 거부할 명분이 없었다.

결국 1960년대 중반 마부니 언덕 위의 공간을 야스쿠니적인 곳으로 만든 세력들이 도달한 위령 방식은 모든 오키나와전 희생자를 위령하는 것이었다. 이것은 앞에서 살펴본 '평화의 주춧돌' 추진 세력이 오랜 시간 노력해서 도달한 지점과 그리 멀지 않은 곳이었다. '오키나와현 유족연합회'가 일본 본토의 보수 세력과는 달리 적과 아를 구분하지 않고 모든 희생자를 구분하지 않고 각명하는 '평화의 주춧돌'의 방식을 문제 삼지 않은 것은 이런 점에서 보면 어쩌면 당연한 것이었다고 할 수 있다.

3) '평화의 주춧돌' : 기만 해소의 의지 및 한계

일본과 오키나와의 보수 세력이 도달한 지점이 '평화의 주춧돌' 추진 세력이 도달한 지점과 유사하다고 해서 '평화의 주춧돌'의 원칙 자체를 과도하게 폄하해서는 안 된다. 왜냐하면 적어도 '평화의 주춧돌'은 1960년대 중후반 이래 실시된 이러한 행사에 내재해 있던 '배려를 가장한 기만'에서 적어도 '기만'이라는 측면을 강하게 삭제했기 때문이다.

Records of the United States, Occupation Headquarters, World War II, Records of the U.S. Civil Administration of the Ryukyu Islands(USCAR), Box No. : 184 of HCRI-LN라는 공문서를 참조했다.

19 「잡서」에는 "(2) 沖縄戦没者追悼式(米軍戦没者及沖縄在籍外地戦没者を含む)"라고 되어 있으며, "Outline of Implementation of Memorial Services Day Events"에는 "b. Okinawa battle war dead memorial services(NOTE : Including overseas war dead whose domiciles are in Okinawa and war dead of U.S. Forces)"라고 되어 있다.

그것이 '기만'이었다는 점은 미군이 강하게 인식하고 있었다. 가령 1964년 미리 제출된 '위령의 날' 행사 프로그램에 대해서 미군 측은 다음과 같은 기록을 남겼다. "죽은 자에게 바쳐질 화환 32개 중 오직 하나의 화환만 미군에 의해 바쳐질 예정임을 알게 되었다. …… 미군이 바친 화환은 나머지 엄청나게 많은 화환에 의해 가려질지도 모른다."[20] 그들은 스스로 들러리였음을 알았던 것이다. 일본군 희생자만을 위령하고 싶다는 일본 및 오키나와 주최 측의 본심을 숨기는 이런 식의 기만에 미군은 속아 주는 척했을 뿐이다. 이러한 미군의 태도를 보여 주는 또 다른 근거는, 그 행사에 주최 측은 오키나와 미 군정의 최고사령관을 항상 초청했지만, 그 직책을 맡은 미군은 단 한 번도 그 행사에 참여하지 않았다는 사실이다. 항상 최고사령관의 참모장이 그를 대신하여 참석했다. 그 이유는 공식적인 문서에서는 나타나지 않지만, '위령의 날' 행사 공문에 밑줄을 긋고 수기로 표기한 내용의 일부에서 유추할 수는 있다. 그들은 알고도 속아 주기가 내심 상당히 불편했던 것이다.

미군이 느끼고 있을 정도의 이러한 기만, 즉 사망한 일본(군)인만을 위령하고 싶지만 어쩔 수 없이 미군 희생자도 포함할 수밖에 없다는 일본 및 오키나와 보수 세력의 태도에서 '평화의 주춧돌'의 기본 이념은 근본적으로 벗어나 있다. 그것은 희생자 범주의 확대라는 측면에서 일차적으로 확인할 수 있다. 미군 및 일본 군인만을 상정하여 '모든 희생자'라고 간주하는 태도에서 일본의 식민지였던 한국 및 대만 피해자들에까지 시야를 확대한 것은 분명 '평화의 주춧돌'이 성취한 '도약'이다. 그 도약의 발판이 되

---

20 "Memorial Services on Memorial Day(1964. 6. 3)," Record Group: 260: Records of the United States, Occupation Headquarters, World War II, Records of the U.S. Civil Administration of the Ryukyu Islands(USCAR), Box No. : 184 of HCRI-LN.

었던 것이 '죽음 앞의 평등'이라는 투명한 논리였다. 앞에서 우리는 이 논리의 도출 과정이 한편으로는 미국의 '베트남전참전기념비'에 대한 정밀한 비판 작업의 결과였고, 다른 한편으로 '옥쇄'론을 거부하며 '생명이야말로 보물'이라고 주장한 오키나와 내부의 지난한 투쟁의 결과였다는 점을 일부 확인했다.[21] 그 과정의 진정성, 즉 기만을 떨쳐 낸 그들의 진심을 의심할 필요는 없다. 그러나 '진심'과 '기만'이라는 대립되는 속성은 내면적인 차원에서만 대립적이고 외양적인 차원에서는 같은 것으로 나타났다. '국적을 불문하고 희생자 모두를 위령한다'는 것이 바로 그것이다. 이 둘의 '내면'을 구분하기 위해서는 너무나 많은 것을 알아야 한다. 그리고 그것은 매우 어렵다.

5. 진정한 '평화의 주춧돌'을 위해서

지금까지 살펴본 것처럼 '평화의 주춧돌'의 근거가 되었던 '죽음 앞의 평등'이라는 투명한 논리는 '평화의 주춧돌'을 '평화의 초석'의 오키나와 버전으로 (의도적으로) 오해했던 세력의 실천에 의해 불투명해졌다. 그 불투명성을 목격한 한국의 보통 사람과 연구자들은 '평화의 주춧돌'을 전폭적으로 지지할 수는 없었던 것이다.

한편 '평화의 주춧돌'의 근본 이념이 '베트남전참전기념비'에 대한 논리적 비판에서 도출되었기 때문에 발생한 문제점도 역시 존재한다. 많은 비판자가 '베트남전참전기념비'의 대안적인 성격은 인정하지만, 그것이 미군

21 이 과정에 대한 보다 자세한 내용은 石原昌家・大城将保・保坂廣志・松永勝利(2002)와 김민환(2012 : 127-142)을 참조.

희생자만을 위한 것이고 그들에 의해 죽임을 당한 베트남 사람들의 존재가 빠졌다고 비판했다. 그런데 그것은 '베트남전참전기념비'에 그들의 이름을 같이 새기라고 촉구하기 위함이 아니었다. 오히려 그것은 '베트남전참전기념비'를 '미국의 가해 책임을 환기하는 기념비'로 의미를 전환하기 위한 '담론적 실천'이라는 측면이 강했다. 그런데 '평화의 주춧돌' 추진 세력은 그 비판을 '실제적 요구'로 받아들였다. 물론 물질적이고 구체적인 대안적 기념비를 만들어야 하는 현실적 필요 때문에 이것은 어쩔 수 없는 측면이 존재했다. 그러나 그렇게 함으로써 미국의 가해 책임을 말하고자 했던 비판이라는 원래의 뜻과 어긋나게 되었다. '평화의 주춧돌'에 가해자의 진심 어린 반성과 사과 없이 가해자와 피해자의 이름이 한곳에 새겨짐으로써 '일본의 가해 책임'이 보이지 않게 되었던 것이다. 이 부분은 식민지배의 '피해자'인 한국인 유가족들 및 보통의 한국 사람들의 '감정'과 근원적으로 상충하는 지점이다.

이 점을 강하게 지적한 사람이 아라사키 모리테루(新崎盛暉)였다. 그는 1995년 3월 간행된 『케시후(けーし風)』에서 '평화의 주춧돌'은 국적과 군인·민간인 여부를 묻지 않고 사망자의 이름을 각명한다는 이념에 인도된 결과, '야스쿠니 합사와 유사한 문제가 생겨나지 않았는가' 하는 위험과 두려움을 표명하였다. 아라사키는 전쟁 지도자 및 가해자와, 일반 주민 및 피해자를 같은 위상으로 간주하는 것은 전쟁책임의 소재를 모호하게 하는 것일지도 모른다는 점을 우려했던 것이다(新崎盛暉 1995 : 46-47).

이러한 의문에 대해 '각명검토위원회'의 좌장 이시하라 마사이에는 '평화의 주춧돌'과 '신자료관'을 세트로서 연관시킴으로써 그러한 의문은 해소될 것이라는 입장을 밝혔다. 즉 '평화의 주춧돌'은 건립 계획 수립 단계부터 '신자료관'과 연동되는데, '신자료관'에서 '전쟁이 왜 발생했는가, 전쟁

지도자와 민중, 전시에서 가해자와 피해자의 관계' 등을 학습함으로써 '평화의 주춧돌'이 안고 있는 약점은 보완될 수 있으며, 이 과정을 거쳐 '평화의 주춧돌'을 방문하는 사람들은 죽은 자의 '전사한 이유'을 알게 된다고 주장했다(石原昌家 1995 : 74-77). 그러나 '평화의 주춧돌' 기획자들의 이러한 주장은, 만약 '신자료관' 전시 내용이 바뀌게 되면, '평화의 주춧돌' 자체의 내용도 함께 바뀔 수 있다는 약점이 있었다. 그리고 앞에서 언급한 것처럼 실제로 그런 일이 발생했다.

'평화의 주춧돌'을 두고 발생한 한중일3국공동역사편찬위원회의 일본 측 인사와 한국 측 인사 사이의 의견 불일치는, 순수한 추진 의도 및 투명한 논리에 대한 일본 측의 옹호와 그것의 불투명한 혹은 '오염된' 발현 형태에 대한 한국 측의 불만이 충돌한 것이라고 할 수 있다. 이 장은 그 점을 명확하게 하기 위한 시도로 기획되었다. 그렇다면 이제 남은 문제는 하나다. 이 불일치를 어떻게 '해소'해야 하는가이다. 혹은 과연 이것을 '해소'하는 것이 올바른 일일까?

가장 먼저 해야 할 일은 양측이 서 있는 지평을 동일하게 하는 것이다. 가령 일본 측의 경우, 추진 의도 및 핵심 원리와는 일부 어긋나게 '평화의 주춧돌'이 현실화되었다는 점을 인정하는 것이다. 이를 인정하는 것이 자신들 원칙의 부정으로 직결되지는 않는다. 마찬가지로 한국 측의 경우, 그들의 추진 의도에 대해 이해할 필요가 있다. 왜냐하면 '평화의 주춧돌'은 오키나와 전쟁에서 사망한 모든 희생자들을 기리는 기념 조형물이기도 하지만, 다른 한편으로 오키나와에서 일본 및 오키나와의 보수 세력과 투쟁해 온 추진 세력 스스로를 위한 기념 조형물이기도 하기 때문이다. 그것은 그들의 '정체성'과 관련 있는 것이다. 그들의 '정체성'을 인정하지 않으면 대화가 불가능해진다.

이 문제는 일본 내에서 일본의 전쟁책임 문제를 인정하고 그것을 해결하려는, 그리고 그를 위해 한국의 시민사회와 연대하려는 일본의 시민사회와 우리가 어떤 관계를 맺어야 하는가 하는 보편적인 질문과도 연결된다. 가령 일본 야마구치(山口)현에서 활동하고 있는 '조세이 탄광 사고를 역사에 새기는 모임'(長生炭鑛の'水非常'を歷史に刻む會, 이하 '새기는모임')의 위령비 건립 활동은 규모는 작지만, 오키나와 '평화의 주춧돌'의 건립 과정과 아주 동형적이다.[22] 조세이 탄광 사고는 1942년 2월 3일 갱구 1010미터 지점에서 물이 새어 나오기 시작했고, 곧 갱도에 물이 차 183명의 희생자가 발생했다. 『우베시사(宇部市史)』에는 희생자 중 135명이 조선 출신이었다고 기록되어 있다. 1982년 이 사건의 희생자를 위해 '조세이 탄광 순난자를 위한 추모비'(長生炭鑛殉難者之碑, 이하 '순난자추모비')가 건립되었다. 그런데 '순난자추모비'는 오직 일본인 희생자들을 위한 추모비였으며, 그 내용은 '초석론'을 충실히 반영하였다. 여기에 반발하여 '새기는모임'은 새로운 위령비를 조성하는 운동을 전개하였다. 그들은 처음에 일본인 희생자와 한국인 희생자 이름을 함께 새긴 위령비를 구상하였다. 그러나 이 사건의 한국인 희생자 유족들이 그러한 형태의 위령비 건립을 격렬하게 반대하였다. 이 반대에 '새기는모임'은 매우 당황했다. 자신들의 원칙이 거부되리라고 생각하지 않았던 것이다. 이 때문에 '새기는모임' 내부 토론을 거쳐 다음과 같은 모습으로 위령비를 새롭게 구상했다. 원주 모양의 추모비 2개를 세

22 이 부분은 야마토 유미코(2013) 및 야마토 유미코(大和裕美子)와의 인터뷰를 통해 작성되었다. '새기는모임'의 위령비에 대한 해석은 필자와 야마토 유미코의 공동토론 결과 도출된 것이며, 이 내용을 필자는 여기에, 야마토 유미코는 자신의 박사학위논문(2014)에 반영하였다. 논문과 인터뷰를 통해 '새기는모임'의 활동을 알려 주었으며, 사진 등 추가적인 자료를 제공해 준 야마토 유미코에게 진심으로 감사드린다.

우고 각각 '일본인 조세이 탄광 수몰 사고 추모비'와 '조선인 조세이 탄광 수몰 사고 추모비'라는 글자를 새긴 후, 2개의 추모비 사이를 다리로 연결하는 것이었다.

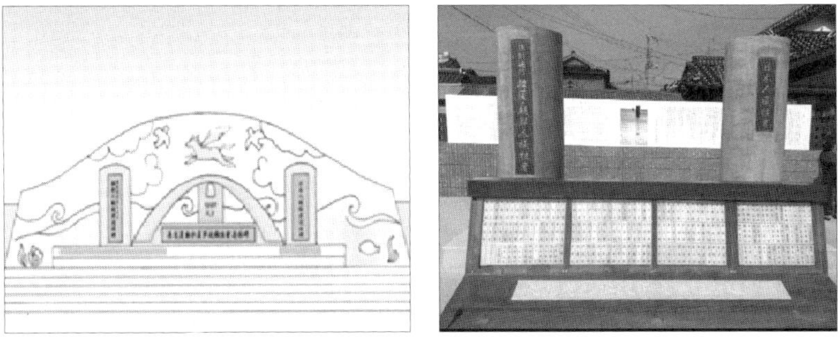

그림 3-7. '새기는모임'의 위령비 도안과 실제 건립된 위령비
출처 야마토 유미코(大和裕美子) 제공

그런데 실제 건립된 위령비에는 둘을 연결하는 '다리'가 없다. 다리가 없기 때문에 이 위령비의 '일본인 위령비' 부분은 이전의 '순난자추모비'와 아주 유사해졌다. 그러나 이 둘은 전혀 다른 것이다. '일본인 위령비'는 '순난자추모비'에 대항해 왔던 '새기는모임' 스스로를 기념하는 비의 성격이 강하기 때문이다. 두 위령비를 연결하는 다리가 없는 것은 한국인 희생자 및 유족들과 '새기는모임'이 대표하는 일본의 시민사회 사이에 '다리'가 아직 놓이지 않았다는 점을 오히려 강조하는 듯하다.

그것은 또한 '평화의 주춧돌'을 사이에 두고 다리가 놓이지 않은 한일 양측의 현재 모습을 떠올리게 한다. 이 점을 직시해야 다리를 놓기 위한 다음 단계로 이행할 수 있다. 그러한 점에서 한일 양측이 관련 부분을 각자의 입장에서 서술하고 논의 과정에서의 차이를 별도로 서술하자고 한 한

중일3국공동역사편찬위원회의 한국 측 제안은 사실상 현 시점에서 최선의 제안이라고 할 수 있다. 앞으로 진행될 논의의 출발점을 명확하게 적시하고 있기 때문이다. 거기에서 출발해 서로에게 닿을 '다리'를 놓는 것은 우리 모두에게 남겨진 과제이다.

참고문헌

■ 1차 자료

援護課(1965), 「雑書(慰霊の日関係)」, 第三八號 第三種, 援護課.

平和の礎刻銘検討委員會(1993), 「第五回 平和の礎刻銘検討委員会議事録」.

"Memorial Services on Memorial Day(1964. 6. 3)," Record Group : 260 : Records of the United States, Occupation Headquarters, World War II, Records of the U.S. Civil Administration of the Ryukyu Islands (USCAR), Box No. : 184 of HCRI-LN.

"Outline of Implementation of Memorial Services Day Events(1966. 6. 8)," Record Group : 260 : Records of the United States, Occupation Headquarters, World War II, Records of the U.S. Civil Administration of the Ryukyu Islands(USCAR), Box No. : 184 of HCRI-LN.

■ 2차 자료

1. 논문

김민환(2008), 「일본 군국주의와 탈맥락화된 평화 사이에서 : 오키나와 평화기념공원을 통해 본 오키나와전 기억의 긴장」, 정근식 · 주은우 · 김백영 편, 『경계의 섬, 오키나와 : 기억과 정체성』, 논형.

나카야마 요시히코(2001), 「오키나와 현립 평화자료관의 展示 개악 문제와 4 · 3 사건」, 『4 · 3과 역사』 창간호.

다카지마 노부요시(2001), 「일본 평화기념자료관의 형성과 위기」, 정근식 · 김하림 · 김용의 책임편집, 『동아시아와 근대의 폭력 2』, 삼인.

야마토 유미코(2013), 「일본 시민사회의 식민지 지배 기억운동 : '조세이탄광 수몰사고를 역사에 새기는 모임'의 사례를 중심으로」, 정근식 · 나오노 아키코 편, 『기억과 표상으로 보는 동아시아의 20세기』, 경인문화사.

정근식(2008), 「오키나와 한센병사에서의 절대격리체제 형성과 변이」, 정근식 ·

주은우·김백영 편, 『경계의 섬, 오키나와 : 기억과 정체성』, 논형.
大城将保(2002), 「沖縄戦の真実をめぐって : 皇軍史観と民衆史観の確執」, 石原昌家·大城将保·保坂廣志·松永勝利, 『争点·沖縄戦の記憶』, 社會評論社.
粟津賢太(2006), 「集合的記憶のポリティクス — 沖縄におけるア太平洋戦争後の戦没者記念施設を中心に」, 『国立歴史民俗博物館研究報告』 126집.
保坂廣志(2004), 「沖縄戦の記憶と記録」, 『琉球大学法文学部紀要 人間科学』 14호.
浜井和史(2005), 「沖縄戦没者をめぐる日米関係と沖縄」, 『外交史料館報』 19호.
石原昌家(1995), 「戦没者刻銘碑 '平和の礎'が意味するもの」, 『季刊 戦争責任研究』 8호.
______(2007), 「'援護法'によって捏造された'沖縄戦認識' : '靖國思想'が凝縮した'援護法用語の集団自決'」, 『沖縄国際大学社会文化研究』 Vol. 10, No.1.
新崎盛暉(1995), 「'平和の礎'問題を考える」, 新沖縄フォーラム 『けーし風』 6호.
屋嘉比收(2000), 「'ガマ'が想起する沖縄戦の記憶」, 『現代思想』 6월호.
______(2002a), 「戦沒者の追悼と平和の礎」, 『季刊 戦争責任研究』 36호.
______(2002b), 「歴史を眼差す位置 — '命どぅ宝'という発見」, 上村忠男 編, 『沖縄の記憶 / 日本の歴史』, 未來社.
一ノ瀬俊也(2002), 「戦後地域社会における戦死者'追悼'の論理」, 『季刊 戦争責任研究』 37호.
Figal, Gerald(2003), "Waging Peace on Okinawa," in Hein and Selden ed., *Islands of Discontent*, Rowman & Littlefield Publishers.
Griswold, Charles(1986), "The Vietnam Veterans Memorial and the Washington Mall : Philosophical Thoughts on Political Iconography," *Critical Inquiry* 12.
Sturken, Marita(1997), "The Wall and the Screen Memory : The Vietnam

Veterans Memorial," in *Tangled Memories*, Univ. of California Press.

Wagner-Pacifici, Robin and Barry Schwartz(1991), "The Vietnam Veterans Memorial : Commemorating a Difficult Past," *American Journal of Sociology* 9(2).

Yonetani, Julia(2003), "Contested Memories," in Hook and Siddle ed., *Japan and Okinawa*, RoutledgeCurzon.

2. 단행본 및 학위논문

김민환(2012), 「동아시아의 평화기념공원 형성과정 비교연구」, 서울대학교 대학원 박사학위논문.

나카노 도시오(2005), 서민교 · 정애영 역, 『오쓰카 히사오와 마루야마 마사오 : 동원, 주체, 전쟁책임』, 삼인.

노마 필드(1995), 박이엽 역, 『죽어 가는 천황의 나라에서』, 창작과비평사.

마루카와 데츠시(2010), 장세진 역, 『냉전문화론 : 1945년 이후 일본의 영화와 문학은 냉전을 어떻게 기억하는가』, 너머북스.

베네딕트 앤더슨(1991), 윤형숙 역, 『민족주의의 기원과 전파』, 사회비평사.

한중일3국공동역사편찬위원회(2012a), 『한중일이 함께 쓴 동아시아 근현대사 1 — 국제 관계의 변동으로 읽는 동아시아의 역사』, 휴머니스트.

______(2012b), 『한중일이 함께 쓴 동아시아 근현대사 2 — 테마로 읽는 사람과 교류의 역사』, 휴머니스트.

大田昌秀(1985), 『沖縄戦戦没者を祀る慰霊の塔』, 那覇出版社.

______(2007), 『沖縄戦の教訓と慰霊 : 沖縄の'慰霊の塔'』, 那覇出版社.

大和裕美子(2014), 「長生炭鉱をめぐる記憶の構図と記憶実践 —〈長生炭鉱の"水非常"を歴史に刻む会〉を事例に」, 九州大學比較社會文化學府 博士論文.

林房雄(1964), 『大東亜戦争肯定論』, 番町書房.

______(1965), 『続 · 大東亜戦争肯定論』, 番町書房.

北村毅(2009), 『死者たちの戦後誌：沖縄戦跡をめぐる人びとの記憶』, 御茶の水書房.

石原昌家・大城将保・保坂廣志・松永勝利(2002), 『争点・沖縄戦の記憶』, 社會評論社.

新崎盛暉 外(1997), 『観光コースでない沖縄』 3판, 高文硏.

靖國神社國營化反對沖縄キリスト者連絡會(1982), 『戦争賛美に異議あり! — 沖縄における慰霊塔碑文調査報告』, 靖國神社國營化反對沖縄キリスト者連絡會.

回天(基地)を保存する會(1999), 『回天記念館概要・收蔵目録』, 回天(基地)を保存する會.

3. 신문

『매일경제신문』

4. 인터넷 사이트

오키나와평화기념재단 http://heiwa-irei-okinawa.jp

제4장

오키나와전투와 '1피트운동'의 기억의 정치

주은우

1. 오키나와와 '기억을 둘러싼 전쟁'

2009년 9월 일본에서는 민주당 주도의 연립 정권이 출범하여 1955년부터 자민당이 주도해 온 정국 구도에 종지부를 찍었다.[1] '55년 체제' 수립 이후 54년 만의 정권 교체를 이끈 하토야마 유키오(鳩山由紀夫) 총리는 곧 후텐마(普天間) 기지 이전 문제를 두고 미국과 재협상을 시도했다. 오키나와 본섬 기노완(宜野湾)시 중앙에 위치한 미군의 후텐마 비행장은 애초의 반환 약속을 깬 양국 정부에 의해 나고(名護)시 헤노코(辺野古) 지역으로의 이설이 예정되어 있었다. 그러나 오키나와 주민들의 반대를 수용해 기지의 현외 이설을 추진하려던 하토야마의 시도는 관료들과 기성 정계의 비협조와 무엇보다 미국의 강경 대응에 맞닥뜨려 실패했고, 1996년부터 격

1 그에 앞서 1993년 일본신당 호소카와 모리히로(細川護熙) 총리의 단명했던 8개 야당 연립 정권 출범으로 38년에 걸친 자민당의 1당 지배가 끝난 바 있기는 했다.

렬한 갈등과 논란의 중심에 있던 후텐마 기지는 결국 2010년 6월 2일 총리가 사임하고 하토야마 내각이 260일의 단명 내각으로 끝나는 실질적인 원인이 되었다(진필수 2011).

이 일은 일본 국토의 0.6퍼센트에 불과한 면적에 재일 미군기지(전용 시설)의 74.6퍼센트가 집중되어 있는 '기지의 섬' 오키나와의 상황에 대해 약간의 개선을 기도하는 것조차 아직도 얼마나 난망한 일인지 잘 보여 준다. 두 번에 걸쳐 오키나와 현지사(1991~1998)를 역임한 바 있는 오타 마사히데(大田昌秀)가 역설하듯이 '오키나와 문제'는 곧 '기지 문제'라고까지 할 수 있을 정도이며, 정치와 경제뿐 아니라 오키나와의 정체성과 자율성, 문화적 독자성, 역사적 기억 등 모든 쟁점들은 이와 연결된다(Yonetani 2003 : 245). 이 전후(戰後) 오키나와 문제의 기원은 무엇보다 '오키나와전투'에 있다(정영신 2008 : 186).[2] 그리고 이 "오키나와전투는 오키나와 역사에서 가장 외상적인(traumatic) 사건이며 현대 오키나와에서 가장 논쟁적인 기억(과 추도)의 자리이다"(Hein and Selden 2003 : 12).

그런 만큼 오키나와전투에 대한 기억은 늘 치열한 투쟁의 대상이기도 하다. 2007년 3월 30일 문부과학성의 전년도 교과서 검정 결과 공표에서는 5개 출판사 7종의 고등학교 역사 교과서에 대해 오키나와전투 당시 '집단자결'에 대한 기술에서 일본군에 의한 명령 · 강제 · 유도 등의 표현을 삭제 · 수정시킨 것이 밝혀졌고, 다음 날 신문들은 교과서 검정에서 군의

---

2 오키나와의 기지화 · 요새화는 미군에 앞서 일본군에 의해 이미 시작되었으며, 오키나와전투 당시 미군은 상륙 당일부터 확보한 (애초에 일본군이 건설했던) 비행장을 정비해 활용하는 등 기지 건설과 전투를 병행했다. 오키나와전투를 일본과 오키나와에서는 '오키나와전(沖縄戦)'이라 부른다. 이 글에서는 이 용어를 '아시아 · 태평양전쟁'과 '제2차 세계대전'의 하위 개념으로서 '오키나와전투'와 문맥에 따라 병용한다. 영어로는 'the Battle of Okinawa'로 표기된다.

'집단자결' 관여가 부정된 것으로 대대적으로 보도했다. 이 검정 결과는 광범위한 비판과 항의를 불러일으켰다. 특히 오키나와의 항의는, 현내 63개 단체가 공동 주최한 '6·9 오키나와전의 역사 왜곡을 불허하는 오키나와 현민 대회(6·9沖縄戦の歴史歪曲を許さない! 沖縄県民大会)'에 3천5백 명이 집결했고, 9월 29일 기노완해변공원에서 열린 '교과서 검정 의견 철회를 요구하는 현민 대회(教科書検定意見撤回を求める県民大会)'에는 주최 측 집계 11만 명이 운집하여, 가히 '섬 전체 운동(島ぐるみ運動)'의 양상을 띨 정도로 거셌다(大城将保 2007 : 15-22).[3]

교과서 검정 결과에 대한 오키나와의 항의는 오키나와 자신의 기억에 왜곡과 망각이 강요되는 데 대한 저항이며, 국민국가 일본의 공식 역사 구성에 오키나와가 부당한 방식으로 동원되는 데 대한 거부이다. 19세기 후반 류큐왕국이 오키나와현이 되어 일본에 공식적으로 편입되고 난 뒤에도 오키나와는 '내부 식민주의'(Hook and Siddle 2003 : 12)에 의한 차별의 대상이었고, 한술 더 떠 태평양전쟁 막바지에는 일본 영토에서 벌어진 유일한 지상전의 무대가 되어 본토 방위를 위해 엄청난 희생을 치러야 했다. 또 전후에는 미국과 일본의 중심-위성 관계에 의해 '이중 식민지화'(McCormack 2003 : 93)되어 '기지의 섬'으로서 미·일 안보 동맹 체제와 일본의 경제적 번영을 위한 희생양 역할을 강요받아 왔다. 이렇게 희생과 그에 대한 저항으로 점철된 고단한 역사와 체험으로 인해, 모든 영역에서 '오키나와의 기억'

3 후자의 현민 대회는 DVD 「教科書検定意見撤回を求める県民大会 ― 資料編」(「9·29県民大会」ビデオ製作委員会 2007) 참고. '섬 전체 운동'은 1950년대의 '섬 전체 투쟁(島ぐるみ闘争)'(아라사끼 모리테루 1998 : 82-84) 이래의 오키나와의 저항 전통을 잇는 것이기도 하다.

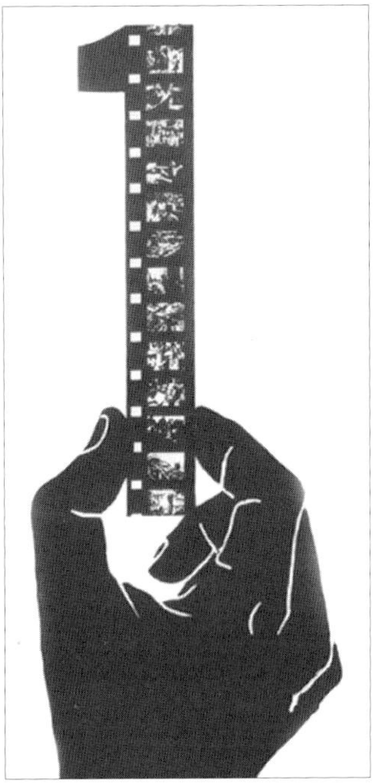

■ 그림 4-1. 1피트운동의 로고
출처 1피트운동 인터넷 홈페이지

은 '일본의 역사'와 마찰음을 일으키고 그 내부에서 파열음을 일으킬 수밖에 없다(上村忠男 編 2002).

영상 문화 역시 그 한 영역이다. 예컨대 2003년 야마가타(山形)국제다큐멘터리영화제에서는 〈류큐 전영 열전(琉球電影列伝)〉이라는 오키나와 특집이 기획되어 극영화, 다큐멘터리, 뉴스영화, 텔레비전 드라마와 보도물 등 다양한 장르에 걸쳐 80여 편의 영상물이 상영되었는데(仲里効 外 編 2003 ; 浅川志保・山本アン 編 2003 : 95-124), 코디네이터 역을 담당했던 오키나와의 비평가이자 사진작가, 시나리오작가인 나카자토 이사오(仲里効)는 이 특집 프로그램의 도쿄 상영 심포지엄에서 "기억을 둘러싼 전쟁"이 이미 시작되었으며, 〈류큐 전영 열전〉을 통해 "오키나와전의 보복 전쟁"을 준비하고 '일본 복귀운동'을 포함한 오키나와 전후를 "재심"할 것이라고 발언해 파장을 일으켰다(仲里効 外 2004 : 5 ; 比屋根薫 2004 : 84 ; 我部聖 2005 : 11).

오키나와에서 전개되었던 '1피트운동(1フィート運動, the One-foot Film Movement)'은 이런 맥락에서 주목할 만하다. 이 운동은 오키나와전투 당시 미군이 촬영한 필름들을 모금을 통해 각자 1피트씩 사들임으로써 오키나와전투의 영상 기록들을 오키나와 주민들 자신의 손으로 되찾고 오키나와 주민의 시점에서 재구성하여, 이 영상 기록들을 통해 전쟁을 모르는 아이들에게 오키나와전투의 실상을 전하고 세계를 향해 평화를 희구하고자 한 풀뿌리 평화운동이자 영상운동이다(주은우 2007 : 299 ; 아라사키 모리테루 2008 : 156). 이 운동을 수행한 '1피트운동 모임'은 1983년 12월 8일 결성되어 기록 필름 구입과 수집, 기록영화 제작과 상영, 전쟁 체험자 강사 파견 및 평화 심포지엄, 평화운동 참여 등 약 30년간 다양한 활동을 활발하게 펼치다 2013년 3월 15일 해산했다(그림 4-1, 4-2 참조).[4]

오키나와전투는 전전(戰前)의 오키나와가 겪었던 '내부 식민주의'의 비극적 귀결점이자 전후의 오키나와가 종속된 '이중 식민지화'의 출발점이라는 점에서 '일본의 역사'와 '오키나와의 기억' 사이에 벌어지는 갈등의 정점을 이룬다. 바로 이런 오키나와전투를, 오키나와인 자신들이, 오키나와의 시점에서 기억하고, 그 기억을 자라나는 세대에게 전해 주는 것을 목표로 한 1피트운동은 '기억의 정치'의 정수를 보여 준다 할 것이다(주은우 2007 : 315).

---

4 1피트운동의 홈페이지에 해산 선언문이 게시되어 있다(http://www.geocities.jp/okinawa1feet/).

■ 그림 4-2. 2005년 2월 필자가 '오키나와 미군 기지의 정치사회학' 연구진의 일원으로 방문했던 헤노코의 미군기지 이설 반대 투쟁 현장에 있던 1피트운동의 '평화 캘린더'
출처 연구진 동료의 촬영(2005. 2. 18)

그것은 바로 오키나와전투에 대한 '기억을 둘러싼 전쟁'의 일환이자 '오키나와전의 보복 전쟁' 자체이다.

2. 오키나와전투와 1피트운동

1) '철의 폭풍'

오키나와전투는 일본 역사를 통틀어 일본 영토에서 벌어진 유일한 지상전이다. 또한 오키나와전투는 태평양전쟁의 마지막 전투이자 가장 격렬한

전투로 평가되며, 제2차 세계대전 전체에서도 가장 격렬했던 전투로 평가되기도 한다.[5] 미군은 오키나와를 점령하기 위해 해상과 지상에서 또 공중에서 엄청난 포격과 폭격을 가했으며, 쏟아지는 포탄과 폭탄의 불바다로 인해 오키나와전투는 '철의 폭풍(鉄の暴風, typhoon of steel)'이라 불리게 되었다.

미군은 1944년 10월 3일 오키나와 공략을 결정하고('아이스버그 작전 Operation Iceberg') 일주일 뒤 대규모 공습을 단행했다(10 · 10 대공습). 1945년 3월 23일과 24일 오키나와 본섬에 대한 폭격과 함포 사격을 각각 개시한 미군은 3월 26일 케라마(慶良間) 열도에 상륙했고, 4월 1일 요미탄(読谷)에서 차탄(北谷)에 이르는 오키나와 본섬 중서부 해안에 상륙해 북상과 남하를 동시에 개시했다.

오키나와 수비군인 제32군의 주력 부대는 중남부 구릉지대에 지하 요새를 구축하고 있었으므로 처음에는 소풍 가듯이 상륙해 행군하던 미군은 기노완의 카카즈(嘉数) 고지에서 제32군 사령부가 지하에 구축되어 있던 옛 류큐왕국의 슈리(首里)성에 이르는 10킬로미터를 돌파하기 위해 약 50일간의 사투를 벌여야 했다. 일본군은 결국 5월 말 본섬 최남단 마부니(摩文仁)로 퇴각했다. 6월 18일 미군 사령관 버크너(Simon B. Buckner, Jr.) 중장이 전선 시찰 중 전사했으나, 6월 23일에는 제32군 사령관 우시지마 미츠루(牛島満) 중장과 참모장 조 이사무(長勇) 중장이 자결함으로써 일본군의 조직적 저항이 종료되었다. 그러나 사령관이 죽기 직전 최후의 일인까지 싸우라고 명령했기 때문에 전투는 곧바로 끝나지 않았다. 미군이 오키나와 작전의 종료를 선언한 것은 7월 2일이었고, 일본군이 카데나(嘉手納)에서

5 또한 미국이 동아시아에서 마지막으로 승리한 전투이기도 하다(찰머스 존슨 2003 : 77).

오키나와전투 항복문서에 조인한 것은 일본 정부가 9월 2일 미주리 함상에서 항복문서에 조인하고 나서인 9월 7일이었다.[6]

미군은 지상군만 18만 명 이상, 해군과 보급 부대까지 합해 54만 명 이상의 병력을 이 전투에 투입했다. 일본군은 11만 명 이상의 병력을 투입했는데, 그중 3분의 1은 오키나와 현지에서 징집한 보조 병력이었다. 오키나와현 원호과의 자료에 따르면 총 20만 656명의 사람들이 이 전투에서 사망했다. 미군 1만 2520명, 타 지역 출신 일본군 6만 5908명이 전사했고, 오키나와현에서 차출된 군인과 군속 2만 8228명, 민간인 9만 4천 명이 목숨을 잃어, 오키나와 현민의 희생은 12만 2228명에 달했다(정영신 2008 : 182). 이는 당시 오키나와 인구의 4분의 1 이상에 해당하며, 따라서 오키나와에서 오키나와전투의 영향을 받지 않은 가족은 거의 없다고 할 수 있다(Hein and Selden 2003 : 13). 이 외에 군부(軍夫)나 '군위안부'로서 강제로 끌려온 조선인 약 1만 명이 희생되었으나 그 정확한 숫자는 밝혀지지 않았다(아라사끼 모리테루 1998 : 71-72).

덴고(天号) 작전을 통해 1500회가 넘는 가미가제(神風) 특공(즉 자살) 공격으로 미군을 괴롭힌 일본 해군은 사상 최대의 전함 야마토호를 비롯한 함선 16척과 7830대의 항공기를 잃었고, 미군은 36척의 함선이 침몰되고(파손 368척) 763대의 항공기가 파괴되었다(大田昌秀 1983 : 248). 오키나와전투는 미 해군에게는 진주만 기습을 포함해 단일 전투로는 제일 많은 함선을 잃은 전투였다. 육군과 해병대로서도 작은 면적의 섬에서 어느 전투보다도 더 많은 피를 흘린 전투였고, 양측 지상군 사령관이 모두 전사했다. 장

6 미야코(宮古)섬 수비군은 9월 26일에야 항복했다. VHS 「1フィート映像でつづるドキュメント沖縄戦」(子どもたちにフィルムを通して沖縄戦を伝える会 1995).

기간의 격렬한 전투와 파괴, 민간인을 포함한 엄청난 인명 희생에 충격을 받은 미국은 전쟁을 끝내는 방법으로 일본 본토에서의 지상전이 아닌 다른 방법을 모색하게 되었다.[7] 이 때문에 오키나와에서의 치열한 전투는 히로시마(広島)와 나가사키(長崎) 원폭 투하의 원인을 제공한 것으로 평가되기도 하는 것이다(찰머스 존슨 2003 : 77-78).

원래 일본 대본영(大本營)은 1944년 3월 오키나와 수비군으로 제32군을 창설하면서 오키나와를 항공기지화해 남방 진출로를 방비하려 했다(오키나와의 '불침항모'화). 그러나 우시지마 사령관(8월 8일 취임)과 조 참모장, 그리고 참모 야하라 히로미치(八原博通) 대좌 등 제32군 수뇌부는 오키나와에서의 전쟁 가능성이 커지고 11월 휘하 정예 병력인 제9사단이 타이완으로 차출되자 '전 섬의 요새화'를 통한 '전략 지구전(持久戰)'을 추진했다. 10월 하순 필리핀 레이테 해전에서 패한 후 대본영 역시 1945년 1월 '본토 결전'을 위한 오키나와 방어 구상으로 전환했다. 그 결과 오키나와전투는 '현지 자급의 총동원 작전' 양상을 띠며 어린 학생들을 비롯한 민간인이 총동원된 총력전이 되었다. 미군 또한 오키나와를 본토 공격을 위한 전초 기지로 활용하려 했기에 일본군을 확실하게 괴멸·소탕할 필요가 있어 무차별 포격으로 오키나와 전토를 유린하는 방식을 취했다('철의 폭풍'). 오키나와전투가 장기간의 격렬한 지상전이 되어 엄청난 희생자를 낸 것은 이 때문이었다. 게다가 고립된 좁은 지역에서 전투가 벌어져 '군민혼재'의 전장이 되어 '정규 군인을 상회하는 주민 희생'을 야기했다(정영신 2008 : 176-183).

---

7 DVD 「Okinawa: The Last Battle」(The History Channel 1995 방영, A&E Television Networks, 2005). 오키나와전투가 미국인들에게 남긴 강렬한 인상은 다른 프로그램에서도 발견된다. DVD 「Battlefield : Destination Okinawa」(The Discovery Channel 방영, Allegro Corporation, 2008).

근본적으로 일본의 지도부는 오키나와를 미군의 본토 상륙을 최대한 늦추어 본토 결전을 위한 시간을 벌고, '국체호지(国体護持)', 즉 천황제 유지를 조건으로 한 강화 교섭의 길을 모색하기 위해 이용하고 버리는 '사석(捨石)'으로 삼았다. 지하 요새와 방공호를 구축한 지구전이라는 제32군의 작전이나 '본토 결전을 위한 오키나와 방어'라는 대본영의 구상(및 정예 병력의 타이완 차출)은 바로 이를 의미했다. 아라사키 모리테루(1998 : 70-71, 2008 : 19-20)가 지적하듯이 그간 일본군은 사령부를 사수할 수 없게 되면 '옥쇄(玉碎)'했으나 오키나와전투에서는 사령부를 버리고 패잔병들을 모아 남쪽으로 달아났는데, 이는 '사석 작전'에 입각했기 때문이다. 주민을 희생시키더라도 가능한 한 조금이라도 더 오래 미군을 오키나와에 붙잡아 두려 했던 것이다. 그렇기 때문에 민간인의 안위는 더더욱 일본군의 관심사가 되지 못했다.[8]

여기에 오키나와에 대한 내부 식민주의적 차별과 천황제 이데올로기는 상황을 더 악화시켜, 일본군은 주민들을 학대하고 군대를 위한 희생을 강요했을 뿐만 아니라 종국에는 집단자결을 선동하거나 강제했으며(노마 필드 1995 ; 도미야마 이치로 2002), 스파이 혐의 등을 씌워 학살하기도 했다(야카비 오사무 2008 ; Allen 2003). 이로 인해 오키나와전투에서 오키나와 주민들은 단순히 정규군보다 더 많이 희생된 것을 넘어, 적군이 아니라 '아군'에 의해 더 많은 희생을 당했던 것이다.

8 예컨대 제32군 참모장 조 이사무는 1945년 초 군의 중요한 사명은 전쟁에서 승리하는 것이며 민간인들을 구하기 위해 패배를 감수할 수는 없다고 공개적으로 말했다(Allen 2003 : 48-49).

2) 1피트운동의 출범[9]

'1피트운동'은 이 같은 오키나와전투의 실상을 기록 영상을 통해 알리고자 하는 풀뿌리 시민운동이었다. 이 운동을 전개한 '오키나와전 기록 필름 1피트운동 모임(NPO法人 沖縄戦記録フィルム1フィート運動の会)'의 원래 이름은 '아이들에게 필름을 통해 오키나와전을 알려 주는 모임(子どもたちにフィルムを通して沖縄戦を伝える会)'으로서, 이 단체와 1피트운동의 목적은 이 이름 자체에 잘 나타나 있다.[10]

일본의 뉴스영화와 기록영화는 제국의 팽창과 처음부터 나란히 발전해 왔다(Nornes 2003). 그럼에도 오키나와전투에 관한 일본 측 영상 기록은 남아 있는 것이 없었다. 1930년대 말까지는 신문사들이 뉴스영화를 주로 만들었는데, 1939년의 영화법 제정 이후 정부에 의해 1940년 4월 아사히(朝日), 마이니치(毎日 : 도쿄니치니치신문東京日日新聞과 오사카마이니치신문大阪毎日新聞), 요미우리(読売) 세 신문사와 도메이통신사(同盟通信社)의 뉴스영화 부문들이 통합되어 일본뉴스영화사(日本ニュース映画社)가 창립되었다. 이듬해 일본영화사(日本映画社, 니치에이日映)로 이름을 바꾼 이 영화사는 한때 1천 명의 스태프를 국내외에 파견하며 전시 선전 영화 제작을 주도했으며, 그 중심에는 1940년 6월부터 나온 「일본뉴스(日本ニュース)」가 있다.[11] 그러나 오키나와전투와 관련해서는 「오키나와 결전(沖縄決戦)」과 「의열 공정 부대(義烈空挺部隊)」 두 편의 필름만 남아 있을 뿐이었고, 여기에서도 내레이션과 달리 영상은 오키나와전투와 상관없는 것들이었다(仲里効 外 編 2003 : 24).

---

9 2), 3)은 주은우(2007 : 299-303)의 내용을 수정하고 새로운 내용을 더해 확대한 것이다.

10 반면에 1피트운동 모임의 영어 이름(Okinawa Historical Film Society)은 다소 모호하다.

11 Nornes(2003 : 61-66 등), 일본어판 위키피디아(ja.wikipedia.org) '日本映画社' 항목 참조.

반대로 미군은 오키나와전투를 처음부터 끝까지 철저히 촬영하여 막대한 양의 동영상과 사진들을 남겼다. 원래 미국 정부와 군부는 전쟁 초부터 영화를 이용해 참전의 정당성을 선전하고 국민들의 지지를 호소해 왔는데, 전쟁 말기에는 다가오는 냉전의 적국들이 가하는 압력 속에 자신이 수행한 전쟁의 '사실'을 의식적으로 기록해 둘 필요성도 생겼다(浅川志保・山本アン編 2003 : 101).[12] 따라서 미군은 각 부대에 카메라맨을 배치해 '아이스버그작전'의 모든 것을 카메라에 담았으며, 미군이 제작한 다큐멘터리 「오키나와의 제6해병사단(The 6th Marine Division on Okinawa)」(1945)의 내레이션처럼 "오키나와는 폭탄뿐 아니라 카메라에게도 주요한 타깃이었다."[13] 이 영화가 앞에서 언급한 〈류큐 전영 열전〉에서 상영되었을 때 나카자토 이사오가 말했듯이 "미군에게 오키나와는 태평양전쟁 최후의 전장이었을 뿐 아니라 영상 테크놀로지를 구사하여 철저하게 '보는' 대상이기도 했던 것이다"(仲里効外 編 2003 : 24).

따라서 오키나와전투의 유일한 영상 기록물은 미군에 의해 촬영된 필름들뿐이었다. 1피트운동은 미군이 촬영한 이 2천 편 이상의 필름(仲里効 外編 2003 : 27)을 시민들의 모금으로 구입하는 데에서 출발했다. 이 아이디어는 히로시마의 '10피트운동(10フィート運動)'에서 얻은 것이었다(我謝幸男 2003 : 28 ;

12 미군의 오키나와전투 촬영의 의식성은 자기 반영적 성격마저 띠었다. 카메라맨들은 오키나와전투에서 처음으로 전투를 촬영하는 카메라맨도 촬영했던 것이다. 다큐멘터리 「전쟁을 기록한다(Shooting War)」(2000, 리처드 시켈Richard Schickel 각본 및 연출, 스티븐 스필버그Steven Spielberg 제작, 톰 행크스Tom Hanks 내레이션, DreamWorks) 참조.

13 "Okinawa was a principal target for cameras as well as bombs"(영화 시작 후 1분 50초가량 지난 지점에서 등장한다). 나카자토 이사오(仲里効 2005 : 3)는 이 내레이션과 관련하여 비릴리오(Paul Virilio)의 『전쟁과 영화(Guerre et cinéma I : logistique de perception)』를 인용한다. "영화는 전쟁이고, 전쟁은 영화이다."

沖縄伝記録フィルム1フィート運動の会 1993 : 51, 66). 10피트운동은 미국 국립공문서관(The U.S. National Archives and Records Administration)에 보관되어 있던 8만 5천 피트에 달하는 원폭 투하 직후의 히로시마 · 나가사키 관련 필름들을 시민 한 사람 한 사람이 10피트의 필름을 구입할 수 있는 3천 엔씩 기부하여 모두 입수하는 것을 목표로 1980년 7월에 시작되었는데, 전국에서 18억 엔을 모금해 이듬해인 1981년 4월에는 냉전 시절 숱한 우여곡절을 겪었던 기록영화 「히로시마와 나가사키에 대한 원자폭탄의 효과(The Effects of the Atomic Bomb on Hiroshima and Nagasaki)」(1946)[14] 를 포함한 미국 전략폭격조사단(USSBS) 제작 필름들을 비롯해서 10만 피트에 달하는 피폭 직후의 히로시마와 나가사키의 영상을 일본으로 들여왔다(Nornes 2003 : 217-218, 246).[15]

히로시마에서 10피트운동이 시작된 지 3년 뒤, 같은 방법으로 1피트운

14 이 영화는 원폭 투하 직후 바로 히로시마와 나가사키에 달려간 니치에이의 영화인들이 문부성의 일본학술연구회의가 조직한 원자폭탄재해조사연구 특별위원회와 함께 촬영했다. 미국 전략폭격조사단(USSBS)의 맥거번(Daniel McGovern)의 관리 · 후원을 받기도 했으나, 1946년 완성되자마자 미군 당국에 압수되었다. 미 군정기 동안 제작진 몇몇이 들킬 경우 '오키나와'에서 중노동형에 처해질 위험을 감수하고 필름의 일부를 숨겨 두었으나, 1951년 니치에이를 인수(日本映画新社로 바뀜)한 도호(東宝)는 이 필름을 통제했다. 맥거번이 만들어 둔 16mm 프린트가 1967년에 반환되었으나 문부성에 의해 제목이 변경되고('효과'를 '영향'으로 바꾸었다. 「広島 · 長崎における原子爆弾の影響」) 심한 검열이 이루어진 채 공개되었다. 그러나 1968년 다큐멘터리영화학자 바누(Erik Barnouw)가 미 국방부에 문의한 결과 맥거번이 정리해 둔 이 영화의 16mm와 35mm 프린트 모두 미국 국립공문서관에 공유 부문(public domain)으로 분류되어 보관되고 있음이 밝혀졌다. 노턴 공군기지에 보관되어 있던 원본 역시 1994년 이후 공문서관에 보관되어 있다. 10피트운동은 1994년에는 이 영화의 일본어판 제작을 추진하기도 했다(이때는 제목에서 '효과'를 '재해'로 변경했다). 상세한 내용은 Nornes (2003 : 191-219, 243-246)를 참조.

15 1980년 봄, 뒤에 10피트운동의 사무국장이 되는 이와쿠라 츠토무(岩倉務)가 NHK 히로시마방송국에 찾아와 도움을 요청하면서 시작되었다고 한다(NHK 평화아카이브 참조. http://www.nhk.or.jp/peace/chrono/chrono_08.html). 입수된 필름들은 텔레비전으로도 방영되었다.

동이 오키나와에서 출범했다. 1피트운동 모임의 운영 위원인 가자 유키오(我謝幸男 2003 : 28)의 회고에 따르면, 1983년 6월 한 출판기념회에서 다큐멘터리작가 우에하라 쇼넨(上原正稔, 또는 우에하라 마사토시)이 당시 류큐대학 법문학부 교수였던 오타 마사히데로부터 미국에 있는 오키나와전투 필름들을 모아 보라는 권유를 받은 것이 1피트운동의 출발이었다. 우에하라는 그전부터 『오키나와타임스(沖縄タイムス)』에 미국의 국립공문서관에 있는 오키나와전투 관련 자료들에 착안한 글들을 쓰고 있었고, 오키나와전투에 관해 많은 글과 책을 쓰고 있던 오타 역시 1976~1977년 미 국방부에서 막대한 양의 오키나와전투 관련 사진들을 발견해 1천 수백 점을 가져온 이래 거의 매년 미국을 왕래하며 사진과 기밀(해제)문서들을 수집해 왔기 때문에 국립공문서관에 있는 자료들을 알고 있었으며, 영상 자료의 중요성 및 정지 사진의 한계 또한 인식하고 있었다(沖縄戦記録フィルム1フィート運動の会 1993 : 66-67 ; 大田昌秀 1983 : 10-13).[16]

미국 국립공문서관에 보관된 자료는 "누군가가 요청하기 전까지는 존재하지 않는" 것이지만, 동시에 이 공문서관은 "세계에서 가장 접근하기 쉬운 필름 자료관의 하나"이다(Nornes 2003 : 204, 244). 우에하라는 곧바로 미국

16 오타 마사히데는 전쟁을 모르는 세대에게 오키나와전투의 실상을 가르쳐 주기 위해 아이들을 대상으로 한 저술도 활발히 하였는데(大田昌秀 1980), 이는 1피트운동의 가장 중요한 목적과도 부합한다. 오타의 학문적 관심의 형성에는 오키나와사범학교 재학 중 미군이 본섬에 상륙하기 전날인 1945년 3월 31일 '철혈근황대(鉄血勤皇隊)'의 일원으로 전쟁에 동원되었던 자신의 체험도 큰 몫을 했을 것이다(동원된 386명의 학생 중 226명이 사망했다. Yonetani 2003 : 252). 오타는 1피트운동의 발기인이자 운영위원으로서 계속 활동하는데(나중에는 고문), 1990년 11월에는 오키나와 현지사 선거에 출마해 당선되었다. 미군 3명이 초등학교 여학생을 강간한 사건이 발생한 1995년에는 반전(反戦) 지주들 소유의 미군용지 강제 사용에 필요한 지사의 대리 서명 절차 수행을 거부했다(아라사키 모리테루 2008 : 193-220).

공문서관에 조회했고, 공문서관은 7월 하순 오키나와전투에 관한 1백 여 편의 필름 목록을 보내왔다. 우에하라와 그 친구들은 곧 기금 마련 캠페인을 시작했다. 10월 25일의 발족 준비 모임에서 류큐대학 명예교수이며 오키나와전투 당시 히메유리 학도대(ひめゆり学徒隊)를 인솔했던 언어학자 나카소네 세이젠(仲宗根政善)이 대표로 선출되었고,[17] 태평양전쟁 개전일인 12월 8일 1피트운동 모임이 정식으로 결성되었다.[18]

모금액은 가능한 한 많은 시민이 참여할 수 있도록 필름 1피트당 100엔으로 정해졌는데, 한 달 보름쯤 뒤인 1984년 1월 21일 시점에 이미 약 5백 명의 시민으로부터 102만 5천 엔이 모금되어 2월에는 미국 국립공문서관에 12편의 필름을 1차 발주할 수 있었다. 마침내 5월 1일 필름들이 도착하여 16일 현청소재지 나하(那覇)시의 시민회관에서 처음 공개되었다. 궂은 날씨에도 회관 밖에서 2시간 동안 줄을 서서 기다린 약 2천5백 명의 관객

17 히메유리(姫百合) 학도대는 오키나와사범학교여자부와 현립제일고등여학교의 학생 222명과 교사 18명으로 구성된 합동 종군간호부대로서, 많은 학생(123명)과 교사(13명)가 사망해 오키나와전투의 비극을 상징하는 존재로 기억되고 있다. 이토만(糸満)시에 '히메유리의 탑'과 평화기념자료관이 건립되어 있다. 이 장소는 학도대 해산명령이 내려진 바로 다음 날인 1945년 6월 19일 아침 미군의 가스탄 공격으로 히메유리 부대원 51명 중 43명(학생 39명, 교사 4명)이 몰살당한 이하라 제3외과 동굴(伊原第三外科壕)이 있는 곳이다(ひめゆり平和祈念資料館 2005 ; ひめゆり平和祈念資料館 資料委員会 2004 ; 노마 필드 1995 : 102-103 ; 도미야마 이치로 2002 : 275). 나카소네 세이젠은 사범학교여자부 교사로서 1945년 히메유리 학도대를 인솔했다. 이때의 경험으로 전후에 평화운동에 헌신했으며, 히메유리 학도대의 수기를 모은 책을 내기도 했다(仲宗根政善 1982). 1995년 2월 사망할 때까지 1피트운동 대표를 역임했으며, 학자로서는 류큐 방언 연구 등에 기여했다. 나카소네 세이젠에 대해서는 沖縄言語研究センター(1998)를 참조.

18 이하에서 1피트운동에 관해 일일이 출처를 밝히지 않은 내용들은 沖縄戦記録フィルム1フィート運動の会(1993, 1998, 2003, 2008)에 근거한다. 간단한 설명은 我謝幸男(2003 : 28-29)를 참조.

들은 "옛날의 자신을 찾아내려 애쓰면서 화면을 삼킬 듯이 쳐다보았다"(我謝幸男 2003 : 28).[19] 이 필름들은 5월 27일 미에(三重)현 츠(津)시에서 이루어진 본토 최초 상영을 비롯해 곳곳에서 커다란 반향을 일으키며 상영되었고, 미공개 필름 구입도 계속되었다. 1986년 2월까지 1피트운동 모임은 4천3백만 엔 이상의 돈을 모금했고, 미국 공문서관으로부터 163편 8만 2천 피트의 필름을 구입했다. 이 필름들은 월평균 20~25회 상영되었고, 10만 명이 넘는 사람들이 이를 관람하고 있었다.

3) 1피트운동의 '자주 영화' 제작

1피트운동 모임은 한걸음 더 나아가 미국 공문서관에서 구입한 필름들을 가지고 오키나와 주민의 관점에 입각한 '자주 영화(自主映画)'를 제작하는 일을 추진했다. 상영 시 해설이나 강연을 병행했어도 무성 필름인 데서 오는 문제들이 있었고, 어디까지나 미군에 의해 촬영된 필름이라는 근본적 한계가 있었기 때문이다(촬영하는 미군의 지시나 요청에 따라 주민들이 연기를 하고 있음이 분명한 장면들도 있었다).[20] 우에하라 쇼넨이 얼마 안 가 모임을 떠나고

---

19 화면에서 자신이나 가족과 친지의 모습을 찾아내려 시도하는 것은 전쟁기에 제작된 뉴스영화나 기록영화를 관람할 때 자주 일어나는 일이다. 그 한 사례에 대해 Nornes (2003 : xvi) 참조.

20 이에 앞서 히로시마의 10피트운동 역시 자체적으로 영화를 제작한 바 있었다. 10피트운동을 전개한 '아이들에게 세계에 피폭의 기록을 보내는 모임(子供たちに世界に被爆の記録を送る会)'은 미국 공문서관에서 입수한 필름들을 이용해 「인간을 돌려줘(にんげんをかえせ)」(1982, 다치바나 유텐橘祐典 감독), 「예언(予言)」(1982, 하니 스스무羽仁進 감독), 「역사 : 핵 광란의 시대(歴史＝核狂乱の時代)」(1983, 하니 스스무 감독) 등 수편의 그들 자신의 '원폭 영화'를 제작했다. 현재 10피트운동 영화들의 상영회가 추진된다는 보도가 있기도 했다(『마이니치신문』 야마구치山口 지방판 2013. 8. 17.자. http://mainichi.jp/area/yamaguchi/news/20130817ddlk35040361000c.html).

사무국장 호카마 세이쇼(外間政彰)가 병으로 직책 수행을 못하는 어려움 속에서도 영화 제작이 시작되었다.[21] 1985년 2월부터 수차례의 토론을 통해 오키나와에서 주체성을 가지고 제작하며, 스스로 제작비를 마련하고, 주민 입장에 선 해설을 하며, 더 많은 필름을 입수하고, 본토로 운동을 확대할 수 있도록 시야를 확대하며, 필름 외의 정보도 포함시킨다는 기본 원칙이 확립되었다. 9월에는 아이카와 나오토(愛川直人)가 감독으로 위촉되었고, 이듬해 3월에는 영화 제목과 주제가 가사를 일반에게 공모했다(131개의 제목과 49개의 가사가 응모되었다). 이리하여 상영 시간 55분의 「오키나와전 · 미래에의 증언(沖縄戦 · 未来への証言)」(이하 '미래에의 증언')이 드디어 완성되었고, 1986년 5월 21일 나하시민회관에서 공개되었다.

한 달 뒤 평화운동가 나카무라 후미코(中村文子)를 2대 사무국장으로 맞이한 1피트운동 모임은 「미래에의 증언」을 중심으로 오키나와전투 기록 영상을 상영 · 보급하는 일에 더욱 박차를 가했다.[22] 「미래에의 증언」은 그때까지 구입한 8만 2천 피트, 약 30시간 분량의 필름들에 기초해 만들어

---

21 우에하라는 1984년 5월 16일 나하시민회관에서의 최초 상영회 때까지는 사무차장으로 일했고 그 이후 모임을 떠난 것으로 보인다. 『1피트운동 10주년 기념지』에는 그가 개인적인 이유로 떠났다고 간단히 언급되고 있으나(沖縄戦記録フィルム1フィート運動の会 1993 : 117 등), 결별 이유는 노선 차이와 임원들과의 갈등이었던 것 같다. 우에하라는 독자적으로 오키나와전투 당시의 필름을 발굴 · 수집하고 다큐멘터리영화를 제작해 왔으며, 1피트운동이 해산될 때 그때까지 모금된 기금과 관련해 의문을 제기하기도 했다(그의 홈페이지 등을 참조. http://ueharashonen.web.fc2.com). 다른 한편 초대 사무국장 호카마는 언론인 출신으로 나하시립도서관장을 지낸 바 있었다.

22 나카무라 후미코는 어떤 작은 평화 집회에도 늘 함께해, 오키나와 반전 · 평화운동의 '얼굴'로 일컬어진다. 초등학교 교사였으나, 오키나와전투로 어머니와 많은 제자들을 잃고 학생들에게 군국 교육을 한 것을 평생을 두고 후회했다(그녀의 제자 중 5명이 히메유리 학도대가 되었고 그중 2명이 사망했다). 72세의 나이로 1피트운동 사무국장에 취임해 활발한 활동을 펼쳤고, 2006년 12월 사무국장 직을 내려놓고 고문이 되었다. 2013년 6월 27일 99세를 일기로 세상을 떠났다. 真鍋和子(2004) 등 참조.

졌고 제작비는 1천5백만 엔이 소요되었다. 1피트운동 모임은 이 영화를 16mm 필름과 비디오로 제작했으며, 학생들의 수업 시간에 상영하기에는 55분 분량이 다소 길었으므로 내용을 축약한 32분판 16mm 필름 및 비디오도 만들었다. 또한 1988년에는 영어판 16mm 필름과 비디오를 제작했는데, 2000년 7월 규슈(九州)와 오키나와에서 개최된 G8 정상회담을 앞두고 영어판 비디오(55분판)를 G8 정상들과 EU에 보내기도 했다(그림 4-3 참조).

「미래에의 증언」은 오키나와현 평화기념공원에서 치러진 '현민 유골 수습 위령제'를 보여 주며 시작해, '10 · 10 대공습'부터 오키나와전투의 전개 양상을 미군이 촬영한 기록 필름과 지도 및 도표, 해설과 생존자들의 증언을 통해 차근차근 설명해 간다.[23] 오키나와전투의 격렬함과 참혹함, 주민들의 고통과 수난을 보여 주는 수많은 영상들에다가, 제복 차림의 히로히토(裕仁)를 추축국 지도자들과 병렬시킨 영상을 보여 줌으로써 전쟁의 원인을 분명히 '천황(제)'에 귀속시키고, 학생들의 군사훈련 사진을 통해 오키나와의 비극적 희생이 '황민화'와 군국주의 교육에 뿌리를 둠을 짚고 있다. 여기에 오키나와 민속무용과 음악을 삽입하고, 전후의 미군기지화와 기지 관련 사건 · 사고, 오키나와인들의 반기지 투쟁, 학생들에 대한 평화교육 장면들을 보여 주면서 평화의 세계를 염원하는 '오키나와의 마음'을 전하며 끝맺는다.

여기에서 1피트운동이 시작되기 바로 전해인 1982년 6월, 고등학교 역사 교과서에 대한 전년도 문부성 검증 내용이 밝혀져 아시아 각국의 강한 비판이 있었던 사실을 상기할 필요가 있다. 문부성에 의해 일본의 중국 '침략'이 '진출'로 표현되고 난징(南京) 대학살이 왜곡된 것과 더불어 오키나

23 시나리오도 참조할 수 있다(沖縄戦記録フィルム1フィート運動の会 1986, 1993 : 231-255).

■ 그림 4-3. VHS「오키나와전 · 미래에의 증언」 재킷 표지
출처 주은우(촬영)

■ 그림 4-4. VHS「1피트 영상으로 엮는 도큐먼트 오키나와전」 재킷 표지
출처 주은우(촬영)

와전투와 관련해서 일본군의 주민 학살 부분이 삭제되어 오키나와에서도 거센 항의가 일어났다(아라사키 모리테루 2008 : 124-125). 1피트운동의 출범이 이런 맥락에 위치 지어질 수 있다는 점에서도[24] 1피트운동의 기억 투쟁으

24 1965년부터 일본 정부를 상대로 교과서 검증 소송을 벌여 온 역사학자 이에나가 사부로(家永三郎)는 이때의 검증과 관련해 1984년 세 번째 소송을 제기했는데, 난징 대학살과 731부대, 청일전쟁 당시 조선 민중의 항일 투쟁 등과 함께 오키나와전투 당시 일본군에 의한 주민 학살 기술 문제도 쟁점 중의 하나였다(문부성은 자발적인 집단 자결이라는 입장이었다. Nozaki and Inokuchi 2000 : 114-119). 이 소송에서 오타 마사히데는 1988년 이에나가 측 증인으로 법정에서 증언했다(Yonetani 2003 : 269 n37).

로서의 성격을 다시 확인할 수 있는 것이다(1피트운동이 최초로 오키나와전투 기록 필름들을 공개한 날인 5월 16일은 '복귀기념일' 다음 날이며[25] 「미래에의 증언」의 제작이 시작된 1985년은 오키나와전투 40주년이 되는 해였다).

그러므로 1피트운동이 '오키나와전 종결 50주년'을 맞아 또 하나의 '자주 영화'를 제작한 것은 당연한 일일 것이다. 「1피트 영상으로 엮는 도큐먼트 오키나와전(1フィート映像でつづるドキュメント沖縄戦)」(이하 '「도큐먼트 오키나와전」')은 1995년 4월 1일(50년 전 미군이 본섬에 처음 상륙했던 날) 공개되었다. 제작을 지휘한 나카마츠 쇼지(仲松昌次)와 감독을 맡은 시바타 쇼헤이(柴田昌平)[26]는 12년간 수집된 7만 6천 피트, 36시간 분량의 필름으로부터(沖縄戦記録フィルム1フィート運動の会 1998 : 21)[27] 상영 시간 57분이 약간 넘는 기록영화를 만들었다(그림 4-4 참조).

「도큐먼트 오키나와전」은 완성 직전인 2월 14일 세상을 떠난 나카소네 세이젠 대표의 "오키나와전투의 실상을 전쟁을 모르는 세대에 전할 의무"와 "오키나와를 세계 평화의 원점으로 삼고 싶은 염원"을 담은 메시지 자막으로 시작한다. 이 영화는 '오키나와전 실사 영상 총집편'으로 기획된 비디오로서, 「미래에의 증언」과는 달리 오키나와전투의 원인과 전개, 참상 등의 전달에만 집중하고 있다.[28]

---

25 패전 후 오키나와는 계속 미군 통치하에 있다가 1972년 5월 15일 일본으로 반환되었다.

26 시바타는 1994년부터 13년간의 촬영(1백 시간이 넘는 분량)으로 다큐멘터리영화 「히메유리」를 만들었다(2007년 3월 공개, 131분). 일본어판 위키피디아 '柴田昌平', 'ひめゆり(ドキュメンタリー)' 항목 참조.

27 이 수치와 그전에 만들어진 「미래에의 증언」이 기초한 8만 2천 피트, 30시간 분량의 필름이라는 수치(沖縄戦記録フィルム1フィート運動の会 1986 : 18, 1993 : 117, 246)는 서로 모순된다고도 볼 수 있으나, 정확한 수치는 확인하지 못했다.

28 이 영화도 시나리오를 볼 수 있다(沖縄戦記録フィルム1フィート運動の会 2003 : 99-130). 2003년 야마가타국제다큐멘터리영화제 〈류큐 전영 열전〉에서는 이 영화와 1피트

그림 4-5. DVD「1피트 영상과 전쟁 체험자의 증언으로 엮는 오키나와전의 증언」 재킷 표지
출처 주은우(촬영)

그림 4-6. DVD「군대가 있던 섬 — 케라마의 증언」 재킷 표지
출처 주은우(촬영)

2005년 '오키나와전 종결 60주년'을 맞아선 1피트운동 모임의 세 번째 영화「1피트 영상과 전쟁 체험자의 증언으로 엮는 오키나와전의 증언(1フィートの映像と戦争体験者の証言でつづる 沖縄戦の証言)」(이하 '「오키나와전의 증언」')이 제작되었다. 오키나와 출신의 자나모토 게이후쿠(謝名元慶福)가 각본과 감독을 맡은 35분 분량의 이 영화는 2005년 12월 비디오테이프와 DVD로 제작·시판되었으며, 2006년 1월에 보정 작업이 추가되고 3월에는 영어판이

운동 모임이 수집한 필름 중 120분 분량의 미편집 필름이 상영되었다(仲里効 外 編 2003 : 26-27 ; 浅川志保·山本アン 編 2003 : 101-102).

완성되었다(그림 4-5 참조).[29] 「오키나와전의 증언」은 미군이 촬영한 오키나와전투 장면들과 현재의 오키나와 장면들(자연과 아이들, 민속 공연 및 축제 등)을 교차시키면서 오키나와전투를 설명하는데, 제목에도 잘 드러나듯이 오키나와전투 생존자들의 직접 증언이 큰 비중을 차지한다. 인터뷰 영상에 등장하는 6명의 증인들에는 히메유리 학도대 생존자뿐 아니라 군부로서 한반도에서 끌려온 한국인도 포함되어 있으며, 한국 취재를 통해서까지 조선인 군부와 군위안부의 강제 연행 사실을 비중 있게 다루고 있다.

2009년 3월에 완성된 「군대가 있던 섬 — 케라마의 증언(軍隊がいた島 —慶良間の証言)」(이하 '「군대가 있던 섬」')은 「오키나와전의 증언」의 후속편이자 일본 정부와 직접적이고 긴급한 기억 투쟁을 벌이는 영화라 할 수 있다(그림 4-6 참조). 바로 이 글의 서두에서 언급된, 2007년 3월 말 공개된 문부과학성의 역사 교과서 검증 결과에 대한 대항이라는 성격을 갖기 때문이다. 검증 결과에 항의하며 오키나와에서는 일본군의 '집단자결' 명령과 강제 및 주민 학살에 대한 생존자 증언들이 쏟아졌는데, 2007년 6월에는 1피트운동 모임이 보유하고 있던 필름 속에서 케라마 열도에 상륙한 미군이 자마미(座間味)섬의 한 호(壕)에서 '집단자결' 직후의 현장을 촬영한 영상이 발견되었다.[30] 최초로 구체적인 장소가 확인된 이 영상은 「군대가 있던 섬」에 수록되었다. 자나모토 게이후쿠가 다시 감독을 맡은 38분 분량의 이 영화는 「오키나와전의 증언」의 영상과 증언을 많이 활용하는데(이 영화에서도 조선인 군부와 군위안부 문제 및 한국 취재 영상은 큰 비중을 차지한다), 부제가 말해 주듯이 오키나와에서 미군이 제일 먼저 상륙해 많은 주민이 '집단자결'했던 케

---

29 시판되자마자 해적판이 발견되기도 했다(1986. 1. 沖縄戦記録フィルム1フィート運動の会 2008 : 68). 시나리오는 沖縄戦記録フィルム1フィート運動の会(2008 : 45-61)을 참조.

30 『沖縄タイムス』 2007. 6. 22.자(沖縄戦記録フィルム1フィート運動の会 2008 : 73에 수록).

라마의 비극에 집중한다. 이 영화는 1피트운동 모임의 '설립 25주년 기념' 영화이자 마지막 영화가 되었다.

3. 1피트운동 제작 영화와 기억의 정치

이제 1피트운동이 제작한 영화들의 텍스트 내부에서 전개되는 기억의 정치를 세 가지 주제에 집중해 검토한다. 먼저 오키나와전투에 대한 영상과 기억을 살펴보고, 다음으로 쇼와(昭和) 천황의 이미지, 그리고 케라마 열도에서 생포된 조선인 군부들의 이미지를 다룬다.

1) 전쟁의 기억

1997년 1월 후텐마 기지의 대체 시설로 헤노코에 해상 헬기 기지를 건설하는 미·일 기본 합의가 체결되고, 4월에는 토지 강제 사용을 위한 미군용지 특조법 개정안이 중의원과 참의원에서 가결된 뒤, 끓어오르는 오키나와 현지의 민심을 달래려는 몸짓의 하나로 8월 23일 일본청년회의소(日本青年会議所, JCI-Japan) 오키나와 지역 대회에 참석한 하시모토 류타로(橋本龍太郎) 총리는 연설 중 20년 전 츠시마마루(対馬丸)호[31] 희생자 유족들에게 연금을 지급하는 법안을 통과시킨 것이 자신의 정치적 업적의 하나임을 언급하며 오키나와와의 인연을 강조했다. 일본유족회(日本遺族会)와도

31 1944년 7월 7일 남서 제도의 노약부녀자·학동 소개령이 내려졌다. 나하 초등학생 775명을 비롯해 1천7백여 명을 태운 츠시마마루호는 다른 두 척의 배와 함께 8월 20일 저녁 나하를 출발해 규슈로 향하던 중 22일 밤 미국 잠수함 보핀(Bowfin)호에 의해 격침되었고, 아동 59명을 포함해 170여 명만이 구조되었다(大田昌秀 1980 : 38-47 ; 일본어판 위키피디아 '対馬丸' 항목 ; DVD 「沖縄戦の証言」).

깊은 관계에 있던[32] 하시모토의 연설은 전쟁으로 인한 희생과 상실을 공유하며 국가적 추도에 의해 보상받는 애도의 공동체 속으로 오키나와를 전유해 들이고, 그럼으로써 지역의 기억을 국가의 역사 내러티브로 대체하려는 시도였다(Nelson 2008 : 5-18).

하시모토의 연설은 일본 유일의 지상전 무대가 된 '비극의 섬'이라는 오키나와의 스테레오타입 이미지를 재생산하는 국민국가의 오래된 시선(仲里効 2005 : 3), 오키나와의 비극을 자기 일처럼 애통해하는 가운데 자신을 희생자로 구성해 내고 가해자로서의 과거를 망각하는 전후 일본 내셔널리즘 담론(도미야마 이치로 2002 : 108-110)과 같은 선상에 있다. 이러한 시선과 담론에서 오키나와전투의 비극을 상징하는 히메유리 학도대는 오히려 본토 일본인이 스스로를 진혼하는 통로가 된다(도미야마 이치로 2002 : 109). 그래서인지 히메유리 학도대는 전후 일본 영화의 인기 있는 소재로서, 본토에서 군정 종료 직후 이마이 다다시(今井定) 감독의 「히메유리의 탑(ひめゆりの塔)」(1953)이 나온 이래 중요 시점마다 영화로 제작되어 조국을 위해 순국한 희생자 이미지를 재생산하며 국가 정체성을 확증하는 역할을 했다(仲程昌徳 2003 ; 주은우 2008 : 287-298). 또 도호영화사의 〈격동의 쇼와사〉 시리즈의 하나로서 오키나와의 '조국복귀'를 앞둔 1971년에 공개된 오카모토 기하치(岡本喜八) 감독의 「격동의 쇼와사 · 오키나와 결전(激動の昭和史 · 沖縄決戦)」은 오키나와전투를 연대기적으로 충실히 묘사하면서 고뇌 속에 임무를 다하는 군대, 주민들에게 헌신적인 관리들, 학도병에서 이발사, 매춘부까지 모

32 하시모토 류타로는 1993~1995년 일본유족회장을 맡았는데, 잘 알려져 있다시피 일본유족회는 자민당의 중요한 지지 세력이자 후생노동성과의 긴밀한 연계 속에 야스쿠니신사(靖國神社)를 지탱하는 지주이다. 하시모토는 또한 후생정무차관(1970년 1월 임명)과 후생대신(1978년 12월 임명)을 역임한 경력도 있다.

두가 자발적으로 나서 조국을 위해 끝까지 싸우는 오키나와 주민들의 모습을 149분 동안 처절하게 스크린에 펼쳐 놓는다.[33]

1피트운동이 거부하는 것이 바로 오키나와전투에 관한 이런 이미지와 담론들이다. 1피트운동이 만든 영화들은 자기 의지와 무관하게 전쟁에 희생된 오키나와인들의 고통과 죽음을 보여 주려 진력한다. 그래서 미군의 10만 번째 포격(「미래에의 증언」)을 포함해 '철의 폭풍'의 격렬함을 보여 주는 장면들과 일본군의 끔찍한 시체와 화염방사기에 불타 죽어 가는 일본군 등 전투의 참혹함을 보여 주는 장면들도 많지만, 더 큰 중요성을 차지하는 것은 무고한 주민들의 고통을 담은 장면들이다. 「미래에의 증언」과 「도큐먼트 오키나와전」에서 그 장면들은 민간인의 주검, 두려움 속에 손자를 감싸 안은 노인, 숨어 있던 우물에서 끌어올려져 나오는 아이들과 부녀자들과 노인들, 미군에게 구출된 뒤에도 오들오들 떨리는 것을 멈추지 못하는 어린 소녀의 가녀린 몸과 커다란 눈망울 등으로 요약된다(그림 4-7 참조). 1피트운동의 영화들은 주민들의 이 고통이 조국을 위한 자기희생이 아니라 오키나와에 강제된 황민화에 의한 것임을 역설한다. 이를 위해 소집영장과 철혈근황대, 학생들의 군사훈련 등의 사진들로 미군 촬영 필름의 빈 곳을 보충하며, 츠시마마루호와 히메유리 학도대의 비극도 내셔널리즘 담론과는 반대로 군국주의의 귀결이라는 맥락에 위치 지운다. 15개의 학도대 위령탑과 추모비가 나오는 「오키나와전의 증언」 끝 부분의 내레이션에

33 오카모토의 이 영화는 '사석 작전' 등에 대해 비교적 솔직한 편이고, 미군 탱크들이 다가오는 가운데 무덤 앞에서 춤추는 귀기 어린 노파의 장면 등 양가적이거나 혼란스러운 부분들도 더러 있다. 그러나 전체적으로 국민국가와 그 역사의 시선에서 벗어나지 않음은 분명하다. 집단자결은 자발적인 것으로 묘사되며, 오키나와 부임을 명령받은 우시지마 사령관에게 대본영의 상관이 옥쇄는 피하라고 귀엣말로 말하는 장면은 마치 일본의 수뇌부가 오키나와 주민들의 안위를 염려한 것 같은 인상을 준다.

따르면 2천3백 명 이상의 학생들이 동원되어 1천2백 명 이상이 숨졌다.

1피트운동의 영화들은 전쟁의 비극과 평화의 기원이라는 견지에서 미군 기지를 비판함에도 불구하고, 오키나와전투와 관련해서는 미국보다 일본에 훨씬 더 비판적이다. 사람들이 숨어 있는 동굴 입구에서 사격을 가하는 미군이나 화염방사기를 내뿜는 미군 탱크 등의 장면도 있지만, 전체적으로 미군은 오키나와 주민들을 죽음의 위험에서 구출해 주고, 헤어졌던 가족이 상봉할 수 있게 해주며, 식량을 주고 치료를 해주고, 수용소에서나마 평화로운 일상을 되찾게 해주는 구원자로서의 이미지가 더 강하다. 이는 기본적으로 이 영화들이 미군이 촬영한 필름들을 이용해 만들어졌다는 점에도 원인이 있겠지만, 전쟁에 대한 오키나와인들의 기억 자체가 미국의 역할보다 일본군에 의한 만행과 집단자결을 더 강조하는 경향이 있다는

그림 4-7. 전쟁의 충격으로 미군에게 구출된 뒤에도 계속 몸을 떨고 있는 소녀
출처 「미래에의 증언」, 「도큐먼트 오키나와전」, 「오키나와전의 증언」

데에서 더 큰 원인을 찾을 수 있다. 많은 오키나와인은 미군을 황군(皇軍) 병사들처럼 주민들에게 직접적인 위협을 가하는 구체적인 인격체로서보다는 일본 군국주의 논리가 빚어낸 치명적이고도 익명적인 결과로서 회상하는바(Hein and Selden 2003 : 18 ; Allen 2003), 이는 전쟁의 비극을 황민화와 군국주의의 결과로 진단하는 1피트운동의 영화들도 공유하는 회상 방식이다.[34]

「오키나와전의 증언」 말미에서 한 증언자가 말하듯이 오키나와전투는 군대가 '양민'을 보호하는 데 실패한 전형적인 예였다. 「미래에의 증언」과 「도큐먼트 오키나와전」에서 병사들이 백기를 든 소녀의 뒤에서 걷고 있는 장면, 마치 어린 소녀를 앞세워 투항하는 듯한 그 장면은 '황군'의 무능과 위선을 극적으로 시각화하는 효과를 낳는다(그림 4-8 참조).[35] 이 천황의 군대는 도리어 주민들의 식량을 빼앗고 방공호로 이용한 자연 동굴 가마(ガマ) 밖으로 내쫓거나 위험한 입구 쪽으로 내몰았으며, 종국에는 집단자결을 강요했다. 또 오키나와 방언을 금지하고, 오키나와어를 사용하거나 영어를 아

---

34 실제로는 오키나와전투 당시 미군 병사들 역시 주민들에게 잔학한 행위를 가하기도 했다(Dower 1986 : 63).

35 소녀의 뒤에 있는 병사들의 실제 의도는 확인되지 않는다. 그들은 우연히 합류한 것일 수도 있다. 백기를 든 소녀는 히가 도미코(比嘉富子)로 당시 7세였다. 1945년 6월 25일 마부니에서 투항하는 장면으로, 카메라 셔터 소리를 방아쇠 소리로 생각하고 손으로 얼굴을 가리는 사진은 유명하다. 스틸 사진은 1977년 세상에 알려졌고 1984년 1피트운동이 공개한 필름에도 그녀의 투항 장면이 들어 있었다. 1피트운동 모임에 따르면 1987년 10월 21일 사무국을 방문한 히가는 러시 필름을 반복해 보고 자신임을 확인했다(沖縄戦記録フィルム1フィート運動の会 1993 : 205). 그녀는 1988년 7월 미국에서 자신의 스틸 사진을 찍은 존 헨드릭슨(John Hendrickson)과 해후했고(동영상을 촬영한 리처드 베이글리 Richard Bagley는 이미 사망한 뒤였다), 1989년 자신의 전쟁 체험을 아동용 책으로 펴냈다(比嘉富子 2000). 그녀의 이야기는 텔레비전 드라마로도 제작되었다(일본어판 위키피디아 '白旗の少女' 항목).

■ 그림 4-8. '백기의 소녀'
출처 「미래에의 증언」, 「도큐먼트 오키나와전」

는 주민을 스파이로 몰아 처형하는 등 주민 학살을 자행했다(도미야마 이치로 2002 : 77-89 ; Allen 2003 : 48, 55 ; 大城将保 2007 : 127-137, 172-177 ; 야카비 오사무 2008).[36] 그러나 1피트운동의 영화들은 미군이 촬영한 필름에 기초했기 때문에 가마 속 주민들의 고난과 공포는 영상화될 수 없었고(주은우 2007 : 316), 전쟁의 승리자가 남긴 기록물에서 '죽음의 심연'을 방황하고 '생존의 영도'에 내던져진 사람들의 시선과 목소리를 얻기란 불가능에 가까웠다(仲里効 外 編 2003 : 24). 이 공백은 일본군의 주민 학살과 '스파이 처분' 등에 관한 오키나와평화기념자료관 소장 자료들이나(「미래에의 증언」) 전후의 신문 기사 및 당시 군대 기록들(「도큐먼트 오키나와전」)의 사진으로 메워지고 있었다.

---

36 오시로 마사야스(大城将保 2007 : 101-107)는 집단자결과 주민 학살의 사례를 목록화해 정리해 놓았다.

이러한 한계를 극복하고자 2000년대 1피트운동의 영화들에서는 생존자들의 증언이 큰 비중을 차지하게 된다. 「오키나와전의 증언」에는 츠시마마루호의 생존자, 케라마 열도 도카시키(渡嘉敷)섬에서의 전쟁 체험자, 케라마 열도 아카(阿嘉)섬의 조선인 군부 생존자, 오키나와 본섬 마에다(前田) 고지 전투 참전 학도병, 히메유리 학도대 생존자, 시라우메(白梅) 간호대[37] 생존자 등 6명의 증언 영상이 수록되어 전쟁의 비참함을 생생히 전달한다. 특히 강조되는 것은 일본군에 의해 유도・강제된 집단자결(그래서 오키나와에서는 '집단사 集團死'라는 말을 더 선호하기도 한다)과 일본군의 스파이 처분 및 주민 학살이다. 특히 미군이 본섬보다 앞서 상륙한 케라마 열도에서는, 주민들이 대거 산에서 내려와 투항하는 장면도 보이지만 일본군이 키워 놓은 미군에 대한 공포심이 더해져 수많은 집단자결자가 나왔다. 생존자의 증언처럼 도카시키섬에서는 일본군의 명령에 의해 3백 명 이상의 주민이 수류탄 등으로 자결했다.[38] 또 아카섬에서는 배가 고파 나락을 훑어 먹은 조선인 군부 12명이 총살당했다. 오키나와 본섬에서도 시라우메 간호대 생존자는 가마에서 병사가 울음을 그치지 않는 유아를 수건으로 질식사시킨 일을 증언한다.

케라마 열도의 비극에 집중하는 「군대가 있던 섬」에서는 14명(책을 통한 증언까지 합하면 15명)의 전쟁 체험자 증언을 통해 케루마(慶留間)섬에서 아카섬, 자마미섬, 야카비(屋嘉比)섬, 도카시키섬과 마에(前)섬에 이르기까지 가족과 이웃을 자기 손으로 죽이기도 해야 했던 집단자결의 참상과 주민 학

37 오키나와현립제이고등여학교 학생들로 구성된 간호부대로서 미군 상륙 당시 46명이 입대해 있었고 이 중 22명이 전사했다. 이토만시 구니요시(国吉)에 '시라우메의 탑'이 건립되어 있다(일본어판 위키피디아 '白梅学徒隊' 항목 참조).

38 352명(大田昌秀 1983 : 252) 내지 329명(大城将保 2007 : 101)의 주민이 집단사했다.

■ 그림 4-9. 자마미섬 산업조합호의 집단자결 현장 영상
출처 「군대가 있던 섬」(『오키나와타임스沖縄タイムス』 및 1피트운동 모임 책자에 실린 사진과 동일한 정지 영상)

살의 무자비함이 폭로된다. 특히 도카시키섬은 길게 다루어지는데, 섬의 수비대장 아카마츠 요시츠구(赤松嘉次) 대위는 집단자결을 명령하고, 미군에게 포로로 잡혔다가 풀려나 가족을 데리러 온 주민들을 참수했다.[39] 자마미섬에서도 그 못지않게 많은 주민이 희생되었다.[40] 당시 10세였던 한 증인은 수류탄을 터뜨렸으나 미처 죽지 않은 부인을 면도칼로 죽이고 자신도 자살한 교장 선생님의 비극을 증언한다. 특히 자마미섬은 앞에서 언급한 것처럼 최초로 구체적 장소가 확인된 영상 속의 집단자결 현장이 있

39 투항을 권고한 이에(伊江)섬 주민 6명, 스파이 용의자 5명이 처형되었다(大城将保 2007 : 104).

40 오타 마사히데(大田昌秀 1983 : 252)에 따르면 379명이 '자결'했고, 오시로 마사야스(大城将保 2007 : 101)에 따르면 자마미촌 내 자마미섬에서 234명, 게루마섬에서 53명, 야카비섬에서 10명이 '자결'했다. 또 여기에서도 많은 주민이 처형당했다. 조선인 군부 12명이 처형된 아카섬도 자마미촌에 속하는데, 스파이 혐의로 2명의 주민이 더 처형되었다. 자마미섬에서는 투항을 권고한 주민 1명이 처형되었다.

는 곳이다. 67명이 희생된 '산업조합호(産業組合壕)'가 그곳으로(沖縄戦記録フィルム1フィート運動の会 2008 : 73), 「군대가 있던 섬」에 수록된 두 컷의 그 정지 영상은 집단자결의 참상을 눈으로 확인하게 한다(그림 4-9 참조).[41]

「군대가 있던 섬」의 증인들은 자신들의 뇌리에 박힌 이러한 외상적인 체험을 부정하는 문부과학성의 2007년도 교과서 검정 결과에 대해 말을 잇지 못한다. 하지만 그런 부정에도 불구하고 이들의 증언은 오키나와의 전쟁 기억을 생생하게 되살려 낸다. 그것은 조국을 위해 스스로 신명을 바친 희생에 관한 기억이 아니라, 황민화와 군국주의에 의해 교묘하게 혹은 노골적으로 강요된 희생과 자신을 지켜 줄 것으로 믿었던 국가의 군대에게 당한 고통으로 채워진 외상적인 기억이다. 이렇게 오키나와전투의 생존자들은 미군이 촬영한 영상 위에 오키나와 주민의 생생한 전쟁 체험과 무엇보다 자기 자신의 목소리를 불어넣는다. 확실히 그것은 "승자의 기록을 패자의 기억 편에서 읽어 내는"(仲里効 外 編 2003 : 24) 한 방법일 것이다.

2) 쇼와 천황의 초상

「미래에의 증언」은 앞부분에 추축국 3국의 군사적 팽창(군대의 행진) 장면들과 히로히토와 히틀러(Adolf Hitler) 및 무솔리니(Benito A. A. Mussolini), 즉 3국동맹의 최고 수뇌 3인을 한 프레임에 나란히 담은 숏을 배치한다. 이 장면들은 미국의 선전 영화 〈우리는 왜 싸우는가(Why We Fight)〉 시리즈의

41 오에 겐자부로(大江健三郎)는 1970년 출간된 『오키나와 노트』에서 케라마 열도의 집단자결과 특히 도카시키섬의 수비대장이었던 아카마츠에 대해 비판적으로 언급했다(오에 겐자부로 2012b : 63-64, 183-189). 이에 대해 2005년 8월 자마미섬의 수비대장이었던 우메자와 유타카(梅澤裕)와 이미 사망한 아카마츠의 동생이 오에 겐자부로와 출판사(岩波書店)를 상대로 명예훼손 소송을 제기하기도 했다(大城将保 2007 : 38 이하).

첫 번째 작품 「전쟁의 서곡(Prelude to War)」(1942)에서 가져온 것이다.[42] 이 시리즈에서 온 장면들의 삽입은 「도큐먼트 오키나와전」에서는 더 확대된다. 여기에서는 「전쟁의 서곡」과 더불어 「너의 적 일본을 알라(Know Your Enemy—Japan)」를 이용해 일본군이 만주와 중국을 침략하는 모습과 출정하기 전 야스쿠니신사에서 참배하고 황궁 앞을 행진하는 모습 등을 보여 준다.[43] 1피트운동의 두 영화에서 특히 눈에 띄는 것은 군 최고지휘관 제복 차림으로 백마에 올라 군대를 사열하는 쇼와 천황 히로히토의 영상이다(그림 4-10, 4-11 참조). 〈우리는 왜 싸우는가〉 시리즈에서 가져온 이런 장면들은 「오키나와전의 증언」과 「군대가 있던 섬」에서도 중요한 비중을 차지한다. 1피트운동모임이 직접 표명하듯이 일차적으로 이 장면들은 오키나와 전투가 일본이 벌인 "15년 전쟁의 총결산"(沖縄戦記録フィルム1フィート運動の会

---

42 〈우리는 왜 싸우는가〉 시리즈는 전쟁부(War Department)의 '오리엔테이션 영화'로서, 육군참모총장 조지 마셜(George C. Marshall)의 아이디어에서 출발해 당대 최고의 할리우드 영화감독 프랭크 캐프라(Frank Capra)의 총책임 아래 1942~1945년에 걸쳐 제작되었다. 「전쟁의 서곡」, 「나치의 습격(The Nazis Strike)」(1943), 「분할 정복(Divide and Conquer)」(1943), 「영국의 전투(The Battle of Britain)」(1943), 「러시아의 전투(The Battle of Russia)」(1943), 「중국의 전투(The Battle of China)」(1944), 「전쟁은 미국에도(War Comes to America)」(1945) 7편으로 구성되어 있는데, 캐프라와 제작진은 뉴스영화와 아카이브 자료, 적국의 다큐멘터리와 극영화, 적에게 노획한 필름 등 다양한 자료들로 이 영화들을 만들었다. 「전쟁의 서곡」을 본 루스벨트(Franklin D. Roosevelt) 대통령은 모든 미국인이 이 영화를 보게 하자고 제안했고, 마셜은 모든 병사가 이 시리즈를 관람하도록 명령했다. 〈우리는 왜 싸우는가〉는 가장 영향력 있고 널리 관람된 전시 다큐멘터리로 평가된다(Schatz 1999 : 406-408 ; Jowett 1976 : 320-321).

43 천황제와 국가신도(神道), 군국주의와 결합된 일본의 자본주의, 일본인의 생활과 사고방식 등을 광범위하게 다루고 있는 이 영화는 원래 〈우리는 왜 싸우는가〉 시리즈의 하나로 기획 · 제작되어 1944년에 완성되었으나, 캘리포니아와 하와이 등지에서 압수된 일본 영화들(극영화 포함)의 필름이 원래의 기획 의도를 충분히 살리기 어려웠고, 천황을 전범으로 묘사하는 내용이 1945년경부터 변화된 미국의 대일 정책과 충돌하는 등 여러 이유로 널리 배급 · 관람되지는 않았다(Hirano 1992 : 108, 291-292).

■ 그림 4-10. 쇼와 천황 히로히토의 사열 장면
출처 「미래에의 증언」, 「도큐먼트 오키나와전」, 「오키나와전의 증언」, 「군대가 있던 섬」

■ 그림 4-11. 쇼와 천황 히로히토의 사열 장면
출처 「미래에의 증언」, 「도큐먼트 오키나와전」, 「오키나와전의 증언」, 「군대가 있던 섬」

1986 : 3, 1993 : 233)임을 설명하기 위해 삽입된 것이다. 이를 위해 1피트운동은 「전쟁의 서곡」과 「너의 적 일본을 알라」, 이 두 편의 '전의 고양(戰意高揚)' 영화를 미국 국립공문서관에서 구입했던 것이다(我謝幸男 2003 : 29).[44]

---

44 〈우리는 왜 싸우는가〉 시리즈와 관련, 특히 이 두 영화는 캐프라가 직접, 또 단독으로 감독했다.

즉 이 장면들은 원래 일본이 자신의 선전 목적으로 촬영했거나 일본 뉴스영화 속의 영상들인 것을 캐프라(Frank Capra)와 그 동료들이 정반대의 목적으로 전유해 미국의 전시 선전 영화들 속으로 엮어 넣은 영상들이다. 이제 이 영상들은 다시 1피트운동에 의해 전유되어, 황민화와 군국주의 교육 장면들과 함께, 오키나와전투의 참혹한 비극이 제국 일본의 군국주의적 팽창에 그 원인을 두고 있음을 설명하는 목적에 봉사한다. 따라서 그것들은 오키나와의 고통과 희생이 일본 군국주의의 지주였던 쇼와 천황에게 그 책임이 있음을 설명하는 목적에도 봉사한다. 오키나와가 천황제와 연루되어 온 역사적 맥락에 비추어 보면 이 전유된 영상들이 품은 의미는 더욱 통렬해진다.

메이지(明治) 정부는 '국체' 확립을 위해 관병식과 황실 패전트(pageant) 등 각종 행사와 의례를 조직했다. 특히 메이지 20년(1887)까지 자주 거행된 대규모 순행(巡行, '6대 순행')은 천황을 민중들에게 가시화하고 사회적 의미의 중심으로 만들면서 전국을 통일된 공간으로 조직했다. 천황의 순행은 점차 '어진영(御眞影)' 하사로 대체되었다. 메이지 천황의 초상화를 찍은 사진인 어진영은 1873년부터 지방관청에 하사되기 시작했고, '군인칙유'(1882)를 내린 1880년대에는 군대에, '대일본제국헌법'(1889) 제정과 '교육칙어'(1890) 반포와 함께 고등소학교에 하사되기 시작해, 1897년에는 모든 소학교가 천황의 초상을 보유하게 되었다. 이런 각종 의례와 순행의 조직과 어진영의 하사는 천황의 스펙터클화인 동시에 전 국토와 국민을 천황의 응시 아래 포섭하고 일체화하는 작업이었다(다키 고지 2007 ; 후지타니 다카시 2003 ; 이효덕 2002 : 294-304).

오키나와는 최근에 일본에 편입되었고 천황의 순행이 닿지 않은 지역이었지만, 그 때문에라도 다른 어느 지역보다 먼저 어진영을 받았다. 오키나

와현이 되어 공식 편입(1879)되기도 전인 1873년, 그러니까 류큐왕국이 없어지고 류큐번이 설치(1872)된 바로 다음 해에 일본 외무성은 7개의 히노마루(日の丸)를 보내 류큐번 각지의 청사에 게양할 것을 명령했고, 같은 해 겨울에는 천황과 황후의 사진이 류큐번에 하사되었던 것이다(아니야 마사아키 2001 : 21-22).[45]

천황의 초상은 어디에서나 순행하는 천황을 맞듯이 '봉영(奉迎)'되었으며, 엄격한 의례에 따라 전달 · 보관되고 받들어졌다(다키 고지 2007 : 193-195, 208-216 ; 후지타니 다카시 2003 : 120 ; 이효덕 2002 : 302). 오키나와전투 당시에도 "민간인이 살상되는 와중에도 (쇼와 천황의) 어진영은 안전한 곳을 찾아 북쪽으로 북쪽으로 조금씩 이동되었다. 그 취급자들이 행여 그것을 비에 젖게 하거나, 혼란의 와중에 잃어버리거나, 미군에게 뺏기는 날에는 사형을 각오해야 했다"(노마 필드 1995 : 84).

이렇게 일찍 천황의 응시 아래 들어간 오키나와는 천황의 신민이 되기 위해 방언 추방과 풍속 개량 등 자기 개조를 해야 했고 '결전 교육'을 받으며 천황을 위해 목숨을 바치도록 동원되었다. 그러나 전쟁 말기 일본의 지도부가 패전이 불가피함을 진작 알고 있었음에도 불구하고, 포츠담선언(1945년 7월 26일)이 무조건 항복을 요구하는 와중에도 쇼와 천황은 오직 '3종의 신기(神器)'를 보전하고 '국체'를 수호할 것만 걱정하다 원폭 투하를 초래했고(고모리 요이치 2004 : 30-41 ; 존 다우어 2009 : 373-374), 안 그래도 사석으로 간주되던 오키나와의 주민들 역시 전투가 장기화됨으로써 더 많은 희생을

45 일본 본토의 각 부현에 어진영이 배부된 것은 1874년이었다(다키 고지 2007 : 124-125). 일본은 청나라와 외국에게 류큐가 일본에 속함을 기정사실화해 버리고 류큐번에게는 명실공히 일본령이 된 것을 승복시키려는 의도에서 '류큐 처분'이 완료되기도 전에 일장기와 어진영을 보냈던 것이다(아니야 마사아키 2001 : 22).

치렀다("너무 늦은 성단聖斷").[46] 게다가 쇼와 천황은 종전 후 국내외의 도전으로부터 자신의 안위를 지키기 위해 맥아더(Douglas MacArthur)에게 미국의 군사력에 의한 일본의 안전보장을 요청하면서, 1947년 9월 미군에게 오키나와의 "25년에서 50년, 또는 그 이상에 걸친 장기간의 대여"를 제안하는 이른바 '오키나와 메시지'를 전달해 또 한 번 오키나와를 버렸다(고모리 요이치 2004 : 226-231).[47]

결국 오키나와가 어디보다 먼저 하사받은 천황(메이지)의 초상은 천황(쇼와)의 배신의 이미지가 되고 만 셈이며,[48] 1피트운동 영화들 속에 등장하는 히로히토의 영상은 바로 그러한 배신의 이미지이다. 최고사령관 차림의 쇼와 천황의 영상은 1피트운동이 만든 네 편의 영화 모두에서 등장한다. 위와 같은 역사적 맥락에서 볼 때, 이 영상은 천황이 오키나와를 배신했던 과거의 기억을 일깨우며, 천황이 신민들을 위해 '성단'을 내려 전쟁을 종료시켰다는 허구를 훼손한다. 그뿐 아니라 이 천황의 영상은 오키나와의 기억과 아픔을 넘어 일본의 전후 공식 역사 자체에 도전한다고도 할 수 있다.

---

46 1945년 2월 고노에 후미마로(近衛文麿) 전 총리는 "이제 일본의 패전은 불가피하기 때문에 화평의 결단을 해야 한다"고 진언했으나 천황은 "다시 한 번 전과를 올린 후가 아니면 어렵지 않겠느냐"며 거부했다. 1988년 6월 위령의 날을 맞아 류큐방송(RBC)은 천황이 이때 결단했으면 오키나와전투도 원폭 투하도 없었을 것이라는 내용의 「너무 늦은 성단」을 제작·방영했다(아라사키 모리테루 2008 : 139-140).

47 맥아더는 전력의 비보유와 전쟁 포기를 명시한 새 헌법을 일본에 시행하기 위해서도 오키나와의 요새화가 필요했는데, 천황의 메시지는 이에 부합하는 것이었다(고모리 요이치 2004 : 229-231). 물론 미군은 자신의 군사전략적 필요에 따라 오키나와전투 때부터 이미 향후 오키나와의 군사적 점령을 추구했다.

48 오카모토 기하치 감독의 「격동의 쇼와사·오키나와 결전」에도 일본군이 한 늙은 주민을 스파이로 오인하고 사살한 다음 그가 소중히 몸에 지니고 있던 쇼와 천황의 초상 사진을 발견하는 장면이 있다. 전쟁의 비극성과 아이러니를 표현하는 것이기도 할 이 장면 역시, 어진영을 봉영했던 오키나와가 천황에게 배신당한 역사의 압축적·냉소적 재현으로 해석하는 것이 불가능하지만은 않을 것이다.

바로 쇼와 천황 히로히토를 제국 일본이 일으킨 아시아·태평양전쟁의 최종적이고도 실질적인 책임자로 분명하게 지목하고 있기 때문이다.

전쟁이 끝나자 천황의 측근과 보수파 엘리트들은 온갖 궤변을 동원해 쇼와 천황을 도조 히데키(東條英機)를 비롯한 '전범'들과 분리하고 평화주의자로 채색했다. 이미 '종전 조서'에서부터 기도된 천황의 전쟁책임 회피는 한 달도 안 되어 국민 전체가 패전에 대해 책임을 져야 한다는 총리 히가시쿠니 나루히코(東久邇稔彦)의 소위 '일억 총참회'론에서 그 결정판에 도달했다(고모리 요이치 2004 : 105-113 ; 존 다우어 2009 : 369-370).[49]

이와 관련해 시각적 차원에서 주목되는 것이 쇼와 천황의 순행이다. 1946년 새해를 맞아 '인간 선언'을 한 쇼와 천황은 7주 만인 2월 19일 가와사키(川崎)와 요코하마(横浜)에서 시작해 1954년 홋카이도(北海道) 방문까지 순행을 이어 갔다.[50] 메이지 천황의 순행을 연상시키는 이 "역사의 신기한 반복"(후지타니 다카시 2003 : 296) 속에 쇼와 천황은 미군 점령하의 오키나와만 제외하고 전국 주요 지방을 모두 돌아보았는데, 천황이 민간인 복장으로

---

49 히가시쿠니는 전후의 첫 총리(1945년 8월 17일~10월 9일)이자 왕족(히가시쿠니노미야 나루히코오 東久邇宮稔彦王)으로서는 유일한 총리대신이다. 그가 제창한 '일억 총참회'론은 쇼와 천황의 전쟁책임을 회피함은 물론, 일본 국민도 군국주의와 대외 침략에 대한 책임에서 면제시켜 준다(신민들은 '성전'에서 '패한' 것에 대해 천황에게 반성하고 참회해야 할 뿐이다). 패전 직후 일본은 이러한 논리를 반복함으로써 전쟁책임을 전범 재판에 회부된 몇몇 군국주의자에게 한정했다. 히로히토 자신도 '종전 조서'에서 시작해서 그 어떤 경우에도 자신의 전쟁책임을 결코 인정한 적이 없다.

50 히로히토는 1947년 11월까지만도 무려 15번에 걸친 순행을 했고(후지타니 다카시 2003 : 297), 1954년 8월까지 순행은 165일, 총연장 3만 3천 킬로미터에 걸쳐 이루어졌다(존 다우어 2009 : 425). 순행은 대체로 치밀한 계획 아래 진행된바, 진주만 공격 6주년에 즈음해선 천황이 히로시마를 방문했다. 그러나 히로시마에 대한 히로히토의 발언은 "여기에는 상당한 피해가 있었던 것으로 보인다"는 모호하기 짝이 없는 것이었다(존 다우어 2009 : 425, 432). 천황은 순행 과정에서 "아, 그래?(あっ、そう?)"라는 대답만 연발했으며, 이는 시대의 유행어가 되었다(존 다우어 2009 : 432-434 ; 고모리 요이치 2003 : 196).

군중을 향해 모자를 들어올리는, 패전 전에는 상상도 할 수 없었던 장면은 신이 인간으로, 제왕이 연예인 같은 유명인으로 변화된 천황상을 구축했고, 어색하고 불편한 듯한 천황의 행동거지와 수고는 대중에게 천황과 죽은 자들에 대한 죄책감을 불러일으키며 '일억 총참회' 노선을 내면화시켰다(존 다우어 2009 : 425-436 ; 고모리 요이치 2004 : 194-197). 이런 식으로 순행은 전쟁과 거리가 먼 천황의 이미지를 효과적으로 만들었다. 다우어(John W. Dower)가 요약하듯이 "휘장으로 화려하게 장식한 군복을 입고 백마에 올라탄 모습으로만 알려져 있던 현인신(現人神)은 어느 날 갑자기 신민들 사이에 나타나, 새로 맞춘 복장(부드러운 펠트 모자에 서구식 외투와 넥타이)을 입은 채 어색하게 걸으며 지금까지 만나 보지 못한 부류의 사람들에게 말을 걸었"던(존 다우어 2009 : 425) 것이다.

1피트운동 영화들 속의 군복 입은 쇼와 천황은 다우어의 이 진술에서 전반부에 해당하는 현인신이자 최고 군사지도자 히로히토의 이미지를, 다시 말해 전후 일본이 잊어버리거나 묻어 두고 싶어 하는 기억을 되불러낸다. 그렇다면 1피트운동 영화들의 이 영상은 더 나아가 미·일 동맹체제에 대한 기억의 정치상의 도전이라 할 수도 있다. 천황의 '인간 선언'을 이끌어 내고 '상징천황제'를 수립했으며 히로히토를 도쿄 전범 재판의 기소 위험에서 보호해 준 것은 맥아더와 미국이었고, 일본의 전후 체제는 미·일 동맹체제에 의해 지탱되는 것이기 때문이다.

천황을 대신해 항복문서에 서명한 외무대신 시게미츠 마모루(重光葵)는 미국인들에게 천황이 얼마나 평화를 사랑하는지 강조했는데, 항복문서 조인식 전날 천황과의 알현 자리에서 전쟁의 과오와 제국의 불행한 처지는 메이지 시대 이후 서로 어긋나기 시작한 천황의 마음과 신민의 마음 사이에 생긴 틈을 군국주의자들(군부 계급)이 파고들었기 때문이라고 보고했다

(존 다우어 2009 : 370 ; 고모리 요이치 2004 : 97). 다른 한편 이가라시 요시쿠니(五十嵐惠邦)에 따르면 미국은 원폭 투하를 정당화하고 도래하는 냉전에 대응하는 논리를 멜로드라마적 서사로 풀어냈다. 즉 미국은 원폭을 사용해 적국의 군국주의 악당들로부터 선량한 적 히로히토를 구해 냈으며, 이 선량한 적은 '미국적 가치'의 대리인이 되었다(Igarashi 2000 : 19-46). 시게미츠의 보고와 미국이 개발한 이 전후 미·일 관계의 정초적 서사(foundational narrative) 사이의 이 같은 담론적 유사성은 어제의 두 적국이 냉전 시대를 맞아 천황의 전쟁책임 면제에 얼마나 이해가 일치했는가를 보여 준다.

맥아더와 미 군정 당국은 시각적으로도 전쟁의 흔적이 지워진 천황의 이미지를 구축하는 데 있어 일본인들에게 매우 협조적이었고 자신들 또한 적극적이었다. 천황의 순행에는 처음부터 미군 병사들이 호위병으로 수행했거니와(존 다우어 2009 : 432-434), 서구식 복장을 한 민간인 모습의 쇼와 천황 이미지가 공적으로 유통되기 시작한 것은 1945년 9월 27일 맥아더와 히로히토가 처음 만났을 때 두 사람이 함께 찍은 그 유명한 사진부터라 할 수 있는 것이다. 게다가 맥아더 옆에 선 왜소하고 초라한 사진 속 천황의 모습은 나라를 위해 자신을 희생하는 천황의 이미지를 만들어 내기까지 했다(Igarashi 2000 : 33).[51] 또한 점령군 당국은 예컨대 유명한 종군사진사 야마하타 요스케(山端庸介)를 황궁으로 불러 천황이 황후와 함께 정원에서 잡지를 읽는 모습 같은 것을 찍게 하는 등 군사 지도자에서 평화를 사랑하는 가정적인 가장으로 천황의 이미지를 바꾸는 작업을 했다(테사 모리스-스즈키 2006 : 133-139).

51 또 큰 체격의 맥아더가 천황을 압도하고 있음에도 불구하고 이 사진은 맥아더가 천황에게 호감을 갖고 있으며 앞으로 그의 편에 서게 되리라는 것을 암시하는 것이기도 했다(존 다우어 2009 : 378).

가메이 후미오(亀井文夫)가 만든 영화 「일본의 비극(日本の悲劇)」을 둘러싸고 벌어진 1946년 여름의 에피소드는 천황의 전쟁책임에 대한 미국의 태도를 명쾌하게 알려 준다. 이 다큐멘터리는 캐프라의 〈우리는 왜 싸우는가〉 스타일로 전시에 촬영된 영상들을 몽타주하여 봉건주의 잔재와 군국주의, 천황제를 비판하는데[52] 핵심은 전쟁책임 문제이다. 영화는 일본을 침략전쟁으로 몰고 가놓고도 전후의 미군 점령하에서 평화주의자인 양 돌변한 지배 계층의 행태를 가차 없이 분석한다. 대단히 인상적인 한 몽타주 시퀀스에서는 제복 차림의 최고 군사지휘관 쇼와 천황이 수수한 넥타이와 오버코트, 부드러운 펠트 중절모 차림의 약간 구부정한 민간인 모습으로 디졸브(dissolve)되어 바뀐다. 가메이의 이 짧지만 기억할 만한 시퀀스는 천황의 전쟁책임 회피를 간결하고 생생하게 시각적으로 응축해 보여 준다. 니치에이의 이 영화는 CIE(민간정보교육국) 장교들의 후원 아래 제작되었음에도 불구하고, 요시다 시게루(吉田茂) 총리의 요청을 받은 정보 당국(G-2 : GHQ의 참모 제2부, 즉 정보참모부) 책임자 찰스 윌러비(Charles Willoughby) 장군이 개입해 1946년 8월 중순 상영이 금지되었고, 점령군은 곧 필름 프린트와 원판을 압수했다.[53] 이렇게 천황의 전쟁책임을 묻는 영상 이미지가 억압

---

52 가메이는 1920년대 후반 소련에서 영화 공부를 했다. 그가 전시에 만든 기록영화들도 반전의 뉘앙스를 품고 있었다. 그는 분명히 좌파이고 「일본의 비극」은 일본공산당의 마르크스주의 노선(강좌파)에 입각하고 있지만, 그는 공산주의자는 아니었다고 한다(Nornes 2003 : 148-190 ; 존 다우어 2009 : 555-556).

53 니치에이는 원폭이 투하된 히로시마와 나가사키를 촬영했던 바로 그 영화사다. 미국이 자신의 결정과 행위의 결과가 공개되는 것을 통제하기 위해 「히로시마와 나가사키에 대한 원자폭탄의 효과」를 금지하고 압수한 그해에 「일본의 비극」 역시 금지되고 압수된 것이다. 후자와 관련된 에피소드는 다우어(2009)가 잘 보여 주듯이 냉전의 도래 속에 이상주의(민주적이고 평화로운 일본의 창조)가 힘을 잃고 기존 체제의 방어에 강박적으로 매달리게 된 GHQ의 '역코스'를 상징적으로 보여 준다.

된 이 시점을 전후해 히로히토의 전쟁책임에 대한 진지한 논쟁도 사라지게 된다(Hirano 1992 : 122-145 ; Nornes 2003 : 184-190 ; 존 다우어 2009 : 555-558).

전후 체제는 이같이 천황의 전쟁책임에 대한 망각을 요구하는 또 한 번의 '일본의 비극'을 기초로 성립했는데, 1피트운동은 망각을 강요받은 이 기억을 되살려 낸다. 1피트운동 영화들 속의 쇼와 천황 영상은, 말하자면 가메이가 만든 그 디졸브 시퀀스를 거꾸로 돌리는 것이다.

3) 케라마 열도의 조선인 군부들

1피트운동의 영화들은 강제로 끌려간 조선인들의 영상과 그들에 관한 이야기를 포함하고 있다. 「미래에의 증언」 속 포로수용소 장면은 75세의 방위대원과 15세의 학도대원까지 동원했던 오키나와 수비군의 열악한 실상에 이어 다수의 조선인 군부들을 보여 준다. 마지막 부분에서도 시라우메 간호대 위령비와 히메유리의 탑 등을 보여 주며 오키나와전투의 비극적 희생자들에 관해 이야기하는 중에 조선인 군부와 군위안부(일본군 성노예)에 대해 언급한다.

「도큐먼트 오키나와전」의 전반부에는 케라마 열도에 상륙한 미군이 생포한 조선인 군부들의 미디엄숏과 개별 버스트숏들, 그리고 이들이 상륙정에 승선하는 숏이 있다(이 숏들은 이후에 만든 1피트 영화들에도 삽입된다. 그림 4-12 참조). 특히 주민들에게 투항을 권고하는(일본군의 눈에 띄면 죽음을 당할 것이 분명하므로 매우 위험한) 임무가 주어진 조선인 군부가 백기를 들고 숲으로 향하는 시퀀스까지 등장한다. 후반부에는 야카(屋嘉) 포로수용소에서 포로들을 본토 출신, 오키나와 출신, 조선인 군부 세 범주로 구분했다는 영상과 설명 다음에 수용소에 있는 조선인 일본군 위안부들의 스틸 사진을 보여 준다.

■ 그림 4-12. 케라마 열도에서 생포된 조선인 군부들
출처 「도큐먼트 오키나와전」, 「오키나와전의 증언」, 「군대가 있던 섬」

오키나와전투에 동원된 조선인은 「오키나와전의 증언」에 출연해 전쟁의 참상을 증언한 6명의 생존자 가운데 한 사람이 케라마 열도에서 살아남은 조선인 군부일 만큼 1피트운동이 중요하게 여기는 피해자 집단이다. 경상북도 영양까지 찾아가 인터뷰한 생존자 강인창은 아카섬에서 조선인 군부 12명이 배고픔을 못 이겨 나락을 훑어 먹었다가 주민의 신고를 받은 일본군에게 총살당한 사건을 증언한다. 카메라에는 영양에 건립된 '태평양전쟁 오키나와지구 전사자 여한비(太平洋戰沖縄地區戰死者餘恨碑)'도 잡힌다.[54] 뒷부분에서는 끌려가는 조선 처녀를 묘사한 그림을 보여 주며 조선인 일

54 오키나와로 징발된 경북 출신의 3천여 명을 위로하기 위해 오키나와참전생존자협회 경상북도지회장 강인창(인터뷰 당사자)의 주관으로 경상북도와 영양군이 지원해 건립되었다(비석에 새겨진 건립기). 2천8백여 명의 전사자와 행방불명자의 이름(한국 이름이 미확인된 사람은 일본 이름)이 새겨져 있다.

본군 위안부 문제를 다루기 시작한다.[55] 120개 이상의 위안소가 오키나와 제도 전역에 설치되어 일본인을 포함해 1천 명 이상의 군위안부가 일했음을 지도를 통해 보여 주며, 위안소가 군의 명령에 따라 설치되고 요금과 시간이 군에 의해 정해졌음을 일본군 문서(『진중일지陣中日誌』)를 통해 폭로한다. 카메라는 이어서 경기도 광주의 '나눔의 집' 역사관에 전시되어 있는 사진과 유품을 보여 주며 도카시키섬에 군위안부로 끌려와 오키나와에서 생을 마친 배봉기 할머니의 삶을 소개한다(그림 4-13 참조).[56] 케라마의 비극에 바짝 렌즈를 갖다 댄 「군대가 있던 섬」에서도 아카섬의 생존자 강인창의 증언과 영양의 '여한비', 도카시키섬의 군위안부 배봉기 이야기는 중요한 비중을 차지한다. 고 배봉기 할머니의 육성 노래가 생존자들의 증언에 합류하며, 도카시키에서 살아남은 군부 권수억과 안수복의 증언도 가세한다.

아시아·태평양전쟁이 끝난 지 70년이 되어 가는 지금까지도 일본 정부가 일본군 '성노예'의 존재를 인정하지 않고 위안부 동원에 대한 정부와 군의 조직적 관여 또한 부인하며, 강제징용 노동자들에 대한 배상은 1965년 한일 국교 정상화 당시의 경제협력 협정으로 완료되었다고 주장하는 상황

---

55 이 그림은 고 김순덕 할머니(2004년 6월 사망)가 그린 「끌려감」이다. 김순덕 할머니는 1937년(당시 17세) 간호사를 모집한다는 말에 속아 상하이(上海)에서 군위안부가 되었다가 난징을 거쳐 1940년 일본군 장교의 도움으로 귀국했다. 할머니가 그린 「못다 핀 꽃」은 위안부 피해 할머니들의 상징이 되었다.

56 배봉기 할머니는 29세 되던 1943년 취업 사기에 걸려 1944년부터 도카시키섬에서 위안부 생활을 했다. 종전 이후 나하에서 살다 1972년 오키나와 반환 당시 불법체류자로 강제 추방당할 처지에 놓여 스스로 일본군 위안부 피해 경험자였음을 밝혔다. 할머니가 1975년 1월 외국인 등록을 마침으로써 세계 최초로 군위안부 피해자가 드러났다. 재일본조선인총연합회(조총련)의 도움을 받았기 때문에 끝내 고향(충남 예산군 신례원)에 돌아가지 못하고 대인기피증 속에 살다 1991년 10월 사망했다(한국정신대연구소 2006).

그림 4-13. 나눔의 집 역사관에 전시되어 있는 배봉기 할머니의 사진과 유품을 보여 주는 장면
출처 「오키나와전의 증언」, 「군대가 있던 섬」

에서, 1피트운동이 만든 영화들은 과거 침략 전쟁에 대한 일본 정부의 공식적 입장과 해석을 일본 내부에서 반박한다. 조선인 군부들의 영상과 증언은 일본이 강제로 끌고 온 수많은 조선인 노동자들의 존재와 부당한 피해를 상기시키고,[57] 1피트운동이 조선인 군위안부 문제를 다루는 방식은 이 문제에 관한 일본 정부의 주장을 정면으로 뒤집기 때문이다.

1피트운동의 영화들에서 조선인 군부들의 영상과 증언은 이와 같이 침략 전쟁의 기억을 상기시키고 전쟁책임을 묻는 것임과 동시에 일본의 애도공동체에 소속되기를 거부하는 것이기도 하다. 야스쿠니신사에는 2001년 10월 기준으로 군인과 군속으로 동원된 조선 출신 합사자 2만 1181명과 대만 출신 합사자 2만 8863명이 '호국의 신'으로 모셔져 있다(다카하시 데츠야

57 일본 정부는 1944년에만도 조선인 노무자 29만 명을 동원했다(外村大 2012 : 172).

2005 : 88). 이 같은 상황에서 1피트운동의 영화들은 오키나와 주민들에게 강요된 집단자결과 군대의 주민 학살의 기억을 되씹음으로써 전쟁터가 되었던 오키나와를 일본의 애도 공동체 속으로 전유하려는 시도에 저항하는 것과 마찬가지로, 조선인 군부의 영상들을 찾아내 보여 줌으로써 식민지의 피해자들을 식민지 지배자들의 애도 공동체 속으로 통합하는 폭거에 항의하는 것이다.[58]

이로써 1피트운동의 영화들은 동아시아 민중이 전쟁과 군국주의로 인한 아픔을 나누고 기억과 체험을 공유할 가능성을 설정한다. 지상전이나 기지 문제 같은 역사적 체험과 현재적 고통은 오키나와가 일본보다 오히려 한국과 공유할 수 있는 것임과 마찬가지로(아라사키 모리테루 2008 : 5), 종국에는 전쟁을 불러온 식민지지배의 피해 역시 오키나와가 일본이 아니라 한국과 공유할 수 있는 것이다. 기억과 고통의 공유는 '비극의 섬'을 넘어 '평화의 섬'이 되기를 원하는 오키나와 평화운동이 항상 추구해 온 것이다. 오키나와전투 종결 50주년을 맞아 1995년 6월에 제막된 '평화의 초석(平和の礎)'에는 미군도 포함해 오키나와전투에서 목숨을 잃은 모든 사람들의 이름이 국적을 가리지 않고 새겨져 있으며, 2013년 현재 447명의 한반도 출신자들(남한 365명, 북한 82명)도 여기 각명되어 있다.[59] '빨간 기와집'이라 불린 위안소가 있었던 도카시키섬에는 1997년 조선인 군위안부를 기리는

58 야스쿠니신사는 식민지 출신자들의 합사를 철회하라는 요구를 일관되게 거절해 왔다. 2001년 6월에는 한국의 유족 55명이 도쿄 지방재판소에 합사 폐지를 요구하는 소송을 제기했다(다카하시 데츠야 2005 : 89-91). 일본인 중에서도 각지에 산재한 '호국신사'에 유족의 의향과 상관없이 망자의 위패를 모시는 데 항의하는 유족들이 있으나 국가는 이들의 편을 들어주지 않는다(노마 필드 1995 : 125-193).

59 총 24만 1227명의 이름이 새겨져 있다. 오키나와현 홈페이지(http://www.pref.okinawa.jp) 참조.

'아리랑 위령의 탑(アリラン慰靈のモニュメント)'이 만들어졌다. 오키나와전투의 고통스러운 기억을 전하는 1피트운동 영화들 속에 포함된 조선인 군부와 군위안부의 영상과 증언은 이러한 기억과 아픔의 공유에 대한 이미지일 것이다.

기억과 아픔의 공유는 억압과 폭력에 대항한 연대의 형성을 가능하게 할 수도 있다. 이와 관련해 조선인 군부가 백기를 들고 주민들에게 투항을 권고하러 가는 「도큐먼트 오키나와전」의 장면은 주목할 가치가 있다. 여기서 '집단자결' 문제를 함께 생각해 볼 필요가 있다.

미군이 오키나와 본섬에 상륙할 당시, 상륙 지점 요미탄에 소재한 치비치리가마(チビチリガマ)에서는 숨어 있던 139명의 주민들 중 15세 이하 47명을 포함한 83명이 사망했다. 그러나 그로부터 1km 남짓 떨어진 시무쿠가마(シムクガマ)에서는 1천여 명의 주민들이 모두 미군에 투항해 살아남았다. 치비치리가마에서는 중국 전선에서의 경험으로 일본군의 만행을 알고 있던 재향군인과 종군간호사가 미군도 자신들을 살육하고 강간할 것이라며 '귀축영미(鬼畜英美)'의 공포를 부채질해 주민들을 집단자결로 몰고 간 반면, 시무쿠가마에서는 미국 이민 체험자 2명이 있어 투항해도 미군에게 죽지 않을 것이라고 설득해 주민들이 자결하지 않았던 것이다(강성현 2008 ; 노마 필드 1995 : 71-74). 이렇듯 황민화와 결전 교육이 죽음 이외의 대안을 생각지도 못하게 한 상황과 대안을 생각할 수 있었던 상황의 차이는 주민들의 생과 사를 극명하게 갈랐다.

케라마 열도의 그 조선인 군부 포로는 미군이 시켰기 때문에 투항 권고 임무를 맡았을 가능성이 크고, 결과 또한 어떻게 되었는지 확인할 수 없지만, 그의 투항 권고는 전달되었다면 아마도 주민들에게 죽음 이외의 대안에 대해 생각하게 했을 것이다. 만약 그럴 경우 대안의 가능성은 기억과 아픔의 공유에 기반한 타자와의 연대에서 마련되고 있다. 1피트운동의 오키나와전투에 대한 기억과 증언은 이렇게 해서도 미래를 위한 증언이 되고 있는 것이다.

4. 1피트의 장대함

1피트운동은 2013년 3월 15일 해산할 때까지 30년간의 활동을 통해 시민들로부터 약 8천9백만 엔을 모금했고 총 11만 피트의 필름을 구입했다.[60] 1피트운동은 미국 국립공문서관으로부터 구입한 이 필름들을 기본적으로 활용하여 지금까지 살펴본 4편의 '자주 영화'들을 제작해 보급하고, 상영과 강연 및 증언 활동을 조직함으로써 오키나와전투의 참상과 실상을 널리 알리는 데 주력해 왔다. 또 1피트운동은 국제연합 군축특별총회(SSD III) 요청 행동(1988)이나 '위령의 날' 휴일 폐지 반대 운동(1989~1990)에 참여하고, '호·가마 조사' 활동(1992~)을 주도했으며, 평화기념공원 내 평화기념자료관의 전시 내용 변경 기도나 교과서 검증 결과에 대한 항의 활동 등에 주도적으로 참여하는 등, 오키나와 평화운동의 대표적 일원으로서 적극적인 활동을 펼쳐 왔다(沖縄戦記録フィルム1フィート運動の会 1993, 1998, 2003, 2008 ; 아라사키 모리테루 2008 : 155-156. 그림 4-14, 4-15 참조).

오키나와의 주체성을 지키고 세계를 향해 평화를 촉구하는 활동에 있어 1피트운동의 가장 큰 공헌은 역시 미국 국립공문서관에서 발굴한 필름과 자신들이 제작한 영화를 통해 오키나와전투의 참상을 기록한 영상을 널리 보급한 일일 것이다. 이러한 활동으로써 오키나와전투를 중심으로 한 오

60 1피트운동 해산선언문(http://www.geocities.jp/okinawa1feet).

■ 그림 4-14. 2008년까지 1피트운동 모임이 사용한 나하시 소재 사무실(沖縄県那覇市久茂地2丁目4番23号 池宮商会ビル4F) 입구
출처 정영신(2008. 10. 11. 촬영)

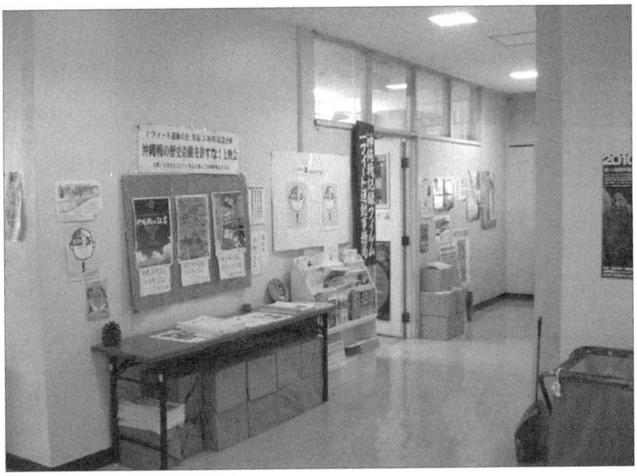

■ 그림 4-15. 2013년 해산할 때까지 나하시 소재 류큐신보(琉球新報)사 건물 5층에 있었던 1피트운동 모임 사무실(沖縄県那覇市泉崎1丁目10番3号 琉球新報泉崎ビル5F) 입구
출처 주은우(2010. 6. 25. 촬영)

키나와 고유의 기억은 일본 국가의 일방주의적인 내셔널리즘적 포섭에 저항할 물적 토대의 하나를 확보한다. '기억을 둘러싼 전쟁'을 위한 견고한 진지를 구축한 것이다.

더욱이 1피트운동이 제작한 영화들은 오키나와 역사상 주민들의 가장 큰 희생을 낳은 오키나와전투에서 격전을 벌였던 상대방 군대가 촬영한 필름들을 자르고 이어붙여 자신의 목적에 맞게 전유함으로써 오키나와 자신의 기억의 정치를 위한 영상 자료를 구축해 냈다는 점에서 영화적으로도 흥미롭다. 이러한 영화적 작업은 프랭크 캐프라의 〈우리는 왜 싸우는가〉 시리즈나 사진에 있어서 존 하트필드(John Heartfield)의 포토몽타주 작업과도 원리를 같이하는 것이지만, 가메이 후미오의 예에서도 알 수 있듯이 '편집영화(編集映画, 헨슈에이가)'와 '문화영화(文化映画, 분카에이가)' 장르를 자신의 일부로 품고 있는 일본 기록영화 전통에 맥이 닿아 있는 것이기도 하다(Nornes 2003 참조).

1피트운동이 전부를 형성한 것은 아니지만 반드시 기억되어야 할 커다란 기여를 해 널리 시각화된 오키나와의 기억은 큰 힘을 가지고 일본국의 공식 역사에 저항하고 오키나와에 대한, 아시아·태평양에 대한, 전 세계에 대한 일본의 전쟁책임을 묻는다. 이런 점에서 오키나와의 1피트운동은 자신의 선배인 히로시마의 10피트운동과는 다른 점이 있다고 해야 한다. 히로시마와 원폭의 기억은 그 압도적인 숭고(sublime)의 감각과 너무나도 보편적인 인간주의적 호소력으로 인해 곧잘 역사적 맥락이 지워진 평화주의 메시지가 되며 일본의 전쟁책임을 모호하게 만들어 버리는 데 이용되기까지 하기 때문이다. 오키나와와 전쟁의 기억 역시 오키나와를 피해자로만 일면화해 오키나와인들의 전쟁 참여 책임을 모호하게 하고 오키나와와 여타 동아시아 식민지들 간의, 또 오키나와 내 여러 지역들 간의 차별과 갈등을 가려 버릴 위험을 안고 있다. 또 원폭 투하와 마찬가지로 오키나와전투의 비극 역시 일본국의 거대한 애도 공동체로 포섭되기 쉽다. 하지만 오키나와전투의 기억에서 일본이 수행한 침략 전쟁이라는 역사적 맥락을 도외시하고 일본국이 자국의 일원에게 가했던 배신과 피해라는 외상적 경험을 지우기란 결코 쉽지 않다.

일본에 반환된 지 꽤 시일이 흘러 복귀 15주년이 되던 1987년, 처음으로 오키나와에서 국민체육대회(국체)가 개최될 당시의 시점에도 오키나와를 "천황을 방문시키기에는 여전히 불안한 지역"(아라사키 모리테루 2008 : 137)으로 만들었고,[61] 반환 이전에는 더더욱 오키나와 사람들로 하여금 본토에서 온 여행자들을 온화한 미소를 머금고 맞아 주면서도 "아무리 자제한다고 해도 금방 표정이 얼어붙고 온화한 얼굴빛 아래에 불신과 거부감이 끓어

---

61 쇼와 천황은 결국 죽을 때까지 오키나와 땅을 밟지 않았다. 또는 밟지 못했다(하지만 히로히토는 황태자 시절이던 1921년 유럽 여행을 다녀오는 길에 오키나와 출신 간나 겐와漢那憲和 함장이 지휘하는 군함 가토리香取호를 타고 오키나와를 방문한 적이 있다. 아라사키 모리테루 2008 : 135). 오키나와에서 열리는 '국체'를 계기로 자민당 출신의 당시 현지사 니시메 준지(西銘順治)는 천황이 출석함으로써 '오키나와의 전후'가 종료되기를 바랐고 일본 정부 역시 천황가 3대의 오키나와 방문을 계획하기도 했으나 쇼와 천황의 와병으로 이는 실현되지 못했으며(그는 1989년 1월 7일 사망했다), 요미탄촌의 소프트볼 경기장에서는 반전지주 치바나 쇼이치(知花昌一)가 히노마루(일장기)를 끌어내려 불태워 버렸다(아라사키 모리테루 2008 : 130-147 ; 노마 필드 1995 : 47-121). 노마 필드가 지적하듯이 국민체육대회의 줄임말 '국체(国体, 고쿠타이)'는 발음이 같은 전전의 '정치체'의 규율과 전후의 '체육경기체'의 규율 사이의 연속성을 암시한다는 점에서(노마 필드 1995 : 83-84), 오키나와 국체를 둘러싸고 벌어졌던 이 같은 상황 전개는 대단히 의미심장하다 할 것이다. 일본의 천황은 '복귀 / 반환' 20년이 지난 1993년에야 비로소 오키나와를 방문할 수 있었다. 이해 4월 헤이세이(平成) 천황 내외가 전국 식수제에 참석함으로써 전후 처음으로 천황과 황후의 오키나와 방문이 실현되었던 것이다(아라사키 모리테루 2008 : 182). 그러나 헤이세이 천황 아키히토(明仁) 역시 황태자 시절인 1975년 7월 오키나와 해양박람회의 명예총재로서 오키나와를 방문했다가 히메유리의 탑에서 치넨 츠토무(知念功)의 화염병 투척을 당했던 바 있다(아라사키 모리테루 2008 : 87-88 ; 도미야마 이치로 2002 : 110).

오르는 것을 감추지 못"하게(오에 겐자부로 2012a : 16) 한 것은 이러한 오키나와의 외상적인 경험이다. 이 경험에 대한 기억을, 오키나와인 자신들이, 그 외상적 경험의 일부를 구성하는 나라가 생산한 영상 자료를 이용해 시각화해서, 자신에게 그 외상적 경험을 강제한 나라의 공식 역사에 문제 제기하고 도전한다는 점에서 1피트운동의 기억의 정치는 주목을 끈다. 더구나 1피트운동은 이러한 기억의 정치를 시민들 한 사람 한 사람이 1피트씩 필름을 구입하는 민주적 참여에 기초하는 방식으로 수행했다는 점에서 1피트가 얼마나 장대해질 수 있는지 깨닫게도 한다.

참고문헌

1. 논문

강성현(2008), 「'죽음'으로의 동원과 이에 대한 저항 가능성」, 정근식 · 주은우 · 김백영 편, 『경계의 섬, 오키나와 : 기억과 정체성』, 논형.

아니야 마사아키(2001), 「천황제와 동아시아」, 동아시아평화인권한국위원회 편, 『동아시아와 근대의 폭력 1 : 전쟁, 냉전과 마이너리티』, 삼인.

야카비 오사무(2008), 「오키나와전에 있어서 주민학살의 논리」, 정근식 · 주은우 · 김백영 편, 『경계의 섬, 오키나와 : 기억과 정체성』, 논형.

정영신(2008), 「오키나와의 기지화 · 군사화에 관한 연구 : 기지의 건설 · 확장과 반환의 역사적 과정을 중심으로」, 정근식 · 전경수 · 이지원 편, 『기지의 섬, 오키나와 : 현실과 운동』, 논형.

주은우(2007), 「섬의 시선 — 영화와 오키나와의 자기 정체성」, 『사회와 역사』 73집.

______(2008), 「섬의 이미지와 국민국가의 응시 — 전후 일본영화 속의 오키나와 재현」, 『사회와 역사』 78집.

진필수(2011), 「하토야마(鳩山)내각에 있어 후텐마(普天間)기지 반환문제와 미일안보체제의 재인식 : 오키나와 주민들의 시점」, 『사회와 역사』 92집.

比屋根薫(2004), 「沖縄戦の報復戦争を任掛ける歌」, 『EDGE』 13号.

我部聖(2005), 「仲里効 — 植民地的な身体を解き放つ表現者」, 『계속되는 동아시아의 전쟁과 전후 — 오키나와전, 제주4 · 3사건, 한국전쟁』, 국제공동심포지움 자료집, 서울대학교 사회발전연구소 부설 동아시아센터 · 東京外国語大学 전후 동아시아 연구팀.

我謝幸男(2003), 「未来への証言のために」, 仲里効 外 編, 『琉球電影列伝 / 境界のワンダーランド 特集カタログ Okinawa — Nexus of Borders : Ryukyu Reflections Official Catalog』, 山形国際ドキュメンタリー映画祭実行委員会.

仲里効(2005), 「琉球電影烈伝 / 記憶と夢のスクランブル」, 『계속되는 동아시아

의 전쟁과 전후ㅡ 오키나와전, 제주4 · 3사건, 한국전쟁』, 국제공동심포지움 자료집, 서울대학교 사회발전연구소 부설 동아시아센터 · 東京外国語大学 전후 동아시아 연구팀.

仲里効 外(2004), 「座談会 : 〈飜訳〉と〈分有〉の鼓動」, 『EDGE』 13号.

仲程昌徳(2003), 「「ひめゆり」の読まれ方 映画「ひめゆりの塔」四本をめぐって」, 『日本東洋文化論集』 9号.

Allen, Matthew(2003), "Wolves at the Back Door : Remembering the Kumejima Massacres," in Laura Hein and Mark Selden eds., *Islands of Discontent : Okinawan Responses to Japan and American Power*, Rowman & Littlefield Publishers, Inc.

Hein, Laura and Mark Selden(2003), "Culture, Power, and Identity in Contemporary Okinawa," in Laura Hein and Mark Selden eds., *Islands of Discontent: : Okinawan Responses to Japan and American Power*, Rowman & Littlefield Publishers, Inc.

Hook, Glenn D. and Richard Siddle(2003), "Introduction : Japan? Structure and Subjectivity in Okinawa," in Glenn D. Hook and Richard Siddle eds., *Japan and Okinawa : Structure and Subjectivity*, Routledge-Curzon.

McCormack, Gavan(2003), "Okinawa and the Structure of Dependence," in Glenn D. Hook and Richard Siddle eds., *Japan and Okinawa : Structure and Subjectivity*, RoutledgeCurzon.

Nozaki, Yoshiko and Hiromitsu Inokuchi(2000), "Japanese Education, Nationalism, and Ienaga Saburō's Textbook Lawsuits," in Laura Hein and Mark Selden eds., *Censoring History : Citizenship and Memory in Japan, Germany, and the United States*, East Gate Book (M. E. Sharpe).

Yonetani, Julia(2003), "Future 'Assets,' but at What Price? The Okinawa Initiative Debate," in Laura Hein and Mark Selden eds., *Islands of Discontent : Okinawan Responses to Japan and American Power*, Rowman & Littlefield Publishers, Inc.

2. 단행본

고모리 요이치(2004), 송태욱 역, 『1945년 8월 15일, 천황 히로히토는 이렇게 말하였다』, 뿌리와 이파리.

노마 필드(1995), 박이엽 역, 『죽어 가는 천황의 나라에서』, 창작과 비평사.

다카하시 데츠야(2005), 현대송 역, 『결코 피할 수 없는 야스쿠니 문제』, 역사비평사.

다키 고지(2007), 박삼헌 역, 『천황의 초상』, 소명출판.

도미야마 이치로(2002), 임성모 역, 『전장의 기억』, 이산.

테사 모리스-스즈키(2006), 김경원 역, 『우리 안의 과거 : 미디어 · 메모리 · 히스토리』, 휴머니스트.

아라사끼 모리테루(1998), 김경자 역, 『또 하나의 일본 오끼나와 이야기』, 역사비평사.

아라사키 모리테루(2008), 정영신 · 미야우치 아키오 역, 『오키나와 현대사』, 논형.

오에 겐자부로(2012a), 이애숙 역, 『히로시마 노트』, 삼천리.

______(2012b), 이애숙 역, 『오키나와 노트』, 삼천리.

이효덕(2002), 박성관 역, 『표상 공간의 근대』, 소명출판.

존 다우어(2009), 최은석 역, 『패배를 껴안고 : 제2차 세계 대전 후의 일본과 일본인』, 민음사.

찰머스 존슨(2003), 이원태 · 김상우 역, 『블로우백』, 삼인.

한국정신대연구소(2006), 『오키나와 거주 일본군 위안부 피해자 배봉기 증언 / 배봉기의 역사이야기』, 여성가족부 용역과제 결과보고서.

후지타니 다카시(2003), 한석정 역, 『화려한 군주 : 근대일본의 권력과 국가의례』, 이산.

大城将保(2007), 『沖縄戦の真実と歪曲』, 高文研.

大田昌秀(1980), 『戦争と子ども―父から、戦争を知らない子たちへ』, 那覇出版社.

______(1983),『写真記録 これが沖縄戦だ』 개정판, 琉球新報社.
比嘉富子(2000),『白旗の少女』, 講談社.
上村忠男 編(2002),『沖縄の記憶 / 日本の歴史』, 未来社.
外村大(2012),『朝鮮人強制連行』, 岩波書店.
仲里効 外 編(2003),『琉球電影列伝 / 境界のワンダーランド 特集カタログ Okinawa—Nexus of Borders：Ryukyu Reflections Official Catalog』, 山形国際ドキュメンタリー映画祭実行委員会.
仲宗根政善(1982),『ひめゆりの塔をめぐる人々の手記』, 角川学芸出版.
真鍋和子(2004),『いのちの重さ伝えたい：沖縄戦1フィート運動と中村文子のあゆみ』, 講談社.
浅川志保・山本アン 編(2003),『山形国際ドキュメンタリー映画祭 2003 カタログ Yamagata International Documentary Film Festival 2003 Official Catalog』, 山形国際ドキュメンタリー映画祭実行委員会.
沖縄言語研究センター(1998),『追悼・仲宗根政善』, 沖縄言語研究センター.
沖縄戦記録フィルム1フィート運動の会(1986),『沖縄戦・未来への証言』, 1フィート運動事務局.
______(1993),『1フィート運動 十周年記念誌』, 子どもたちにフィルムを通して沖縄戦を伝える会(통칭 沖縄戦記録フィルム1フィート運動の会).
______(1998), 『1フィート運動のあゆみ—集録1994～1998年』, 子どもたちにフィルムを通して沖縄戦を伝える会(통칭 沖縄戦記録フィルム1フィート運動の会).
______(2003),『20周年記念 1フィート運動のあゆみ—集録1999～2003年の記録』, 子どもたちにフィルムを通して沖縄戦を伝える会(통칭 沖縄戦記録フィルム1フィート運動の会).
______(2008),『25周年記念 1フィート運動のあゆみ—集録2004～2008年の記録』, 子どもたちにフィルムを通して沖縄戦を伝える会(통칭 沖縄戦記録フィルム1フィート運動の会).
ひめゆり平和祈念資料館(2005),『2005年ひめゆり平和祈念資料館企画展 沖縄陸軍病院看護婦たちの沖縄戦』, ひめゆり平和祈念資料館.

ひめゆり平和祈念資料館 資料委員会(2004), 『ひめゆり平和祈念資料館』, 財団法人沖縄県女師・一高女ひめゆり同窓会 / ひめゆり平和祈念資料館.

Dower, W. John(1986), *War without Mercy : Race and Power in the Pacific War*, Pantheon Books.

Hirano, Kyoko(1992), *Mr. Smith Goes to Tokyo : Japanese Cinema under the American Occupation, 1945-1952*, Smithsonian Institution Press.

Igarashi, Yoshikuni(2000), *Bodies of Memory : Narratives of War in Postwar Japanese Culture, 1945-1970*, Princeton University Press.

Jowett, Garth(1976), *Film, the Democratic Art : A Social History of American Film*, Focal Press.

Nelson, Christopher(2008), *Dancing with the Dead : Memory, Performance, and Everyday Life in Postwar Okinawa*, Duke University Press.

Nornes, Abé Mark(2003), *Japanese Documentary Film : The Meiji Era through Hiroshima*, University of Minnesota Press.

Schatz, Thomas(1999), *Boom and Bust : American Cinema in the 1940s*, University of California Press.

3. 신문

『毎日新聞』

『沖縄タイムス』

4. 인터넷 사이트

오키나와현 http://www.pref.okinawa.jp

우에하라 쇼넨 홈페이지 http://ueharashonen.web.fc2.com

1피트운동 홈페이지 http://www.geocities.jp/okinawa1feet

NHK 평화아카이브 http://www.nhk.or.jp/peace/chrono/chrono_08.html

제5장

오키나와의 무라아스비(村遊び)와 '전통예능'의 전승 양상

진필수

1. 봉(盆)과 중추명월(仲秋名月)

일본의 봉은 불교에서 유래한 연중행사로서[1] 조상 제사, 지역 축제, 민속예능 전승의 측면에서 중요한 의미를 가져왔다. 매년 양력 8월 15일 무렵 각 가정에서는 친척들이 모여 불단 앞에서 조상 공양을 하고, 각 지역사회에서는 주민들이 오락 및 공동체의 결속을 위해 봉오도리(盆踊り)를 연행하는 풍습이 지금까지 전해지고 있다. 오키나와에서도 17세기 초반 불교가 본격적으로 유입되기 시작한 이후 봉은 조상 제사를 위한 연중행사로 보급되었으며, 봉오도리의 일종이었던 에이사(エイサー)가 1950년대 이후 널리 확산되어 왔다(진필수 2010). 그러나 오키나와에서는 음력 7월 15일

1 일본의 봉이 중국의 풍습에서 영향을 받았다는 설도 있다. 중국에서는 음력 7월 15일을 중원절(中元節)이라고 하는데, 일본의 봉은 중국의 중원절 행사가 토착화된 것으로 보기도 한다. 현대 일본에서는 봉과 중원절(お中元)이 시기적으로 분리되어 있고 상이한 성격의 연중행사로 자리 잡았다(한경구 2007 : 204-205).

무렵의 봉보다 더 중요한 연중행사가 음력 8월에 있는 경우가 많았다. 그 중에 대표적인 행사가 현재는 음력 8월 15일 무라아스비(村遊び)[2]라는 이름으로 행해지고 있다.

일본의 저명한 민속학자인 야나기타 구니오에 따르면(柳田国男 1961 : 181-185), 아마미(奄美) 제도와 오키나와 제도를 중심으로 중국 남동부 해안부터 일본 규슈(九州) 남부에 이르는 지역에서 음력 8월을 가리키는 중추명월의 행사가 7월의 봉 행사가 보급된 이후에도 큰 중요성을 가지고 있었다. 중추명월의 연중행사는 봉 행사가 보급되기 훨씬 이전부터 행해졌을 가능성이 많으며(上江洲 2008 : 74-75), 중국 남부로부터의 고대 일본 민족의 이동과 도작(稲作)문화의 전파를 추론하는 근거로 인식되기도 하였다. 아마미 · 오키나와 지방에서는 음력 8월이 새로운 절기의 농사를 시작하는 시기로서 한국과 일본 본토의 정월에 해당하는 것이었으며, 음력 9월의 파종을 준비하는 시기였다. 오키나와에서 음력 8월 행사로 널리 알려져 있었던 것은 시바사시(柴指)라는 행사였다. 시바사시는 억새풀(芒, すすき)이나 나뭇가지를 꺾어서 집 주위에 꽂아 액을 막는 풍습으로, 날짜는 대개 음력 8월 8일에서 11일 사이로 지역에 따라 모두 달랐으며, 새로운 한 해(농사 절기)의 시작을 의미하는 날이었다.

류큐(琉球) 열도 각 지방의 연중행사는 그 지방의 농사력과 대조하여 지역적 다양성 속에서 이해할 필요가 있다.[3] 1609년 사츠마(薩摩)번의 지배 이후 경제적 착취의 산물이었던 사탕수수와 구황작물인 고구마류가 재배

2 일본어로는 무라아소비, 오키나와 본섬 중남부에서는 무라아시비라고 발음한다. 이 표기는 필자가 연구했던 오키나와 본섬 북부의 발음에 따른 것이다.

3 류큐 열도의 연중행사에 대한 개괄적 이해는 大藤時彦 · 小川徹 編 1981 : 168-335 ; 比嘉政夫 1982 : 27-103 ; 上江洲均 2008 등을 참조하기 바란다.

되기 전까지 류큐 열도에서는 2기작의 쌀농사가 주류를 이루고 있었다(伊波普猷 1974a : 248-293). 음력 8월부터 시작되는 연중행사의 주기는 지금의 1년을 2기로 나눈 것과 같은 것이었다. 쌀농사 지역에서는 과거 류큐 왕부의 지원하에 음력 6월 15일을 전후로 마을마다 6월 우마치(六月ウマチー)라는 쌀의 수확제가 열렸으며, 음력 6월 25일 무렵에는 햅쌀로 조상 공양을 하고 새로운 농사 절기를 맞기 위한 의례를 행하였다. 오키나와의 과거 농사력에서 음력 6월 하순부터 8월 중순에 이르는 시기는 새로운 한 해로 전환되는 의미를 띠었으며, 다양한 의례가 이 시기에 집중되어 있다.

정월 행사의 성격을 갖는 것으로서, 오키나와의 많은 촌락에서는 음력 8월 15일 전후 3~4일간 팔월주고야(八月十五夜), 팔월놀이(八月遊び), 팔월무(八月踊り)와 같은 명칭의 행사가 거행되었다. 오키나와 제도 대부분의 지역에서 행해지던 줄다리기(綱引き)는 마을과 지역에 따라 음력 6월 25일경이나 음력 8월 15일경에 행해졌다. 음력 7월 초 오키나와 본섬 북부에서 주로 행해지던 시누구 · 운쟈미(シヌグ · ウンジャミ)라는 행사는 1년 동안 인간 세계에 와 있던 내방신(來訪神)을 보내는 송년 의례로 볼 수 있는 여지가 있다. 아마미 제도에서도 음력 8월에는 아라시츠(アラシツ), 시바사시, 돈가(ドンガ)라는 일련의 신년 맞이 행사가 열렸다. 15일에는 주고야(十五夜)라고 하여 마을마다 중추명월의 대대적인 놀이 행사가 열려, 유명한 민속예능인 팔월무(八月舞)와 씨름 경기가 거행되었다(昇曙夢 1927). 미야코 · 야에야마(宮古 · 八重山) 제도에서도 그 시기와 내용은 조금씩 달랐지만, 5~10월 중에 마을마다 풍년제와 정월 행사가 열렸다. 예를 들어 이리오모테(西表)섬에서는 음력 8~9월 중 계해(癸亥)의 날에 열리는 시치마츠리(節祭)가 정월 행사에 해당하는 것이었으며, 시치안가마(節アンガマ)라는 민속예능이 연행되기도 하였다(比嘉盛章 1981 : 266-289).

오키나와의 음력 8월 행사는 지나간 해의 수확에 감사하고 새로운 해의 풍작과 행복을 기원하는 풍년제의 연속선상에서 이해하는 것이 타당할 것이다. 2기작을 주로 했던 오키나와에서의 풍년제는 단순한 추수감사제를 넘어 한국이나 일본의 정월 행사에서 흔히 나타나는 예축의례(豫祝儀禮)를 포함하는 경우가 많았다. 새로운 농사 활동에 들어가기 전에 신에 대한 제사를 통해 부정한 것을 정화하고 액을 막으며, 촌락공동체 구성원들이 집단적 여흥 행사를 벌이는 것이 음력 8월 행사의 일반적인 모습이었다고 할 수 있을 것이다(植松明石 1962).

오키나와 각지의 풍년제와 정월 행사는 오키나와 특유의 신앙 체계와 세계관에 기초해 있다. 오키나와의 풍년제는 니라이카나이(ニライカナイ)라는 수평선 너머 이상 세계(理想世界)로부터 내방하는 신에 대한 제사이다. 인간세계의 모든 풍요와 행복은 니라이카나이의 신들이 가져다주는 것이며, 풍년제는 이러한 신들에게 감사하고 두 세계를 왕래하는 신들을 배웅하거나 환대하는 의례이다. 이렇게 볼 때 풍년제의 연속선상에 있는 오키나와의 중추명월 행사는 불교적 전통에서 유래한 봉과는 전혀 다른 문화적 전통 속에서 존재해 왔으며, 농사력과 신앙 체계를 비롯하여 오키나와 특유의 다양한 문화 요소들을 함축하고 있는 것이다.

오키나와의 연중행사에서 봉이 일본화의 과정을 함축해 온 것이라면, 무라아스비는 오키나와 특유의 풍습으로 자리 잡아 왔다고 할 수 있다. 오키나와의 일본화는 생활양식 전반에서 진행된 것인데, 일본식 연중행사가 도입되었을 뿐 아니라 근대 일본 정부의 태양력 시행[4] 이후 음력에 따르

4 일본 메이지(明治) 정부는 1872년 11월 역법 개정을 발표하여, 1842년부터 사용하던 태음태양력상으로 음력 12월 3일을 1873년 1월 1일로 선포함으로써 태양력을 도입했다. 태양력의 도입과 함께 12시간제가 24시간제로 바뀌었고, 일주일 7일제가 채택되

던 오키나와의 많은 연중행사가 쇠퇴하거나 소멸하였다. 그러나 오키나와인들의 문화적 자율성도 강고한 면이 있어서 지금까지 남아 있는 많은 연중행사는 음력을 고수하고 있다. 그중에서도 대표적인 연중행사인 봉은 음력 7월 13~15(16)일에 행해져 구봉(舊盆)이라고 불리고 있으며, 음력 8월 15일에 행해지는 무라아스비는 행사의 내용에 있어서도 오키나와의 문화적 전통을 잘 보여 주는 연중행사가 되고 있다.

이 글에서는 현대 오키나와인들이 무라아스비 행사를 통해 자신들의 문화적 전통을 자각하고 재구성하는 양상을 분석하고자 한다. 행사의 시기나 명칭으로 미루어 볼 때, 지금의 무라아스비가 과거의 음력 8월 행사로부터 이어져 온 전통적 연중행사라는 점은 쉽게 추측할 수 있지만, 현대적 상황에서 그 의미와 내용이 어떻게 구성되고 있는지에 대해서는 의외로 많은 연구가 진행되지 않은 실정이다. 제사 의례의 신성성이 탈각되어 세속화된 축제가 되었고, 제사 조직으로 존재하던 촌락의 공동체성이 급격히 해체되어 온 상황에서 무라아스비가 갖는 의미와 기능을 검토하는 작업은 현대 오키나와의 소수민족 정체성(ethnic identity) 문제를 이해하는 데 큰 중요성을 가지며, 현대 축제에 대한 비교문화론적 이해에도 공헌할 수 있을 것이다.

2. 현대적 마을 축제로서의 무라아스비

'오키나와'[5]는 문화권의 하위 범주와 지리적 영역에 있어 아마미 제도,

었다(한경구 2007 : 198).

5 이 글에서 오키나와라는 용어는 행정구역이 아니라 류큐 열도 전체를 하나의 문화권으로 인식하는 입장에서 사용하며, 이 점을 명확히 해야 할 때는 '오키나와' 또는 '오키

오키나와 제도, 미야코·야에야마 제도[6]의 세 지역으로 구성되어 있다. 지금도 '오키나와'의 연중행사는 지역에 따라 그 편차가 매우 크다. 이 글에서 무라아스비는 음력 8월 15일경 오키나와의 각 마을과 지역에서 행해지는 축제를 총칭하는 말로 사용하고자 한다. 각 지역의 무라아스비는 행사의 시기, 내용, 의미, 기능 등에서 상당한 정도의 유사성을 가질 것으로 생각되지만, 그 명칭에서는 호넨사이(豊年祭), 주고야, 간게츠사이(観月祭), 하치가츠오도리(八月踊) 등의 이름이 병존하고 있다.

무라아스비는 현대 오키나와의 대표적인 마을 축제라고 할 수 있는데, 이 글에서는 오키나와 본섬 북부에 위치한 킨(金武) 지역의 사례를 중심으로 그 내용을 분석해 나갈 것이다.[7] 도시화가 진전된 오키나와 본섬 중남부 지역에서는 무라아스비가 소멸되거나 그 지역의 대표적인 민속예능이나 민속놀이만을 공연하는 행사로 축소된 경우도 흔히 있지만, 오키나와 본섬 북부 지역에서는 무라아스비가 이전보다 활성화되는 모습까지 찾아볼 수 있다. 무라아스비의 실행 단위는 전통적 촌락공동체이며, 오키나와에서는 이를 시마라고 부른다.[8]

오키나와의 전통적 촌락공동체인 시마는 현재 아자(字)나 구(區)의 관습

나와 문화'와 같이 표기한다.

6 미야코·야에야마 제도를 합쳐서 사키시마(先島)라고 부르기도 한다.

7 본고의 작성에 필요한 자료는 2003년 4월부터 2005년 7월까지의 킨 지역 현지 연구를 통해 주로 수집되었다. 오키나와 전통 예술과 연중행사에 대한 일부 자료는 2010년 5월 관련 인터넷 사이트의 검색을 통해 수집되었다.

8 오키나와 사람들이 조상 때부터 살아온 마을이나 고향을 지칭할 때 시마라는 용어를 일상적으로 사용하는데, 공식적 상황에서는 일본에서 흔히 사용하는 무라라는 용어를 사용하기도 한다. 오키나와의 전통적 촌락공동체의 구조가 본토의 것과 상이하다는 점은 연구자들 사이에서도 널리 인식되어 왔다(진필수 2011 : 72-113).

적 자치단위 내지 준행정단위를 이루고 있다.[9] 오키나와 본섬 중남부는 인구가 집중되고 도시화가 진전된 반면, 오키나와 본섬 북부와 아마미 제도, 사키시마(先島)는 인구의 고령화와 과소화가 진행된 경우가 많다. 일부 지방 중심 도시와 미군기지 소재 지역에서는 인구 고령화 및 과소화의 문제가 심각한 정도로 나타나지 않고 있다. 무라아스비는 아자나 구 단위에서 행해지는 전통적 마을 축제로서, 지금도 많은 오키나와 사람들에게 음력 8월 15일은 마을 축제가 열리는 날로 인식되어 있다.

킨초(金武町)라는 지방 행정단위 속에는 4개의 전통 촌락과 1946년 독립한 1개의 신생 촌락이 있다.[10] 마을마다 연중행사에 일정한 차이가 있는데, 매년 무라아스비를 거행하는 마을은 킨쿠와 나미사토(並里)쿠이며, 나머지 마을들은 비정기적으로 또는 시기를 달리해서 무라아스비에 준하는 마을 축제를 한다. 표 5-1은 나미사토쿠의 주요 연중행사로서, 이를 통해 현대 오키나와의 연중행사에서 무라아스비가 갖는 위상을 검토해 볼 수 있다. 표 5-1의 내용은 나미사토쿠의 구장과 구 직원들이 각 시기별 마을의 중요 행사로 기억하고 있는 것들이다.

표 5-1의 행사들을 성격에 따라 분류해서 간단한 설명을 붙이면 다음과 같다.

---

9 2003년 말 현재, 오키나와현 내에는 52개 시정촌, 910개 행정구(行政區)가 있었다(中村誠司 2005 : 88-90). 나카마츠 야슈는 평민 백성촌의 숫자를 근세 류큐왕국의 지배 영역인 오키나와 제도와 사키시마에 국한하여 사기별로 산출하고 있는데, 류큐왕국에 대한 사츠마의 지배가 시작되는 1611년 454개, 근세의 촌락 재편이 완료되는 시기인 1713년 511개, 폐번치현(廢藩置縣)의 연도인 1879년 589개, 전후(戰後) 미군기지 건설이 완료된 1970년대 678개로 집계하고 있다(仲松弥秀 1993 : 149-154). 아마미 제도의 자료는 입수하지 못하였다.

10 4개 전통 촌락의 이름은 킨, 나미사토(並里), 이게이(伊芸), 야카(屋嘉)이며, 신생 촌락의 이름은 나카가와(中川)이다.

표 5-1. 나미사토쿠의 주요 연중행사

월 구분	행사 내용	장소	주최자
1월	토카치(トーカチ, 米寿 : 88세 노인 생일) 공동 축하회	나미사토 공민관 또는 당사자 자택	나미사토쿠
당사자 선택	카지마야(カジマヤー : 97세 노인 생일) 축하 잔치	당사자 자택 및 마을 순회	나미사토쿠
2월	공민관 마츠리(公民館祭り)	나미사토 공민관	나미사토쿠
4월	각종단체 운동회	마을 운동장 파파무이	나미사토쿠
	쿠시유쿠이	각 한(班)	구 및 각 한
5월	학사 장려회 : 대학 입학자 격려 행사	나미사토 공민관	나미사토쿠
8월	구봉 에이사(舊盆エイサー) : 음력 7월 13~15일	나미사토쿠와 인근 지역	청년회
	킨초 마츠리(金武町祭り)	킨초 운동장	킨초
9월	주고야 무라아스비(十五夜村遊び) : 음력 8월 15일	마을 광장	나미사토쿠
	킨초 육상경기 대회	킨초 운동장	킨초체육협회
11월	경로회	나미사토 공민관	나미사토쿠
	한 대항 그라운드골프 대회(各班グラウンドゴルフ大會)	마을 운동장 파파무이	나미사토쿠

한국의 시군구와 같은 기초지방자치단체로서 킨초가 주관하는 행사가 있다. 킨초 마츠리와 킨초 육상경기 대회가 그것인데, 전자는 지역 활성화를 위해 20여 년 전에 창설된 이벤트 내지 페스티벌이며, 후자는 마을별로 선의의 경쟁을 벌임으로써 지역의 화합을 도모하는 현대적 체육 행사로서 60년이 넘는 역사를 가지고 있다.

현대적 촌락 행사로서 공민관 마츠리, 학사 장려회, '각종단체' 운동회, 한(班) 대항 그라운드골프 대회가 있다. 공민관 마츠리는 마을 사회교육 시설인 공민관의 활동가들이 주관하는 행사이며, 학사 장려회는 그해의 마을 출신 대학 입학자를 격려하는 행사이다. 뒤의 두 행사는 일종의 연령 결사체인 각종단체나 한국의 통반과 같은 지연 조직별로 나뉘어 운동경기를 벌이면서 주민들의 화합을 도모하는 행사이다.

노인들의 건강과 장수를 축하 · 기원하는 행사로서 토카치, 카지마야, 경로회가 있다. 오키나와에서는 오래전부터 노인들의 장수를 축하하는 관습이 있어 왔는데, 이러한 관습을 계승하는 한편 일본 정부 및 오키나와현의 노인 정책에 호응하는 의미도 있다. 앞의 두 행사는 이러한 관습을 계승한 기본적으로 가정 행사이지만, 과거부터 촌락공동체의 행사로 확대해서 거행해 왔다.

그 유래를 정확하게 추적할 수는 없지만, 오래전부터 마을 주민들이 행해 오던 전통적 연중행사로서, 쿠시유쿠이, 구봉 에이사, 무라아스비가 있다. 쿠시유쿠이는 파종을 마친 후 허리를 잠시 쉬게 한다는 의미로 이웃 사람들끼리 모여 잔치를 벌이는 행사이다. 오키나와의 다른 지역에 비해 킨 지역에서 성행하고 있다. 구봉 에이사는 청년회가 주관하는 행사로서 그 역사가 길지는 않지만, 에이사가 오키나와 전통예능의 상징이 되면서 그 중요성이 커지고 있다. 구 직원들과 마을 주민들이 입을 모아서 이야기하는 최대의 연중행사는 무라아스비이다. 마을 사람들은 무라아스비가 가장 오래된 마을의 연중행사이자, 마을 사람들 전체가 참여하는 축제라고 말한다.

나미사토 마을과 킨 지역에서 무라아스비가 언제부터 행해져 왔는지를 알기 위해서는 촌락 제사에 대한 기록을 살펴볼 필요가 있다. 1713년 류큐 왕부에서 편찬한 『류큐국 유래기(琉球國由來記)』에는 과거 나미사토 마을과 하나의 마을을 이루고 있던 킨 마을의 촌락 제사에 대한 기록이 있다. 그 당시 킨 마을에는 마을의 조상신이 머문다고 믿어지는 성지(聖地), 즉 우타

키(御嶽)가 세 군데 있었으며, 여기에서는 매년 정해진 시기에 촌락 제사가 거행되었다. 나카무이와 헤신바 우타키에서는 매년 음력 3월과 8월, 4회의 제사가 거행되었고, 툼스즈 우타키에서는 매년 음력 6월 15일경 우마치(稲大祭, ウマチー : 벼의 수확제)가 거행되었다. 우타키 제사는 모두 노로(ノロ)가 주재하는 제사였으며, 제사 비용은 모든 백성이 염출한 것으로 되어 있다. 그리고 마을 주민 전체가 모일 수 있는 마을 광장, 즉 가미아사기(神アサギ)에서도 매년 촌락 제사가 거행되었는데, 우마치(稲穂祭,[11] 稲大祭), 시바사시[12]의 제사가 있었다. 제사는 노로와 이가미(居神)의 두 사제가 담당하였으며, 제사 비용은 모든 백성이 염출하였다.

무라아스비와 관련된 사항은 1887년경 가미아사기 촌락 제사의 기록에 처음 등장하고 있다(金武區誌編纂委員會 編 1994 : 167-173). 킨 방언으로 가미아사기에서 우타키의 조상신에게 제사 지내는 것을 요헤이(ヨーヘイ : 遙拜의 방언인 듯하다)라고 했는데, 이 당시 가미아사기 제사는 음력 5월 15일의 우마치(稲穂祭), 6월 15일의 우마치(稲大祭), 8월 10일의 시바사시, 6월 25일의 투시아미(年浴, トゥシアミ),[13] 8월 15일의 주고야의 연 5회로 구성되어 있었다. 7명의 사제(神人)가 제사를 주재하였고, 주요 지방 관리(役人), 각 '문츄(門中)'

11 매년 음력 5월 15일경 열렸던 우마치(稲穂祭)는 파종이나 모심기를 마치고 벼의 순조로운 성장을 기원하는 제사이다. 稲穂祭는 오월우마치(五月ウマチー), 稲大祭는 유월우마치(六月ウマチー)라고도 한다.

12 킨 지역에서 시바사시는 매년 음력 8월 9일부터 11일까지 행해졌으며, 악령과 액을 물리치기 위해 뽕나무(桑)의 가지나 스스키(ススキ)라는 들풀 두세 뿌리를 묶어서 집 처마 밑에 꽂아 놓는 행사였다.

13 벼의 성장을 기원하는 2개월간의 일상생활의 근신 기간이 끝나는 때로 사람들과 가축들이 샘물이나 우물에 가서 목욕하고 휴식을 취하는 연중행사이다. 오키나와에서는 일반적으로 벼의 수확이 끝나는 6~7월의 시기를 한 해의 마지막으로 생각하여 새로운 해를 맞기 위해 목욕재계하고 심신을 정결히 하는 연중행사라고 하기도 한다.

의 대표, 모든 백성이 참여하였다. 신에 대한 제사가 끝나면, 가미아스비(神遊び)라고 해서 신을 즐겁게 한다는 명목으로 제사 참례자들의 여흥 행사가 있었다. 그중에는 여성들만이 노래를 부르면서 춤을 추는 우스데크(ウスデーク)[14]라는 민속놀이가 있었다.

3. 무라아스비와 시마의 결속

이 장에서는 나미사토 마을의 사례를 통해 현대 오키나와의 음력 8월 15일 행사로 행해지는 무라아스비의 행사 내용, 연행 주체, 관객 구성, 행사의 준비 및 실행 과정에 대해 살펴보고자 한다. 1880년대 촌락 제사로 행해지던 음력 8월 15일 행사는 역사적 변천을 거쳐 지금과 같은 무라아스비 행사로 변화되었다. 표 5-2에서 현대 무라아스비의 행사 내용을 제시하고, 이하에서는 이에 대한 설명과 분석을 수행하고자 한다.

표 5-2. 2003년도 나미사토쿠 주고야 '무라아스비' 프로그램

	연목(演目)	출연자
1	고전합주(古典合奏 : かぎやで風・ごいん節・鶴亀)	나미사토쿠 고전 예능 애호자
2	카자데후(かじゃで風)	전통예능보존회(봉 1인 : 當山泰弘「泰孝, *우후얀과*」 부채 2인 : 松堂智美「勇, *데키다*」, 安富祖尚子「貞光택시 静子의 손녀」)

14 킨에서는 우스데크가 더 이상 전승되지 않기 때문에 상세한 모습은 알려져 있지 않지만, 일반적으로 여성들이 원을 만들어 돌면서 북의 박자에 맞추어 노래를 부르며 춤을 추는 방식으로 행해진다.

3	바다의 친보라(海のチンボラー)	이토무라 무용연구소(野村なお, 嘉手納ニーナ「森田光久의 손녀」 외)
4	누부이쿠두치(上り口説)	청년회(仲間研二「勝三, *산조*」, 仲田紀枝「實, *東토쿠모신과*」, 仲田直幸「幸德, *위모시*」)
5	카세카케(かせかけ)	이토무라 무용연구소(伊芸加南子「清, *카미진과* 光子의 손녀」, 糸数みゆい「健一, シンマ의 손녀」)
6	쿠다이쿠두치(下り口説)	청년회(當山政秀「英孝, *쿠부미*」, 仲田永「實, *東토구모신과*」, 与那城将人「弘, *우시나이시차구인과*」)
7	수누부조(取納奉行)	부인회(金城明子, 伊芸美恵子, 伊芸常子, 仲間鶴代, 仲間和子, 仲間友枝, 当山豊子, 仲間京子, 山城トシ子)
8	사자 탄생, 구장 인사(獅子誕生, 區長挨拶)	나미사토의 새끼 사자
9	다이코(太鼓)	웅비(雄飛) 다이코단
10	카나요(加那ヨー)	청년회(間瞳「政義, *메스톤과*」, 宮平昌子「高, *아바스*」, 奥間すずの「居酒屋はな, ミツコ 씨의 차녀 아버지는 키센바루 입구 트랙터 가게」, 仲田友美「久雄, *우이아라카*, タケ의 손녀」)
11	나카나오리 산데과(仲直り三良小)	보존회(与那城一史「正夫, *이시차구인과*」, 伊芸剛「秀次, *카누위*」, 宜野座健太「憲政, *우쥬스시챠란과*」)
12	칸제쿠(金細工)	부인회(伊芸美恵子, 宜野座愛子, 仲間政子)
13	나기나타(長刀)	보존회(仲田弥史「正信, *페킨과*」, 当山英和「英夫, *우후얀과*」, 与那城光長「忠一, *메쟈하난과*」, 稲葉国男「치바대학」, 幸喜鍛「우시나 오뎅가게 あさ의 손자」)
14	모도리카고(戻り籠)	청년회(仲田武臣「澄子, *페키*」, 松田健人「義政」, 比嘉良「良順, 比嘉 횟집」)
15	타카데라만자이(高平良万才)	보존회(仲間裕「徳三, *우가미챠차*」)

16	봉술(棒スケェー)	보존회
17	사자춤(獅子舞)	보존회(當山泰弘「泰孝, *우후얀과*」, 伊芸勳「幸一, *카누위*」, 山川直也「巌, ガージャ의 손자 米子의 장남」)

* 출연자란의 괄호 안은 출연자 개인 혹은 단체의 이름이다. 낫표「」안의 내용은 프로그램 제작자가 관객에게 출연자를 소개하는 것으로서 부모 중 한 사람의 이름(성은 같으므로 생략) 야고(屋号 : '*우후얀과*'와 같이 글자를 기울여 표기), 본인의 소속, 친척관계, 가업(家業) 같은 것이 표시되어 있다.

1) 축제의 조직

나미사토쿠의 무라아스비는 나미사토 구사무소가 주최하는 행사이다. 구장과 구사무소 직원 7명이 무라아스비의 준비와 실행을 총괄하고 있으며, 청년회 임원 7~8명과 부인회 임원 3~4명이 매년 자원봉사를 수행하고 있다. 2003년도 나미사토쿠 무라아스비의 행사비는 115만 2867엔이 지출되었다.

표 5-2를 통해 출연자의 구성 및 특성을 살펴볼 수 있다. 오키나와에서는 어린이회, 청년회, 부인회, 성인회, 노인회와 같이 연령과 성에 따라 조직된 마을 단위의 연령 결사체를 '각종단체'(各種團体 : 가쿠슈단타이)라고 한다. 일반적으로 이러한 각종단체가 무라아스비 행사의 주축을 이루고 있다. 나미사토쿠에서는 장년층 남성으로 구성된 성인회가 없고, 수년 전 구사무소와의 불화로 노인회가 불참하고 있다. 웅비(雄飛) 다이코단은 다이코(북) 공연을 하는 킨 지역 아동들의 단체인데, 나미사토 무라아스비에는 나미사토쿠 출신 멤버들이 어린이회를 대신하여 출연하였다.

나미사토쿠 전통예능보존회는 마을의 전통예능을 발굴하고 보존하기 위해 결성된 모임이며, 이토무라(糸村) 무용연구소는 류큐 무용 전문가가 운영하는 사설 기관인데, 이들에 대해서는 다음 장에서 자세하게 언급할 것이다. 나미사토쿠 고전 예능 애호자 모임은 마을의 노년층 남성들이 중심이 된 동호회이며, 무라아스비를 위해 일시적으로만 활동을 한다.

표 5-2의 출연자란을 보면, 출연자들의 이름 외에도 야고(屋号)가 표시되어 있다. 이러한 관행은 2000년대 들어 새롭게 생겨난 것인데, 촌락의 구성단위인 야(ヤー, 屋)를 중심으로 마을 주민들을 인지해 온 노인 세대의 인지 방식에 맞춘 것이다. 야고를 표기한다는 것은 야고 사용의 관행에 혼란이 일어나고 있음을 반영하는 것이기도 하다. 요즘의 청년 세대는 야고의 존재를 잘 모를 뿐 아니라, 전후(戰後) 나미사토에 이주해 온 주민들은 야고를 만들지 않는 경우가 많았다. 그럼에도 불구하고 이렇게 야고가 사용된다는 것은 무라아스비가 원주민 중심의 공동체의 기반 위에서 실행되고 있음을 말해 주는 것이다.

무라아스비를 보러 오는 관객은 대부분 마을 사람들이며, 연령층은 골고루 분포하고 있다. 2003년에는 대략 1천여 명이 관람한 것으로 추산되었는데, 2003년 3월 말 현재 나미사토쿠 인구는 2542명이었다. 여전히 성황을 이루고 있긴 하지만, 최근 들어 그 열기가 좀 식었다고 나미사토쿠 직원들은 말한다. 외지에 사는 마을 사람들의 친척과 친지의 모습도 흔히 볼 수 있는데, 매년 무라아스비를 보면 오키나와 사람들이 이탈리아 사람들보다 오페라와 예술을 더 좋아하는 민족임을 알 수 있다고 말하는 일본 본토 출신의 한 남성도 만날 수 있었다. 그러나 나미사토 주민들과 연고를 갖지 않은 관광객은 쉽게 찾아볼 수 없었다. 무라아스비는 오키나와 각지에서 동시에 거행되며, 오키나와 밖의 사람들에게는 이른바 볼거리로 잘 알려져 있지 않기 때문인 듯하다.

2) 축제의 준비와 실행

요즘의 나미사토쿠 무라아스비는 각종단체를 비롯하여 마을 운영 조직에서 활동하는 구성원들이 일반 주민들에게 나미사토의 전통예능을 펼쳐 보이는 행사가 되고 있다. 청년회의 에이사와 함께 음력 7월 중순의 봉 기간이 지나고 나면, 구 직원들과 각종단체의 구성원들은 연이어서 무라아스비 행사의 준비에 들어간다. 무라아스비 행사를 치르기 위해서는 15개가 넘는 전통예능의 연목(演目)[15]을 준비해야 하기 때문에 한 달의 기간으로도 빠듯하다고 말한다.

무라아스비의 준비는 구장, 담당 구 직원, 전통예능보존회 임원, 각종단체의 대표 등이 모여 그해에 공연할 연목과 출연자를 정하는 데서 시작된다. 사자춤이나 고전 합주와 같이 매년 공연하는 연목이 있는가 하면, 교체되는 연목도 있다. 연목의 교체는 관객의 호응을 고려한 경우도 있고, 출연자의 의사와 연행 능력에 따른 경우도 있다. 전통예능보존회는 마을 주민들에게 인기 있는 연목과 마을의 전통예능 계승을 위해 필요한 연목을 함께 구성한다. 각종단체는 대표와 임원이 주기적으로 바뀌기 때문에 무라아스비의 출연자도 자주 바뀌며, 각종단체에 할당된 연목은 그해 출연자들과 담당 구 직원의 협의로 결정된다.

대개 무라아스비를 한 달 앞둔 시점부터 무라아스비의 출연 예정자들은 마을 공민관에 딸린 회의실과 체육관을 빌려 매일 밤 2~3시간씩 춤이나 노래를 연습한다. 특히 새로운 연목을 준비하는 전통예능보존회 구성원들

15 연목은 '엔모쿠'로 발음되는 현지어의 한자를 한국어 발음으로 표기한 것이다. 엔모쿠로 표기하면 그 뜻이 전혀 드러나지 않고, '상연 종목'이라는 한국어로 의역하면, 사용 과정에서 의미의 중복이 일어나는 경우가 많다. 이러한 사정으로 본고에서는 연목이라는 단어를 사용하고자 한다.

■ 그림 5-1. 무라아스비 연습 장면
출처 진필수(2003. 9. 10. 촬영)

■ 그림 5-2. 무라아스비 연습 장면
출처 진필수(2003. 9. 13. 촬영)

과 각종단체를 대표한 출연자들은 매일 밤 공민관에 나와 춤동작 하나하나를 성실한 자세로 연습한다. 각 연목에 익숙한 선임자와 무용연구소의 전문가가 2~3일에 한 번씩 방문하여 출연자들을 지도한다.

무라아스비의 3~4일 전이 되면, 나미사토 공민관은 출연자들의 마지막 연습과 각종 소품 준비로 부산해진다. 낮에는 일하고 매일 저녁 짬을 내어 연습해 온 출연자들은 대부분 연습 부족에 초조감을 느끼고 마지막 연습에 몰두한다. 춤동작의 교정에 치중해 온 무용 부문의 출연자들은 그동안 카세트테이프 반주에 맞추어 연습을 해왔기 때문에 실제 연주자들과 호흡을 맞추어야 한다. 가장 힘든 경우는 가극 출연자로 대사와 노래를 숙달하기 위해 마지막까지 고된 연습을 해야 한다.

무라아스비 행사 하루 전에는 구 직원들과 청년회 임원들이 마을 광장에 특설 무대를 설치한다. 특설 무대가 설치되면, 미리 배포한 프로그램 순서대로 출연자들이 올라가 예행연습을 실시한다. 나미사토쿠의 무라아스비 담당 직원인 가카즈 요시미츠(嘉数義光) 씨와 류큐 무용 전문가인 이토무라 마사코(糸村昌子) 씨는 예행연습을 총지휘하면서 교정 사항이나 보충 사항을 지적하였다. 공민관 내에는 출연자들의 탈의실이 설치되고, 무대 의상과 소품, 화장 도구들이 진열되었다.

2003년에는 9월 14일(9월 12일에서 태풍으로 연기)에 무라아스비 행사가 거행되었다. 무라아스비 행사는 원래 예정 시간인 저녁 7시가 좀 지나서 가카즈 씨의 사회로 시작되었다. 오키나와에서 고전 합주와 카쟈데후는 대개 무대 공연이나 축하 행사의 처음을 장식하는 연목이다. 사회자는 또박또박한 발음과 여유 있는 템포로 연목의 내용이나 유래 그리고 출연자들의 신상에 대해 자세하게 설명하였다. 이것은 노인 관객을 배려한 것이기도 하고, 출연자들에게 시간적 여유를 주고 긴장감을 풀어 주는 효과가 있었다.

그림 5-3. 고전 합주
출처 진필수(2003. 9. 14. 촬영)

그림 5-4. 카쟈데후
출처 진필수(2003. 9. 14. 촬영)

그림 5-5. 무라아스비 반주단
출처 진필수(2003. 9. 14. 촬영)

그림 5-6. 무라아스비 사회자
출처 진필수(2003. 9. 14. 촬영)

어둠이 깔리자 많은 주민이 마을 광장으로 모여들었다. 가족끼리 오손도손 모여 앉아서 무라아스비 공연을 보는 사람들이 있는가 하면, 친구들끼리 아와모리(泡盛)나 맥주를 마셔 가면서 공연을 지켜보는 노인들과 장년층 남자들도 있었다. 무대 바로 앞의 자리는 어린아이들의 전용석처럼 되어, 재미있는 순서가 되면 아이들은 무대에 다닥다닥 붙어 있기 일쑤였다. 무대 공연의 후반부에 접어들었을 때 관객 수는 절정에 달해 5백~6백 명을 헤아릴 정도였다.

무대 공연 중에 가장 인기 있는 연목은 사자춤(獅子舞)이었다. 보통은 맨 마지막 순서에만 사자춤이 연행되지만, 2003년도에는 새끼 사자 탄생(獅子誕生)이 특별히 기획되었다. 킨 마을과 나미사토 마을의 사자춤은 짝을 이루어 킨 마을의 사자가 수컷, 나미사토 마을의 사자가 암컷으로 알려져 있는데, 이 사이에서 새끼 사자가 탄생한다는 내용의 이야기가 설정되었다. 무라아스비 행사에서 사자춤은 어린아이들에게 큰 인기를 끌고 있다. 마

그림 5-7. 사자춤
출처 진필수(2003. 9. 10. 촬영)

지막 순서에 사자가 등장해서 춤을 추기 시작하면, 많은 아이가 무대 앞으로 달려 나가 가까이서 사자춤을 구경한다. 사자춤은 무대에서만 끝나는 것이 아니고, 사자가 무대 밑으로 내려와 관객석을 휘젓고 다니면서 행사의 마지막을 알린다. 성스러운 동물인 사자의 몸과 접촉하면 건강하고 운이 좋아진다고 해서 어른 관객들도 내려온 사자를 한 번씩 만지기 위해 몰려든다. 이 동안 계속해서 아이들은 춤추는 사자를 따라다니면서 장난을 친다.

노인과 장년층에게 인기가 있는 연목은 가극인 나카나오리 산데과(仲直り三良小)이다. 극의 내용은 이렇다. 집 안 불단의 위패를 새롭게 만들기로 한 어머니는 아버지에게 나하(那覇)의 시장에 가서 위패를 사오라고 돈을 준다. 그런데 아버지는 이 돈을 노는 데 탕진하고 남은 돈으로 큰 생선 한 마리를 사온다. 어머니는 위패 대신 생선을 사온 아버지의 속임수에 화가 나서 친정으로 가버린다. 주인공인 산데과는 실의에 잠긴 아버지를 위해 기지를 발휘하여 어머니를 집으로 다시 돌아오게 하고, 아버지와 어머니를 화해시키는 것으로 끝이 난다. 일종의 오페라와 같이 노래와 연극이 결합된 것인데, 방언으로 대사가 나오기 때문에 나이 든 사람들은 이야기 줄거리를 알고 볼 수 있으며, 젊은 출연자들이 방언 대사를 틀리는 경우가 많아서 나이 든 관객들은 오히려 더 재미를 느낀다.

연령에 관계없이 인기가 있는 연목은 모도리카고(戻り籠)[16]라는 코미디극풍의 무용이다. 그 외에 누부이쿠두치(上り口説), 쿠다이쿠두치(下り口説), 수

16 가마를 메고 가던 두 청년이 사소한 말다툼에서 시작하여 싸움을 벌이게 된다. 지나가던 한 여성이 싸움을 말리려 하지만, 이번에는 가마를 버려 두고 이 여성의 환심을 사기 위한 경쟁을 벌이면서 싸움은 커져만 간다. 줄거리는 매우 간단하지만, 무용수의 동작이 익살스럽고 곡예를 포함하고 있다.

그림 5-8. 나카나오리 산데과
출처 진필수(2003. 9. 10. 촬영)

그림 5-9. 모도리카고
출처 진필수(2003. 9. 10. 촬영)

그림 5-10. 카나요
출처 진필수(2003. 9. 10. 촬영)

그림 5-11. 카차아시
출처 진필수(2003. 9. 10. 촬영)

누부조(取納奉行), 카나요(加那ヨー), 타카데라만자이(高平良万歳)는 오키나와 중심부의 향토예술 극장에서도 정기적으로 공연되는 대표적인 류큐 무용 연목인데, 출연자와 관객은 그 유명한 무용을 자기 자신이 그리고 자기 마을 사람이 추고 있다는 사실에 만족스러워하고 즐거워한다.

출연자들은 자기 마을의 전통예능 한 가지를 몸에 익히고, 마을 사람들 앞에서 그것을 연행한다는 사실에 의미를 두었다. 대부분의 출연자들은 어차피 전통예능 전문가가 되려는 것이 아니기 때문에, 마을 사람들에 대한 봉사 정신으로 자신에게 주어진 임무를 다하기 위해 연습에 임하고 무대 공연에 나선다고 했다. 출연자들은 오키나와의 전통 복장을 입고, 전문 예능인과 같은 분장을 하고, 무대 공연을 하는 것에 대해 색다른 즐거움과 성취감을 느끼는 듯했다.

사자춤으로 무라아스비 행사의 준비된 프로그램이 모두 끝나고 나면, 마지막으로 출연자들과 관객이 한데 어울려 춤을 추는 카챠아시(カチャーシ)[17]가 이어진다. 사회자의 종료 선언이 있고 나면, 빠른 템포의 반주 음악이 울려 퍼지고, 청년회 회원들이 무대로 올라가 카챠아시 춤을 추며 관객들의 참여를 유도한다. 그러면 행사를 준비한 구장과 구의 관계자들이 먼저 무대로 올라가 카챠아시에 합류하고, 얼마 후에는 아와모리와 맥주를 마시며 3시간 이상 공연을 지켜보고 있던 장·노년층 관객들이 무대로 올라가서 흥을 더한다. 여기에 부모들과 함께 올라온 아이들까지 무대에 어우러져 그야말로 온 마을 사람들이 20~30분간 무대를 오르락내리락거리면서 즐거운 춤판을 연출한다. 요즘은 노인회 회원들의 참가가 적어 무라아스비의 흥겨움이 덜하다고 하는데, 과거에는 마지막 카챠아시가 시작되면, 한 시간이고 두 시간이고 마을 사람들이 어울려 춤을 추다가 집으로 돌아갔다고 한다.

전체적으로 보면, 나미사토쿠의 무라아스비 행사는 마을의 전통예능을 매개로 마을 사람들 간의 유대감을 강화해 가는 과정이라고 할 수 있다. 그동안 민속학자들과 축제 전문가들에게 알려진 유명한 축제나 연중행사는 관광자원으로 변모하거나 문화재로 지정된 경우가 많이 있다. 나미사

17 카챠아시란 오키나와 사람들 특유의 춤동작이나 류큐 전통음악에서의 빠른 리듬, 산싱(三線)의 현을 빠르게 튕기는 주법이라고 말하기도 하는데, 여기에서의 의미는 참가자들이 자유롭게 춤을 추면서 함께 어울리는 춤판이라고 할 수 있다. 카챠아시라는 오키나와 말의 뜻은 '휘저어 뒤섞다'라는 의미이다.

토의 무라아스비는 그러한 외재적 의미에 구애됨 없이 주민들의 자발성과 창의성이 충분히 발휘되고, 행사의 내용을 주민들 스스로 결정하고 재구성해 온 축제이자 민속예능의 전승 현장이라 할 수 있다. 무라아스비는 주민들 스스로 준비하고, 실행하고, 즐김으로써 공동체적 결속을 강화하고 지역의 활성화에 중요한 공헌을 하고 있다. 이때의 지역 활성화는 관광객 유치로 경제적 이익을 얻거나 유명세로 인해 외부인의 왕래가 잦아지는 의미라기보다 주민들 내부의 교류와 협력이 증진됨으로써 생활의 활기를 유지하는 것이라 할 수 있다.

4. 무라아스비와 전통예능의 전승 양상

전통예능(傳統藝能, 덴토게이노)이라는 말은 요즘 오키나와 사람들이 매우 자주 사용하는 말이지만 그 의미가 불분명한 용어이다. 다양한 대화의 맥락을 통해 이야기되는 전통예능의 의미와 범주를 일반론적으로 정의하는 것은 매우 어려운 일이다. 오키나와 사람들이 과연 무엇을 자신의 전통예능이라고 인식하는가 하는 점은 그 자체가 하나의 연구 주제라 할 수 있다. 본 장에서는 무라아스비를 통해 소위 전통예능이 인식되고 실천되는 양상에 대한 분석을 수행하고자 한다.

문화의 전승과 변화의 메커니즘에 대한 이해에 주력해 온 민속학과 인류학에서 사실 '전통'이라는 용어만큼 다루기 힘든 용어도 없다. 전통이라는 용어는 전승(transmission), 모방(imitation), 변화(change), 발명(invention), 혁신(innovation)과 같이 어떤 문화 요소가 조작되는 측면에 대한 개념이라기보다 '오랫동안 전승되거나 또는 그렇게 믿어지거나 주장되는 문화 요소'로 이해되거나 '어떠한 정치경제적 힘과 사회적 계기를 통해 창출된 문화 요소'로 이해되는 것처럼(에릭 홉스봄 외 2004) 문화 요소의 속성[18]에 대한 개념이라 할 수 있다. 전통이라는 개념의 유효성은 어떤 문화 요소가 정말로 전승되어 왔는가 하는 점을 가리는 데 있는 것이 아니라, 그것을 주장하고 정립하려는 주체의 의도와 실천의 의미를 이해하는 데 있다.

'예능'이라는 용어는 한국에서 흔히 예술적 자질과 능력을 의미하지만, 오키나와 사람들 사이에서는 여러 예술 장르를 포괄하는 의미로 사용되는 듯하다. 본고의 '전통예능'이라는 말을 한국어로 옮기면 전통 예술이 될 수 있는데, 일본어에서는 능(能, 노)이 다양한 예술 장르의 '종합적 연행'이라는 의미를 담고 있는 점에 유의할 필요가 있다. 오키나와현의 문화재 분류에서 무형문화재 '예능' 부문은 공예 기술, 가라테 · 고무술(空手 · 古武術), 구비전승 문예와 같은 무형문화재의 다른 부문과 비교해 볼 때 연행적 측면에 초점을 맞춘 전통 예술 혹은 공연 예술로서의 전통 예술을 가리키는 것으로 이해할 수 있다.

현대 오키나와에서 다양한 전통예능은 일부 전문 예술가 집단에 의해서만 전승되거나 전통 예술 공연, 관광, 문화 교류의 장을 통해 보존만 되는 것이 아니다. 그것은 각 지방과 마을의 주민들에 의해 폭넓게 전승되고 있으며, 대표적인 전승 현장이 바로 무라아스비이다. 왜 이렇게 활발한 전승이 이루어지는가 하는 점은 소수민족 정체성을 유지해 가려는 오키나와인의 욕구와 관련시켜 이해해야 한다는 것이 필자의 생각이다.

---

18 이러한 관점에서 전통(tradition)은 관습(custom), 인습(convention), 관례(routine) 등과 비교될 수 있는 개념이다(에릭 홉스봄 외 2004 : 19-43 참조).

1) 전통예능에 대한 애착

현대 오키나와의 무라아스비는 행사 내용에 있어 마을이나 지역마다 다양성을 나타내고 있다. 나미사토 마을 사람들은 자기 마을의 무라아스비

표 5-3. 2003년도 킨쿠 간게츠사이(観月祭) 프로그램

순번	연목	단체명	출연자
1	개막(幕あけ)	산싱 애호회	
2	카쟈데후(かぎやで風)	각종단체 대표	노인회 대표, 부인회 대표, 청년회 대표, 구장
3	카시카키(カシカキ)	요시다 미츠코 류큐 무용도장 (吉田三津子琉舞道場)	宜野座常子 仲原弘子
4	에이사(エイサー)	어린이회	大村宜宏 외 24명
5	한죠부시(繁昌節)	노인회	宮里美枝 외 15명
6	란(乱)	웅비 다이코단	大城貴之 외 수명
7	쿠루시마쿠두치 (黒島口説)	요시다 미츠코 류큐무용도장	金城美咲 외 17명
8	인사(あいさつ)	구장	伊芸光吉
9	누챠바나(貫花)	청년회(여자)	仲間美恵 외 2 명
10	봉술(棒術)	청년회(남자)	金城健太 외 10명
11	수누부조(取納奉行)	부인회	石原和美 외 8 명
12	카나요 아마카와(加那ヨー天川)	요시다 미츠코 류큐 무용도장	金城美和 金城美咲
13	기악합주(器樂合奏)	奥間貞廣	大城美恵子 외 10명
14	미륵 · 사자춤(みるく · 獅子舞)	전통예능보존회	宮里亮次 仲村正
15	에이사(エイサー)	청년회	大城龍吾 외 수 명
16	가라오케(カラオケ)	마을 주민	예약자 및 희망자

가 오키나와 다른 지역의 것에 비해 고유하고 독특한 개성을 가진 것이라고 말한다. 그러나 필자가 그동안 오키나와 다른 지역의 무라아스비에 대해 수집한 정보에 따르면, 오히려 프로그램 구성이나 무대 공연자 구성에 있어 유사성이 발견되는 측면도 적지 않다. 아직까지 한정된 정보에 기초해 있기는 하지만, 현대 오키나와의 무라아스비를 관통하는 전형적 특징을 제시하고 그에 대한 분석을 수행하고자 한다.

표 5-3을 통해 나미사토쿠에 인접한 킨쿠의 음력 8월 15일 행사인 간게츠사이의 프로그램을 제시하였다. 킨쿠의 간게츠사이 행사에서는 2번 순서의 카쟈데후 출연자가 각종단체 대표로 구성되어 있다는 점과, 노인회와 어린이회가 무대 공연 출연자로 명기되어 있는 점이 나미사토쿠와 비교해서 차이가 난다. 전통예능보존회가 14번 순서에만 등장하는 점은 나미사토쿠에 비해 킨쿠 전통예능보존회의 활동이 부진하다는 사실을 나타내며, 미륵 · 사자춤이 마을의 전통예능으로 보존되고 있음을 알려 주고 있다. 13번의 기악합주는 서양 악기를 사용한 연주이고, 16번의 가라오케 순서는 마을 주민들이 무대에 나와 기계 반주에 맞추어 유행가를 부르는 시간이다. 가라오케는 다른 순서에 비해 이질적인 느낌을 주지만 마을 축제가 오락과 놀이의 성격을 갖고 있음을 명확하게 보여 주며, 나미사토쿠의 카챠아시에 대비될 수 있다.

흥미로운 점은 오히려 두 마을 행사에서 나타나는 공통점이다. 프로그램 구성을 보면 류큐왕국 시대까지 그 연원을 거슬러 올라갈 수 있는 오키나와의 전통예능이 극도로 강조되고 있는 사실을 확인할 수 있다. 킨쿠에서도 이른바 전통예능 공연이 행사의 주된 내용을 이루고 있으며, 나미사토쿠와 킨쿠 사람들 모두 무라아스비가 마을의 전통예능을 연습해서 보여주는 행사라고 이야기하는 점에서 공통의 인식을 보여 주고 있다. 무대 공

그림 5-12. 킨 마을의 카자데후
출처 진필수(2003. 9. 25. 촬영)

그림 5-13. 미륵춤
출처 진필수(2003. 9. 25. 촬영)

그림 5-14. 킨 마을의 사자춤
출처 진필수(2003. 9. 25. 촬영)

그림 5-15. 가라오케
출처 진필수(2003. 9. 25. 촬영)

그림 5-16. 킨 마을의 관객
출처 진필수(2003. 9. 25. 촬영)

연자의 구성에 있어 각종단체, 전통예능보존회, 무용연구소가 주축을 이루는 점도 두 마을의 공통점이다.

2002년 9월 21일, 필자가 참관한 오키나와 본섬 남부 코친다(東風平)초 마을의 무라아스비(무라아시비)에서도 행사 내용과 축제 조직에 있어 유사성이 발견된다. 코친다 마을에서는 무라아스비를 시작하기 전에 구장과 각종단체 구성원들이 모여 과거부터 촌락 제사를 지내던 마을의 성지를 순례하고 마을의 오랜 종가들을 방문하는 행사가 있었다. 이러한 행사는 과거 촌락 제사의 흔적이라고 할 수 있는데, 킨쿠에서도 매년 무라아스비 직전에 구장과 각종단체 임원들이 모여 약식의 제사를 거행하고 있다.

코친다 마을의 무라아스비 행사는 늦은 오후 성인회와 부인회 구성원들이 마을 공민관 앞에 모여 주고야춤(十五夜踊)을 추면서 무라아스비 무대 앞으로 행진하는 순서로부터 시작되었다. 이어서 노인회 구성원들이 주고야춤을 추면서 등장하였고, 어린이회와 학부모회 구성원들도 순서대로 무대 앞에 나와 정해진 춤을 추었다. 다음으로 초·중학생으로 구성된 다이

그림 5-17. 코친다 마을의 우타키 제사
출처 진필수(2002. 9. 21. 촬영)

그림 5-18. '문츄' 종가 순례 및 제사
출처 진필수(2002. 9. 21. 촬영)

그림 5-19. 주고야춤
출처 진필수(2002. 9. 21. 촬영)

코단의 다이코 공연이 있었으며, 아이들이 연행하는 새끼 사자의 사자춤이 있었다.

각종단체 구성원들의 출연이 끝나자 마을의 전통예능보존회가 주관하는 프로그램이 진행되었다. 먼저 아동부터 장년층에 이르기까지 1백여 명이 넘는 마을 남성들이 무대 앞에 나와 1시간이 넘게 봉술 시범을 보여주었다. 봉술 시범 후 날이 어두워지자, 무라시바이(村芝居 : 마을 연극)라고 해서 본격적인 무대 공연이 펼쳐졌다. 무대 공연의 연목은 쵸자누우스(長者の大主)를 비롯하여 나미사토 및 킨 마을의 공연 연목과 대동소이한 내용이었으며, 코친다 마을에서도 사자춤이 무대 공연의 하이라이트가 되었다.

코친다 마을은 봉술과 사자춤을 마을의 전통예능으로 보존하고 있다. 또한 마을 사람들은 주고야춤과 쵸자누우스의 연극도 자기 마을만의 독특한 전통예능이라고 이야기한다. 이러한 모습은 나미사토 및 킨 마을과 공통되는 것으로, 유사한 장르와 연목이지만 세부적인 양식의 차이를 통해 이른바 마을의 전통예능이라는 범주를 창출하고 있는 것이다. 어쨌든 세 마을의 사례를 통해서만 보더라도 전통예능이라는 범주를 설정하고 무라아스비의 주된 행사 내용으로 삼고 있는 점에서 공통성을 찾을 수 있으며,

그 저변에는 마을의 혹은 오키나와의 전통예능에 대한 주민들의 강한 애착이 흐르고 있음을 느낄 수 있다.

2) 전통예능의 범주와 분류

여기에서는 현대 오키나와 사람들이 무엇을 전통예능으로 인식하고 규정하는가에 대한 본격적 고찰을 수행한다. 특히 무라아스비에서 연행되는 전통예능이 어떠한 장르를 포괄하고 있으며, 어떠한 방식으로 분류될 수 있는지에 대해 살펴보고자 한다.

나미사토와 킨 사람들에게 무라아스비 연목 중 가라오케, 기악합주, 다이코 이외의 모든 연목은 전통예능의 범주로 인식되고 있다. 다만 나미사토의 경우 다이코가 전통예능의 범주에 속하는가 하는 점은 논란의 여지가 있다. 같은 북춤이지만 에이사는 오키나와에서 유래했다는 인식이 확고하기 때문에 전통예능의 범주에 포함시키는 반면, 다이코는 일본 본토에서 유래했다는 인식 때문에 '전통'이라는 수식어를 붙이기 꺼리는 경향을 발견할 수 있다. 이러한 의미에서 어떤 연목이 오키나와에서 유래한 것인가 아닌가 하는 점은 전통예능의 범주를 규정하는 데 있어 중요한 기준이 됨을 알 수 있다.

다음으로는 전통예능으로 범주화되는 무라아스비 연목을 일정한 기준에 따라 분류해 보는 작업이 큰 유용성을 가질 수 있다. 본고의 분류 기준을 마련하기 위해 오키나와 전통 예술 분야에서 가장 높은 권위를 인정받고 있는 '국립극장 오키나와'[19]의 오키나와 전통예능 분류 방식을 참조할

19 '국립극장 오키나와(國立劇場 おきなわ)'는 일본의 중요무형문화재 구미오도리(組踊)를 비롯하여 오키나와 전통예능의 보존 및 진흥을 도모하기 위해 정부 기관인 오키나와 종합사무국(沖縄總合事務局)의 주관하에 건설되어 2004년 1월 우라소에(浦添)시에서

■ 그림 5-20. 무라아스비에서의 에이사
출처 진필수(2003. 9. 25. 촬영)

■ 그림 5-21. 무라아스비에서의 다이코
출처 진필수(2003. 9. 25. 촬영)

것이다.[20] 이 기관에서는 오키나와 전통예능을 구미오도리(組踊), 류큐 무용(琉球舞踊), 산싱 음악(三線音樂), 오키나와 연극(沖縄芝居), 민속예능(民俗芸能)의 다섯 가지로 분류하고 있다. 각주에서 서술한 것처럼 류큐 무용과 오키나와 연극에는 세부 분류도 존재하고 있으며, 각각의 분류 범주에 해당하는 연목들이 이 기관의 인터넷 홈페이지에 열거되어 있다.

구미오도리는 대사, 음악, 동작, 무용으로 구성된 가무극으로, 류큐 왕부가 중국 책봉사(冊封使)의 환대를 위해 무용 담당 관리(踊奉行)로 하여금 창작하게 한 것이다. 대표적인 창작자는 다마구스크 초쿤(玉城朝薫)으로 알려져 있으며, 1719년 쇼케이왕(尚敬王)의 책봉 의식에서 구미오도리가 처음

개장하였다.

20 http://www.nt-okinawa.or.jp/index.php?option=com_content&task=view&id=106&Itemid=119. 2010년 5월 17일 검색한 자료를 참조하고자 한다. 국립극장 오키나와가 설립되기 전까지는 오키나와현립 향토극장(沖縄縣立鄕土劇場)이 전통 예술 분야에서 가장 권위 있는 기관으로 자리 잡고 있었지만, 공연 활동이 중심이 되어 전통예능 자체에 대한 체계적인 연구를 수행하지는 못했다. 국립극장 오키나와는 일본 정부와 오키나와현의 재정 지원하에 전통예능 분야의 전문 연구 인력을 충원하여 오키나와 전통예능에 대한 자료 수집 및 정리와 학술 연구를 추진하고 있다. 그 결과의 일부가 위 인터넷 페이지에 게재되어 있다.

상연되었다(伊波普猷 1974b : 402-429, 1974c : 200-208 ; 矢野輝雄 1993 : 91-145).

류큐 무용은 대략 고전무용, 잡무(雜踊), 창작무용으로 구분된다. 고전무용은 류큐 왕부의 무용 담당 관리에 의해 기초가 마련되고 이후 우수한 예술가들에 의해 살이 붙여지고 세련화된 것이다. 구미오도리와 마찬가지로 연행자는 사족(士族) 출신 남성이었으며, 책봉사 환대의 무대에서 주로 상연되었다. 잡무는 1879년 폐번치현(廢藩置縣) 이후 사족 출신 무용가들이 녹봉을 잃자 서민들이 관람하는 무대에서 돈을 받고 춤을 추게 된 상황에서 유래하였다. 이러한 무용가들이 고전무용에 민간에서 유행하던 민요나 풍속의 요소를 접목하여 새로운 스타일로 창작한 것이 잡무이다. 잡무는 고전무용의 격조 대신에 안무 양식, 구성, 의상 등에서 서민적 요소를 폭넓게 도입한 것이다. 창작무용은 전후 무용가들에 의해 창작된 우수한 작품들을 총칭하는 것이다(矢野輝雄 1993 : 217-235).

오키나와 전통악기를 대표하는 것이 산싱(三線)이다. 산싱은 14세기 말경 중국에서 전래되어 처음에는 궁정음악 악기로서 정착되었다가 민간에 보급되어 크게 융성하였다. 16세기 중엽에는 류큐에서 오사카(大阪)를 경유하여 일본 본토에도 보급되었다. 오키나와의 산싱은 중국에서 전래된 이후 류큐의 풍토와 음악에 맞게 개량되고 토착화되었다. 산싱 연주에는 고토(箏 : 거문고류), 후에(笛 : 피리류), 고큐(胡弓 : 해금류) 등의 반주악기가 사용되는 경우가 있다(矢野輝雄 1993 : 75-99).

오키나와 연극의 발생은 류큐 무용에서 고전무용이 잡무로 변화하는 사정 및 시기가 유사하다. 1880년대 후반 나하에 연극을 본격적으로 상연하는 소극장이 생겼다. 오키나와 연극은 가극과 방언 대사극으로 구분된다. 가극은 노래, 동작, 무용, 대사 등이 종합된 구미오도리 계열의 가무극이다. 가극의 창작과 성행은 1900년대 후반부터 본격화되었으며, 서민의 풍속과 정서를 묘사한 작품이 많고 주인공의 비극적 사랑을 다룬 명작이 지금까지 인기를 끌고 있다. 방언 대사극은 류큐 방언을 사용한 연극을 의미하는데, 폐번치현 후 오키나와 연극인들이 일본 본토로 가서 유학한 후 도입해 온 연극을 류큐 방언으로 번안해서 오키나와 전래의 연극에 접목시킨 것이다. 그 양식은 1880~1890년대에 걸쳐 확립되었고, 장르상으로는 사극이 주류를 이루고 있다(矢野輝雄 1993 : 237-275).

민속예능은 궁중 예능과 대비되는 것으로 백성들이 연행해 온 예능 및 놀이 정도로 이해하면 될 것이다. 오키나와에서는 각 지역마다 다양한 민속예능이 1년의 연중행사와 마츠리에서 펼쳐지는데, 그 지역에서 유래하거나 전승된 것도 있을뿐더러 류큐왕국, 일본 본토, 중국 등의 영향 속에서 토착화된 예능 양식도 있다는 점을 간과해서는 안 된다.

대략적으로 보면 이상의 분류는 예술 장르의 구분에 기초하고 있다. 이해의 편의를 위해 단순화시켜서 말하면 가무극, 무용, 음악, 연극, 놀이의 장르로 구분되고 있다. 그러나 이 구분이 결코 명쾌한 것은 아니다. 구미오도리와 오키나와 연극은 가극이라는 점에서 공통성을 갖고 있기 때문에 류큐왕국 시대에 창작된 구미오도리와 근대에 창작된 오키나와 연극은 발생 시기에 따라 구분되는 것으로 보는 것이 더 정확하다. 또한 민속예능은 무용, 음악, 연극적 요소를 모두 포함하고 있기 때문에 이름을 특정할 수 없는 '민(民)'이라는 창작 주체에 의해서만 앞의 네 가지 장르와 구분된다고 볼 수 있다.

이 글에서는 국립극장 오키나와의 분류 체계를 수정하여 새로운 분류 체계를 제시해 보고자 한다. 우선 국립극장 오키나와가 범주화한 오키나와 전통예능은 창작 주체에 따라 궁중 예능, 전문 예능, 민속예능의 세 가지로 구분할 수 있다. 궁중 예능은 류큐왕국의 궁중 관리가 창작한 예능이고, 전문 예능은 근대 이후 류큐왕국의 멸망으로 관직을 잃고 서민 생활의 세계로 나와 예능을 직업화한 사람들이 창작한 예능이며, 민속예능은 예능을 전문화하지 않은 그야말로 '민'이 창작한 예능이라 할 수 있다. 민속예능은 일반적으로 발생 시기를 특정할 수 없지만, 궁중 예능과 전문 예능은 1879년 폐번치현을 기점으로 발생 시기가 류큐왕국 시대와 근대 이후로 명확히 구분될 수 있다.

다음으로는 예술 장르에 따라 궁중 예능, 전문 예능, 민속예능에 대한 세부 분류를 추가할 수 있다. 궁중 예능은 구미오도리, 류큐 무용 중 고전무용, 류큐 고전음악[21]의 장르로 구분할 수 있다. 전문 예능은 류큐 무용 중 잡무와 창작무용, 오키나와 연극으로 구분할 수 있으며, 민속예능은 류큐 민요(琉球民謠)[22]와 협의의 민속예능으로 구분할 수 있다. 세부 분류를 추가하는 과정에서 류큐 무용에 대해서는 국립극장 오키나와의 세부 분류를 참조하였는데, 고전무용은 궁중 예능의 범주에, 잡무와 창작무용은 전문 예능의 범주에 포함시켰다. 단 잡무와 창작무용은 장르별 구분이 아니라, 1945년을 기점으로 근대와 전후의 시대적 구분에 따른 것이다. 한편 국립극장 오키나와의 분류 중에 산싱 음악의 범주는 삭제하고, 음악 장르

21 여기에서 류큐 고전음악은 류큐왕국 시대 왕부에서 실행되던 음악을 총칭하는 의미로 사용하고자 한다. 좁게는 류큐왕국 시대에 탄생한 산싱 음악을 가리키는 경우가 많다. 산싱 음악은 중국의 사신을 환영하는 연회에서 상연되던 구미오도리나 류큐 무용과 연계되어서 함께 발전하였다(오키나와 디지털 아카이브 'Wonder 沖縄', 2010년 5월 18일 검색).

22 여기에서 류큐 민요는 언제 어떻게 만들어졌는지는 불명확하지만, 오래전부터 각 지역에서 불려 왔다고 알려진 노래를 총칭하는 의미로 사용한다. 산싱이 오래전부터 서민들에게 보급되었기 때문에 민요도 산싱 음악이라는 점에서 류큐 고전음악과 공통성을 가지고 있다. 민요 가사는 풍속, 전설, 고요(古謠)를 소재로 한 것이 많다(오키나와 디지털 아카이브 'Wonder 沖縄', 2010년 5월 18일 검색).

표 5-4. 나미사토쿠와 킨쿠의 전통예능 분류

분류 항목		나미사토쿠의 연목 분류	킨쿠의 연목 분류
궁중예능	구미오도리	-	-
	고전무용	2. 카쟈데후(かじゃで風) 4. 누부이쿠두치(上り口説) 5. 카세카케(かせかけ) 6. 쿠다이쿠두치(下り口説) 15. 타카데라만자이(高平良万才)	2. 카쟈데후(かぎやで風) 3. 카시카키(カシカキ)
	류큐 고전음악	1. 고전 합주(古典合奏：かぎやで風・ごいん節・鶴亀)	1. 개막(幕あけ)
전문예능	잡무	7. 수누부조(取納奉行) 10. 카나요(加那ヨー) 12. 칸제쿠(金細工)	9. 누챠바나(貫花) 11. 수누부조(取納奉行) 12. 카나요 아마카와(加那ヨー天川)
	창작무용	3. 바다의 친보라(海のチンボラー) 13. 나기나타(長刀) 14. 모도리카고(戻り籠)	5. 한조부시(繁昌節) 7. 쿠루시마쿠두치(黒島口説)
	오키나와 연극	11. 나카나오리 산데과(仲直り三良小)	-
민속예능	류큐 민요	-	-
	민속예능	8・17. 사자춤(獅子舞) 16. 봉술(棒スケェー)	4・15. 에이사(エイサー) 10. 봉술(棒術) 14. 미륵・사자춤(みるく・獅子舞)

에 대해서는 오키나와현청 디지털 아카이브의 인터넷 페이지에 제시된 류큐 고전음악과 류큐 민요의 범주를 채택하는 것이 이 글의 분류 의도에 더 부합되는 것으로 판단하였다.

표 5-4는 이상의 분류 체계에 나미사토와 킨의 무라아스비 연목을 대입해 본 것이다. 각각의 연목이 어떠한 분류 항목에 해당되는가는 국립극장 오키나와의 인터넷 페이지에서 모두 확인할 수 있었다. 표 5-4를 근거로, 우리들은 나미사토와 킨 사람들이 생각하는 전통예능이 어디에서 유래해

왔고, 어떠한 성격을 띠고 있는지에 대해 논의를 전개해 볼 수 있다. 코친다 마을이나 오키나와 다른 지역의 무라아스비 행사에 대해서도 이 분류체계를 마찬가지로 적용해 볼 수 있을 것이다.

나미사토와 킨의 무라아스비 연목은 모두 과거 특정 시점에서 외부로부터 전파되어 유입된 것이다. 표 5-4를 보면 다수의 연목이 류큐왕국 시대 궁중 예능에 속하는 것임을 알 수 있다. 이 사실은 류큐 왕부의 가극, 무용, 음악이 지금까지도 하나의 예술 흐름으로 지속되면서 지방 사회의 축제 현장에서 재현되고 있음을 입증하는 것이다. 류큐왕국 시대 궁중 예능의 정수는 일본의 중요무형문화재로도 지정되어 있는 구미오도리이지만, 공연을 위해서는 인적 · 물적 자원이 워낙 많이 필요한 데다 고도의 기예를 훈련해야 하기 때문에 무라아스비에서 아마추어가 연행하는 것은 불가능하다. 이 때문에 류큐왕국의 궁중 예능으로 무라아스비에서 연행되는 것은 고전무용과 류큐 고전음악에 국한되고 있다.

또한 전문 예능의 범주에 속하는 연목들도 다수 확인할 수 있다. 사실 전문 예능과 궁중 예능은 창작 주체의 측면에서 인적 연속성을 띠고 있다. 1879년 류큐왕국의 멸망과 함께 관직을 잃은 예술가들이 서민 생활의 세계로 나와 생계유지를 위해 예능 활동을 하다가 창작한 것이 전문 예능의 연목들이며, 이러한 전문 예술가 집단은 사제 관계를 통해 유파를 형성하면서 근대를 거쳐 현대에 이르기까지 하나의 예술적 흐름을 이어 왔다. 전문 예능의 차별성은 관객이 서민으로 바뀌었다는 점에서 발생하였으며, 예능 양식과 구성, 공연 의상 및 소품 등에서 서민적 요소를 폭넓게 도입한 데 있다. 그러나 줄거리, 소품, 의상 등이 서민 생활을 묘사하기는 하지만, 시대적 배경이 대부분 류큐왕국 시대에 맞추어져 있어 현대 오키나와의 관객들은 궁중 예능과 구별하기보다 전통예능이라는 범주 속에 두 가지를 뭉뚱그려 생각하는 데 익숙한 듯하다.

문제는 근대 이후 일본화의 영향과 전후 미국화의 영향에 대해 전문 예능의 창작자들과 오키나와 대중이 어떻게 대응해 왔는가 하는 점이다. 근대 오키나와 연극에서 일본 본토로부터 유입된 외래 연극을 번안해서 상연하는 방언 대사극의 장르가 생겨나거나, 전후 미군기지를 통해 유입된 미국의 대중가요에 오키나와의 전통악기와 리듬을 접목시킨 오키나와 팝의 장르가 생겨난 것처럼, 오키나와의 전통예능과 외래의 대중 예술을 접합시키려는 시도는 매우 많았던 것 같다. 1990년대 이후 일본 본토에서 오키나와 출신 대중 예술가들이 큰 인기를 얻어 소위 오키나와 붐이 생겨난 것도 이러한 맥락에서 이해해 볼 수 있다. 다만 중요하게 지적해 두어야 할 것은 이러한 혼종적 대중 예술의 장르가 전통예능의 범주에서 명확히 제외되고 있다는 점이며, 적어도 무라아스비의 장에서는 거의 연행되지 못하고 있다는 점이다.[23]

한편 표 5-4에서 나미사토와 킨의 민속예능은 사자춤, 봉술, 에이사, 미륵·사자춤으로 나타나고 있다. 류큐 민요의 연목이 하나도 연행되지 않는 점이 특징적이다. 류큐 열도 전역에서 민속예능의 종류는 지방에 따라 매우 다양하게 나타난다. 사자춤과 봉술은 오키나와 본섬에서 마을별로 광범위하게 전승되고 있으며, 에이사는 대개 음력 7월 15일의 봉 행사 때 연행되는 민속예능인데, 최근의 대중적 인기 때문에 무라아스비에서도 행해지는 경우를 볼 수 있게 되었다. 이러한 민속예능 연목은 하나하나 개별적으로 그 유래와 전승 과정에 대해 연구할 수밖에 없다.

---

23 다만 나미사토의 다이코 공연과 킨의 가라오케 및 기악합주는 혼종적 대중 예술이 무라아스비에서 완벽히 배제될 수는 없다는 사실을 입증하고 있다.

오키나와의 민속예능 중에는 과거의 촌락 제사에서 유래하여 특정 마을이나 지방이 원조라고 공인된 민속예능이 있는가 하면, 사자춤이나 봉술과 같이 오키나와에서 유래했는지조차 불명확한 민속예능도 있다. 후자의 민속예능은 오히려 창작자가 명확하지 않기 때문에 나름대로의 특색을 갖추어서 마을의 전통예능으로 만드는 데 용이한 점이 있다. 나미사토와 킨의 사자춤, 봉술, 미륵·사자춤은 과거의 특정 시점에서 다른 지역의 것을 모방하거나 전수받은 것임에도 불구하고, 마을 사람들은 그것들이 오래전부터 전해져 오는, 마을의 고유한 전통예능이라고 생각하고 말하기를 좋아한다. 주민들이 집단적으로 행하고 즐길 수 있는 민속예능이 처음이나 끝의 하이라이트 순서를 장식하면서 무라아스비를 대중적인 축제로 만들어 가는 모습을 볼 수 있으며, 한 마을을 대표하는 전통예능으로서 위치지워지는 경우를 흔히 볼 수 있다.

3) 전통예능을 통해 환기되는 류큐왕국에 대한 향수

현대 오키나와의 무라아스비에서 연행되는 전통예능의 범주를 파악하고 분류해 본 결과, 무엇보다 흥미로운 점은 사라진 왕국의 궁중 예능이 대중의 축제 속에서 전승되고 있는 것이다. 과거부터 민중 사이에서 전승되어 온 민속 예능의 연목이 대중의 놀이 및 오락으로서의 성격을 갖는 현대 축제에서 중심적 위치를 차지하는 것은 자연스러운 일일지도 모른다. 문제는 무라아스비가 대중의 놀이 및 오락 행사이기 이전에 각 마을 주민들이 주체가 되어 벌이는 전통예능 공연 행사가 되고 있다는 점이다. 오키나와에서 유래한 가극, 무용, 음악 장르의 전통예능을 연습하고 공연하는 데 치중한 나머지 근대 이후 일본화와 미국화의 영향 속에서 형성된 현대 오키나와의 혼종적인 대중문화가 무라아스비에는 거의 침투하지 못하고 있다.

왜 이러한 일이 벌어지는가에 대한 답을 찾는 것은 간단한 일이 아니다. 무라아스비의 오랜 역사 속에서 그 형식이 굳어져 온 이유를 생각해 볼 수도 있을 것이고, 현대 오키나와의 촌락 사회에서 노인 세대가 유지하고 있는 권력과 오랜 취향에 대해서도 이해의 폭을 넓혀야 할 것이다. 본고에서 그 요인으로 지적할 수 있는 것은 오키나와 사람들이 소위 전통예능이라는 수단을 통해 스스로의 정체성을 정립하고자 하는 것이 아닌가 하는 점이다. 의도한 것이든 아니든, 무라아스비에 참여한 마을 주민들은 놀이와 오락의 정서가 어우러진 상태에서 이른바 전통예능을 감상하고 실천함으로써 마을 사람으로서 그리고 오키나와 사람으로서의 정체성을 확인하고 있는 것이다.

필자는 오키나와의 전통예능이 일본에 대한 장기간의 동화 속에서 오키나와 사람들에게 소수민족 정체성을 자각시키는 수단이 되어 왔음을 에이사에 대한 분석을 통해 주장한 바 있다(진필수 2010). 이 글에서는 무라아스비에서 연행되는 전통예능이 오키나와인들의 언어, 감성, 역사의식, 관습과 같은 원초적 문화 요소(primordial condition)를 재생시키는 측면에 초점을 맞추고자 한다. 이 절에서는 류큐왕국의 궁중 예능을 중심으로 몇 가지 연목의 가사와 연행 상황에 대한 분석을 수행하고자 한다.

- 카쟈데후

今日の誇らしゃや 何にぎやかな譬てる 莟で居る花の 露行逢たごと

kiyunuhukurashaya naunizyanatatiru thibudiuruhananu thiyuchatagutu

오늘의 기쁨은 무엇에 비유하면 좋을까요. 봉오리 진 꽃이 이슬을 만나 피어나는 것과도 같습니다.

그림 5-22. 결혼식 피로연의 카자데후
출처 진필수(2003. 10. 11. 촬영)

먼저 카자데후의 가사를 일본어 표기, 오키나와 방언 발음, 한국어 번역 세 가지로 제시해 보았다. 카자데후는 축의(祝儀) 무용의 하나로 남녀 노인 한 쌍이 등장하여 국가안녕(國家安泰), 연명장수(延命長壽), 오곡풍양(五穀豊穰)을 기원하는 의미로 추는 춤이다. 이 춤의 원형은 오키나와 각 지방의 풍년제에서 연행되던 축의 무용 쵸쟈누우스에서 유래한 것으로 알려져 있으며, 1719년, 1808년, 1838년 류큐국왕 책봉 의식의 연회에서 연행된 기록이 남아 있다.[24]

카자데후는 무라아스비뿐 아니라 오키나와 사람들의 각종 축하연과 전통예능 공연에서 첫 번째 순서로 상연되는 모습을 흔히 볼 수 있다. 연행자의 인원과 구성은 행사의 의미에 맞추어 정해지며, 무용 없이 노래와 악기 연주만 진행되는 경우도 있다. 나미사토와 킨의 무라아스비에서는 고전 합주와 무용이 모두 연행되었으며, 킨에서는 노인 무용이 아니라 각종

---

24 오키나와 디지털 아카이브 'Wonder 沖縄', 2010년 5월 18일 검색.

단체 대표들의 무용으로, 나미사토에서는 봉과 부채를 사용한 무용으로 변형되었다. 요즘에는 결혼식 피로연에서 신랑 신부의 친척들이 카자데후를 연행하는 경우도 있다.

이 짧은 가사의 노래와 무용이 연주되는 데는 적어도 3분 이상이 걸리며, 몇 번의 반복을 거쳐 10분이 넘게 걸리는 경우도 흔히 있다. 그만큼 노래와 무용의 템포가 느리다는 것인데, 현대인들의 생활과 유리된 그 묘한 리듬, 음조, 동작은 청중을 오키나와식 의례의 상황으로 이끌어 가는 일종의 마력과도 효과를 낸다.[25] 카자데후가 시작되면 관객들은 대개 정좌의 자세로 고쳐 앉아 의례나 공연의 시작에 임하며, 방언 가사, 무대장치, 공연자들의 궁중 의상 등이 연출해 내는 시청각 효과가 고조될수록 류큐왕국의 세계가 재현되는 듯한 느낌을 더 강하게 받을 수 있다. 카자데후는 류큐왕국의 궁중 음악을 대표하며, 오키나와 전통예능의 세계로 들어가는 문을 열어 주는 연목이다.

소규모 의례나 비전문가의 공연일수록 격조와 경건함의 분위기는 떨어지지만, 카자데후는 누구나 쉽게 배우고 연행할 수 있는 점 때문에 대중성의 위력을 동시에 갖고 있다. 오키나와 사람들이 가장 좋아하고 널리 애용하는 악기가 산싱인데, 카자데후 속에는 산싱의 기본 음계가 망라되어 있기 때문에 산싱의 입문자들이 대부분 카자데후부터 연습한다. 무용 동작도 격조와 수려함을 갖추기는 힘들지만, 느리고 간단하기 때문에 며칠 만에 몸에 익힐 수 있다. 이러한 점들 때문에 카자데후는 가장 대중적인 전통예능 연목으로 자리 잡고 있기도 하다.

---

25 『琉球新報』, 「巷ばなし 筆先三昧」(2010. 4. 1) 참조.

• 누부이쿠두치(上り口説)

一、旅の出立ち觀音堂 千手觀音伏せ拜で 黃金酌とて立別る

tabinu'NjitachikwaNnuNdoo shiNtikwaNnuNfusi wuganishakututitachi-wakaru

여행의 출발은 관음당. 천수관음에게 엎드려 절하고 황금작을 들고 이별한다.

二、袖に降る露おし拂ひ 大道松原步み行く 行けば八幡崇元寺

sudinihuruchiyu'ushiharai 'uhudoomachibara'ayumiyuku yukibahachimaNsuu-giiji

소매에 떨어진 이슬을 털어내고 마치바라대로를 걸어간다. 닿는 곳 하치만궁(安里八幡宮) 수기이사(崇元寺).

三、美栄地高橋うち渡て 袖を連ねて諸人の行くも歸るも中の橋

miijitakhashi'uchiwatati sudiwochiranitimuruhwitunu yukumukairumuna-kanuhashi

미이 땅의 높은 다리 건너 소매 자락을 나란히 하고 사람들이 가는 곳도 돌아오는 곳도 나카누다리.

四、沖の側まで親子兄弟 連れて別ゆる旅衣 袖と袖とに露淚

'uchinusubamadi'uyakuchoodee chiritiwakayurutabigurumu suditusudituni-chiyunamida

바다 앞까지 부모 자식 형제들이 늘어서서 이별한다. 여행 옷의 소매 소매에는 눈물방울.

五、船のとも綱疾く解くと 舟子勇みて眞帆引けば 風や眞艫に午未

huninutumujinatukudukutu hunaku'isamitimahuhwikiba kajiyamatumui'N-mahwithiji

배의 줄을 풀고 뱃사공이 기세 좋게 돛을 당기면 바람도 남쪽에서 불어오는 순풍.

六、又も廻り逢ふ御縁とて 招く扇や三重城 殘波岬も後に見て

mataNmiguriooguyiNtuti manikuoojiyamiigushiku zaNpamisachiN'atunimiti

다시 만날 인연을 불러오는 부채질에 미이구시쿠 잔파곶도 뒤로하고.

七、伊平屋渡立つ波押し添へて 道の島々見渡せば 七島渡中も灘安く

'ihyadutathunami'ushisuiti michinusimajimamiwatashiba shichitootunakaNnadayashiku

이햐두 앞바다의 거친 파도를 넘어 아마미(奄美)의 섬들을 바라보면 (토카라 열도의) 일곱 섬을 지날 때도 평온하게.

八、燃ゆる煙や硫黄が島 佐多の岬に走い並で(エーイ) あれに見ゆるは御開聞 富士に見まがふ桜島

muyuruchimuriyayuwogashima sadanumisachiNhainaradi(ei) 'arinimiyuruwa'ukaimuNhujinimimagoosakurajima

피어오르는 연기에 유워가섬. 사다곶 옆으로 달려서(추임새). 저기 보이는 것은 카이문산. 후지산으로 착각할 것 같은 사쿠라섬.[26]

누부이쿠두치는 류큐왕국 시대 관리가 공무(公務)로 슈리(首里) 왕부를 출발하여 일본 규슈 남부의 사츠마 지방 야마카와(山川) 항구에 도착할 때까지의 여정과 풍경 및 심경을 표현한 춤과 노래이다. 1609년 이후 사츠마번

26 가사의 해석에는 http://taru.ti-da.net/e604864.htm, http://g0988103.ti-da.net/d2009-11.html, 오키나와 디지털 아카이브 'Wonder 沖縄'(2010. 5. 18. 검색)과 http://taru.ti-da.net/e604864.html(2010. 7. 5. 검색)을 참조하였다.

그림 5-23. 나미사토 마을의 누부이쿠두치
출처 진필수(2003. 9. 14. 촬영)

그림 5-24. 누부이쿠두치 역사 탐방
출처 진필수(2003. 7. 13. 촬영)

에 정치적으로 예속된 상황에서 그곳에 가는 것은 굴욕과 위험을 각오해야 하는 일이었으며, 항해의 위험도 상존하였다. 노래 가사에는 류큐의 관리가 거쳐 가는 곳의 지명들이 나와 있어 관객들이 당시의 여정을 연상하는 데 큰 도움을 준다.

누부이쿠두치를 실제로 보면, 곡조와 무용수의 표정 및 동작에서 슬픔이나 착잡함이 배어나는 것을 느낄 수 있다. 나미사토의 무라아스비에서 상연되었을 때는 출연자의 연행 경험과 표현 능력에 부족한 점이 없지 않았지만, 무용의 줄거리를 알고 방언으로 된 노래 가사를 알아듣는 노인 관객들의 한숨과 탄성이 흘러나오곤 했다. 누부이쿠두치와 쌍을 이루는 것이 쿠다이쿠두치인데, 쿠다이쿠두치는 사츠마에서 류큐의 고향으로 돌아오는 관리의 기쁨과 기대를 표현하고 있어서 매우 대조적인 느낌을 준다. 이 두 곡은 18세기 중반 야카비 초키(屋嘉比朝寄)에 의해 창작된 것으로 알려져 있다.

이 두 곡은 내용이 널리 알려져 있기 때문에 관객으로 하여금 류큐왕국 시대의 상황과 정서를 느끼게 하는 효과가 있다. 이 두 곡이 무라아스비나 예술 극장의 단골 상연 종목이라는 사실은 현대 오키나와 사람들이 류큐 왕국의 역사에 대한 정서적 친밀감과 향수를 폭넓게 유지하고 있음을 알려 준다. 최근에는 누부이쿠두치에 등장하는 장소를 실제로 탐방하는 프로그램이 오키나와 사람들에게 인기를 끌고 있다.

2003년 7월 13일 나미사토 마을 공민관에서도 '류큐 무용 누부이쿠두치 역사 탐방'이라는 행사를 개최하였다. 사전에 모집된 참가자 25명이 나하시 문화재 전문가와 함께 누부이쿠두치에 등장하는 장소를 탐방하면서 설명을 듣는 것이 이 행사의 내용이었다. 참가자들은 대부분 남녀 노인이었으며, 강의를 맡은 문화재 전문가는 주말에 오키나와 각지의 탐방객들을 안내하여 부수입을 올리고 있었다. 참가자들은 슈리성, 관음당, 하치만궁(八幡宮), 소겐사(崇元寺), 미에교(美栄橋), 미에구스크(三重城) 등을 순회하면서 그 장소에 얽힌 옛날이야기, 지형의 변천 과정, 류큐 사신의 사츠마 방문 및 에도(江戸) 상경의 정황에 대한 설명을 들었다. 안내자는 사료 중심의 담담한 설명을 이어 갔지만, 참여자들은 드라마를 보듯이 류큐 사신의 상황에 대한 감정이입의 태도를 자주 보여 주었다. 이러한 모습들은 전통예능을 통해 각인되는 감흥과 정서가 오키나와인들의 역사의식으로까지 파급될 수 있음을 잘 보여 주고 있다.

4) 마을의 전통예능과 오키나와의 전통예능

무라아스비의 전통예능이 오키나와 사람들에게 소수민족 정체성을 자각시키는 문화적 자원이 되어 왔다는 사실은 마을의 전통예능과 오키나와의 전통예능이 가진 상호의존관계를 통해 설명될 필요가 있다. 무라아스비의 전통예능은 일차적으로 그 행사를 벌이는 마을의 전통예능이지 오키나와의 전통예능은 아니다. 그러나 마을의 전통예능은 고립적으로 존재하는 것이 아니라, 표 5-4에서 본 것과 같이 마을 외부의 다양한 전통예능을 수용하거나 모방한 것이다. 특정 마을의 주민들이 아무리 그 고유성을 주장하더라도 원작자는 외부에 있으며, 이 때문에 그 고유성은 제한적인 것이 된다. 반대로 오키나와의 전통예능은 마을의 전통예능 없이 그 저변을 가질 수 없다. 무라아스비를 통한 마을 주민들의 전승 노력이 없다면, 오키나와의 전통예능은 전문 예술가들의 고립적이고 작위적인 노력에 의해 보존되어 가는 시대착오적이거나 앙상한 전통이 될 것이다.

오키나와에는 마을마다 전통예능보존회가 있다고 할 정도로 그 숫자와 종류가 많다. 마을이나 지역별로 결성된 전통예능보존회는 그 지방 출신자로 조직되어 고유한 민속예능이나 예능 연목을 전승하고 있다. 킨 지역에서도 나미사토쿠와 킨쿠를 비롯한 5개 마을 모두에서 전통예능보존회가 결성되어 자기 마을만이 가진 독특한 전통예능을 발굴하고 계승하기 위한 노력을 전개하고 있다. 나미사토 마을의 예를 통해 그 상황을 살펴보자.

사진 기록과 노인들의 이야기에 따르면, 1950년대에도 요즘과 마찬가지로 무라아스비는 마을 사람들이 이른바 전통예능을 공연하고 즐기는 행사로 존재하고 있었다. 다만 공연되는 연목의 수가 7~8개 정도여서 지금보다는 간소한 모습이었고, 마을 사람들의 즉흥적인 놀이와 춤판이 가미되는 경우가 많았다고 한다. 무라아스비 프로그램은 1986년 것부터 정리되어 남아 있다. 1990년대 초반까지는 10개 전후의 연목이 공연되고 있었으며, 출연자로는 각종단체 외에 나미사토 예능보존회라는 단체가 있어서 쵸쟈누우스, 사자춤, 봉술(棒スケー)과 같은 연목을 공연하고 있었다.

요즘 나미사토의 무라아스비 공연은 나미사토쿠 전통예능보존회가 주축을 이루고 있다. 나미사토쿠 전통예능보존회는 1996년 당시 마을의 문화 사업을 담당하고 있던 나미사토쿠 직원 가카즈 요시미츠 씨의 제안으

■ 그림 5-25. 타카데라만자이
출처 진필수(2003. 9. 14. 촬영)

■ 그림 5-26. 봉술
출처 진필수(2003. 9. 14. 촬영)

로 조직된 모임이다. 이 모임이 만들어지기 전에는 장·노년층의 마을 유지와 예능 보유자로 조직된 나미사토 예능보존회라는 모임이 있었다. 이 모임의 목적은 나미사토쿠의 전통예능을 영구히 보존하고, 그것의 보급 활동과 후계자 육성에 노력을 다하는 것으로 되어 있다. 가카즈 씨는 이 단체를 새롭게 조직하면서부터 보존 대상의 전통예능과 각 예능 종목의 계승자를 지정하는 작업을 하였다. 가카즈 씨에 따르면 이전까지 무라아스비에서 해마다 다양한 사람들에 의해 혼란스럽게 연행되던 마을 전통예능의 계통을 세우고, 각 예능 종목의 최초 습득자 내지 전문가를 찾아내는 일이 필요했다고 한다.

그 결과 나미사토쿠 전통예능보존회는 쵸자누우스,[27] 사자춤, 봉술(棒スケー), 봉카쟈데후(棒かじゃで風), 나기나타(長刀), 타카데라만자이(高平良万歳), 카히라부시(川平節), 나카나오리 산데과(仲直りサンデー小)의 8개 전통예능을 보존 대상으로 지정하고, 전통예능 계승자(보유자) 2명을 발굴하였다. 이 과

27 8월 무라아스비를 대표하는 전통예능 연목으로 알려져 있다. 니라이카나이의 신이 현신한 120세의 노인에게 마을의 지도자와 주민들이 세상의 풍요와 행복을 기원하는 줄거리로 되어 있다(矢野輝雄 1993 : 41-58).

정에서 1950～1960년대 오키나와현 전통예능 경연 대회에서 여러 번의 수상 경력을 가진 나카마 에이지(仲間英次) 씨가 정통성을 부여받게 되었고, 나카마 씨는 봉카쟈데후, 나기나타, 봉술(棒スケー), 타카데라만자이의 4종목에 대한 전통예능 계승자(보유자)로 지정되었다. 나미사토쿠 전통예능보존회의 원래 목표는 나카마 씨와 또 한 명의 전통예능 계승자인 이게이 노리히데(伊芸憲英) 씨로 하여금 매년 무라아스비 무대 공연자들을 지도하게 하고, 후계자를 선정해서 전통예능을 전수하도록 하는 것이었다. 그러나 이게이 씨는 마을 일에 전혀 관심이 없었고, 나카마 씨도 얼마간의 활동 후에 흥미를 잃고 공민관에 모습을 잘 드러내지 않게 되었다.

그럼에도 불구하고 얼마 동안 두 명의 전통예능 보유자로부터 기예를 전수받은 수 명의 청년들이 지금도 무라아스비가 되면 각자의 특기 종목을 마을 사람들 앞에서 공연하고 있다. 각자의 생계 활동과 전임자로부터의 예능 지도를 받기 힘든 조건 때문에 이들의 예능 수준은 거의 향상되지 못하고 있다. 이러한 맥락에서 볼 때 앞으로 청년 세대의 예능 욕구와 오락의 정서가 무라아스비의 종래 관행을 어떻게 유지하거나 변화시킬지는 미지수이다.[28]

요즘 나미사토쿠는 무라아스비 준비에 있어 인근에 위치한 이토무라 무용연구소에 크게 의존하고 있다. 무용연구소를 운영하고 있는 이토무라 마사코 씨에게 무라아스비 무대 공연자들의 지도를 매년 의뢰하고 있다.

---

28 2003년 나미사토 무라아스비의 준비 과정을 생애교육의 관점에서 연구한 마츠다 다케오는 나미사토 청년회 회원들이 마을의 전통예능을 전수받고자 하는 의욕이 매우 높다는 점과, 1990년대 이후 전통예능보존회의 구성원들을 중심으로 나미사토 전통예능의 계승 노력이 한층 더 활발하게 전개되어 온 점을 지적하고 있다(松田武雄 2004).

가카즈 씨는 마을의 전통예능 계승자들이 협력할 때까지의 임시방편이라고 말했지만, 그들은 2003년 당시 이미 70대와 80대에 접어들었고, 그들의 후계자인 수 명의 청년들도 자신의 특기 종목을 연마하는 데 급급한 실정이었다. 또한 그는 이토무라 씨의 남편이 나미사토 사람이기 때문에 이토무라 씨도 우리 마을 사람이라고 했다.

과거에도 마을 외부의 무용 전문가로부터 도움이나 조언을 얻는 경우가 있었다고 하는데, 무라아스비 연목이 늘어나고 출연자의 예능 실력은 줄어든 만큼 요즘은 그 필요성이 더 커지고 있다. 나미사토 무라아스비 프로그램의 출연자란에 무용연구소의 이름(당시에는 킨조 무용도장)이 처음 표기되기 시작한 것은 1990년이며, 2003년 당시에는 이토무라 씨가 나기나타와 봉카쟈데후와 같이 나미사토 마을의 전통예능으로 지정된 연목까지 지도하고 있었다. 마을 고유의 전통예능이라고 하더라도 이처럼 마을 외부의 전문 예능인과의 교류 속에서 혼용과 모방의 가능성은 항상 있어 왔으며, 요즘은 그러한 외부의 전문 예능인이 바로 무용연구소의 모습으로 나타나고 있다.

전문 예능인의 입장에서 한 마을의 무라아스비 출연자들을 지도하는 것은 자신의 예능 양식을 대중화시키는 데 매우 효과적인 일이다. 그리고 무라아스비의 준비에서 전문 예능인들의 개입과 역할이 커지면 커질수록 여러 마을이 전통예능으로 전승하는 연목의 세부적인 예능 기술과 양식의 유사성은 점점 더 확대될 수밖에 없다. 특히 표 5-4의 전통예능 분류에서 궁중 예능과 전문 예능의 범주를 통해 이러한 경향이 뚜렷하게 나타날 수 있다. 이렇게 되면 마을의 전통예능이라고 하더라도 명목상의 특색과 고유성만을 가질 뿐, 오키나와 각지에서 행해지는 오키나와 전통예능의 일부로 자연스럽게 수렴되는 현상이 벌어지며, 앞에서 말한 여러 정황상 실제로 이러한 경향은 앞으로 계속해서 확대되어 갈 것이다.

전통예능 보유자는 일본 정부나 오키나와현의 문화재로 지정되어 있는 사람만 해도 4백여 명에 이르며,[29] 이들은 다시 사제 관계를 통해 수많은 전문 예능인을 양산하고 있다. 특히 류큐 고전음악 분야에는 단스이류(湛水流), 노무라류(野村流), 아후소류(安富祖流)와 같은 유파도 존재한다. 여기에 문화재 지정이나 유파와 무관하게 활동하는 사람이나, 나미사토 마을의 전통예능 보유자와 같이 과거에는 체계적 훈련을 받지 않은 채 지방에 거주하는 예능인들도 많이 있었던 것 같다.

예능과 관련된 연구소나 도장을 운영하는 사람들은 이처럼 수많은 전문 예능인 중 한 명이거나 그들과 긴밀한 사제 관계를 맺고 있다. 이들은 오키나와현과 일본 정부의 문화 행정 속에서 오키나와적인 것 내지 일본적인 것으로 공인되는 전통예능을 계승하고 창안하는 역할을 하게 된다. 전

29 오키나와현 문화 행정에서 표 5-4의 궁중 예능과 전문 예능은 대체로 무형문화재 예능 부문으로 취급되고, 민속예능은 민속문화재 무형 부문으로 취급된다. 2010년 1월 현재, 구미오도리류 3종(보존회 및 2명), 류큐 고전음악(2명), 류큐 무용(보존회)의 총 5종이 일본 정부의 무형문화재로 지정되어 있고, 오키나와 전통 무용(보존회), 오키나와 전통음악 4종(각 보존회), 야에야마 고전 민요(보유자협회), 류큐 가극(보존회), 야에야마 전통 무용(4명)은 오키나와현 무형문화재로 지정되어 있다. 오키나와 각지에서 열리는 9종의 축제(보존회 또는 마을자치회)는 일본 정부의 민속문화재로 지정되어 있으며, 6종의 민속예능(보존회)은 오키나와현 민속문화재로 지정되어 있다. 그 외에 오키나와의 기초지방자치단체인 시정촌이 지정한 민속문화재도 185종에 이른다. 보존회라는 단체의 이름으로 문화재로 지정된 경우, 민속문화재는 단체의 구성원이 변경되어도 상관하지 않지만, 무형문화재 예능 부문은 보존회에 속한 구성원들의 명단을 확정해 놓고 있다. 지금까지 일본 정부의 무형문화재 예능 부문에서는 구미오도리보존회 91명(27), 류큐무용보존회 39명이 지정되었으며, 오키나와현 무형문화재 예능 부문에서는 오키나와 전통무용보존회 131명(22), 오키나와 전통음악 4종의 보존회 306명(96), 야에야마 고전민요보유자협회 19명(4), 류큐가극보존회 39명(11)이 지정된 바 있다. 괄호 안의 숫자는 사망으로 문화재 지정이 해제된 자의 숫자이다(沖縄縣教育廳文化課 2010 : 90-93, 103-104, 110-114).

문 예능인들은 문화 행정과의 관련 속에서 무엇이 예술적으로 더 우수한 것인가에 대해 고민할 뿐 아니라, 오키나와의 전통으로 규정되는 예능을 의식적으로 계승하고 창안할 수 있는 힘을 갖게 된다. 예술론의 관점에서 무엇이 일본적인 것이고 무엇이 오키나와적인 것인가 하는 것은 따로 깊이 논의해야 할 과제이다. 다만 근대 이후 오키나와의 격심한 정치경제적 변화 속에서도 류큐 왕부의 궁중 예능을 담당하던 예술가 집단으로부터 현대의 전문 예능인들에 이르기까지 일정한 연속성이 존재해 왔으며, 이른바 오키나와의 전통예능을 보존하려는 노력이 지금도 전문 예능인들에 의해 활발하게 전개되고 있다는 사실을 지적할 필요는 있다.

전문 예능인들이 전승하고 창안하는 전통예능은 무라아스비의 장을 통해 현대 오키나와의 대중이 전승하고 실천하는 예능으로 확산되고 있다는 사실 때문에 더 큰 중요성을 가질 수 있다. 무라아스비라는 축제의 장과 수많은 마을 주민들의 축제 조직이 그것을 수용할 태세를 갖추고 있기 때문에, 전문가들의 예능은 고립되거나 보존만 되는 것이 아니라 대중이 공유하는 오키나와의 전통예능으로 자리 잡을 수 있었던 것이다. '전통예능'이 오키나와인의 아이덴티티를 자각시키는 문화적 자원이 된다는 것은 이러한 전문 예능인 집단과 대중의 상호작용을 통해서만 성립될 수 있는 명제일 것이다.

5. 결론

본고는 오키나와의 고유한 연중행사였던 음력 8월 15일의 무라아스비가 현대적 마을 축제로 재구성된 모습을 서술한 것이다. 현대 오키나와의 무라아스비는 지역공동체의 결속에 공헌해 왔을 뿐 아니라, 전통예능의 전승 현장이 되고 있음을 부각시켰다. 이때 '전통예능'은 류큐왕국 시대의 궁중 예능과 이를 계승한 근현대 전통 예술가들의 전문 예능 그리고 민간에서 전해져 오던 민속예능을 포괄하는 것이었다. 류큐왕국의 궁중 예능 계열의 전통예능은 무라아스비의 장을 통해 대중이 전승하는 전통예능으로 자리 잡아 왔으며, 시마(마을)의 전통예능으로서의 지역적 다양성과 오키나와인이라는 소수민족의 전통예능으로서의 상징성을 담아 왔다.

일본의 저명한 민속학자이자 오키나와 연구자였던 오리구치 시노부(折口信夫)는 1945년 8월 제2차 세계대전이 끝난 직후, 그해 5월 도쿄 일본청년회관에서 보았던 류큐 예능 공연을 떠올리며 이런 글을 썼다고 한다. "소문을 들으니, 이번 전쟁으로 산싱을 켜던 신사(紳士)들이 거의 다 죽었다고 한다. 구미오도리를 공연할 수 있었던 선배 배우들도 죽음으로 사라졌다. 그들로부터 겨우 부분 부분을 배워 익힌 중년의 배우들도 모두 흩어지고 사라졌다고 한다. 오키나와 구니가미(国頭) 지방의 산에 핀 붉은 벚꽃처럼 쓸쓸하게도, 뭉게구름처럼 흥겹고 평온한 향기를 내던 오키나와의 음악·무용·연극, 그것들을 종합한 구미오도리도 이제 다시 볼 수 없는 꿈으로 사라져 버렸지. 아, 산싱 줄의 끊어짐. 그렇게 흔적 없이 허망하게 끊어져 버린 야마토(일본)와 오키나와 '민족'의 연분의 끈"(矢野輝雄 1993 : 366-367).

전쟁으로 인한 전문 예능인들의 심대한 인명 피해에도 불구하고, 전후 오키나와 예능은 오리구치가 한탄한 것과 정반대로 불사조와 같은 생명력으로 부활하였다. 산싱에 실린 노래가 포로수용소와 난민 수용소에서부터 울려 퍼졌다. 전쟁 직후 오키나와 최대 규모로 건설된 킨초 야카(屋嘉) 마을의 포로수용소에서는 야카부시(屋嘉節)라는 곡이 창작되어 간카라(식량 배급 통조림 빈 통) 산싱의 리듬을 타고 오키나와 전체로 퍼져 나갔다. 그해 12월

크리스마스에는 인근 이시카와(石川)시 난민촌에서 전후 첫 예능 대회가 열렸고, 다음 해에는 오키나와 민정부가 송·죽·매(松·竹·梅)의 세 극단을 창설시켜 전쟁으로 피폐해진 오키나와 각 지역의 위문 공연을 다니도록 하였다. 1950년대 중반부터는 신문사들이 각종 예능제를 개최하면서 각 지방에 흩어져 있거나 묻혀 있던 우수한 예능인들이 오키나와의 중앙 무대로 속속 집결하게 되었다. 다시 말해 대중의 활발한 예능 활동은 전문 예능인들의 빈자리를 메워 주고 1960년대까지의 예능 부흥을 추동하는 힘이 되었다. 그리고 지금은 매년 8월의 무라아스비를 통해 일본적인 것과 구별되는 오키나와의 전통예능이 면면히 이어지고 있다.

이 글에서 분석한 무라아스비의 전통예능은 오락과 놀이 속에서 오키나와인의 방언, 예술적 감성, 역사의식, 생활 관습 등을 환기시키고, 오키나와적인 것에 대한 친숙함이나 애착을 강화하는 문화적 실천이라고 할 수 있을 것이다. 문제는 그것의 효과뿐 아니라, 전통예능을 활성화시키는 동기 혹은 원인에 관한 것이다. 요즘 오키나와 사람들은 전통예능(덴토게이노) 혹은 전통이라는 말과 실체에 왜 그렇게 집착하는 것일까? 이 글에서는 마을 사람으로서의 정체성 혹은 오키나와 사람으로서의 정체성을 확인하려는 욕구가 무라아스비를 가라오케 경연 대회나 국적 불명의 놀이 행사가 아닌, 전통예능 공연 행사로 만드는 원인이라고 지적하였다.

역사와 운명을 함께하는 공동체에 대한 열망이 집단에 대한 개인의 귀속과 선택을 결정해 주고 개인의 실존적 불안을 해소해 준다는 명제 위에서, 그러한 공동체를 통합해 주는 감성적·사회적 유대와 신화, 상징, 기억, 도덕(가치)이 세대 간에 어떻게 계승되는지를 검토해야 한다는 주장(Smith 1986)을 깊이 음미해 볼 필요가 있다. 무라아스비를 통한 전통예능의 전승이라는 주제를 통해서 볼 때, 공동체에 대한 오키나와인의 열망은 존락(지역)과 소수민족(오키나와)을 향해 있으며, 일본이라는 국민국가의 단위에서는 본토인들에 대해 감성적 유대나 자랑스러운 역사와 기억을 거의 공유하지 못하고 있다. 무라아스비를 통한 예능의 실천과 감상은 촌락과 소수민족 내부의 감성적 유대와 역사 및 기억의 공동체성을 강화하려는 오키나와인의 열망을 표현해 온 것이라고 볼 수 있다. 또한 전통예능의 전승이라고 할 때, 오키나와인은 연속성에 대한 엄청난 집착을 통해 전통을 만들어 가는 경향이 있다. 이러한 논의에서 전통의 발명과 날조를 내셔널리즘과 연결시킨 홉스봄(2004)의 작업처럼 발명되고 날조된 전통을 찾아내고, 과거와 현재의 단절, 근(현)대국가의 새로운 메커니즘만을 강조하는 것이 능사는 아니다. 잠재적 네이션(potential nation : Connor 1994)의 조건 속에서 오키나와인들이 연속성에 대한 집착을 통해 어떤 열망을 표현하고 있는지 실제로 어떤 것이 연속되고 있는지 검증하는 노력도 중요하다.

한편 오키나와의 문화와 예능을 찬양함으로써 미군기지의 과중한 부담과 일본의 사회·문화적 차별을 은폐하는 담론을 경계해야 한다는 지적이 있다. 오키나와의 특유한 문화가 일본의 다문화주의(multiculturalism) 담론에 포섭되어 이국성(exoticism)의 소비 대상이 되거나 일본 문화의 다양성을 표현하는 것으로 규정되는 것을 우려하는 목소리가 그것이다(메도루마 슌 2013).[30] 사실 오키나와 문화의 특유성을 일본 민족주의의 틀 속에 포섭하려는 논리와 실제적 노력은 그 역사가 오래된 것이다. 1920~1950년대 일본인 연구자인 오리구치 시노부와 야나기타 구니오의 오키나와 민속 연구는 일본과 오키나와의 민족적·문화적 동질성을 찾아 나가기 위한 노력이었고,

30 이 책의 제1장의 결론에서도 오키나와 문화 예술의 양면적 가능성에 대해 이야기하고 있다.

오키나와인 연구자인 이하 후유(伊波普猷)는 일본 지식인들의 노력에 호응하는 논리로서 일류동조론(日琉同祖論)을 제창한 바 있다. 이러한 식민주의 이데올로기의 형성은 식민지 조선에서도 일어난 적이 있지만, 조선은 일본에서 독립한 반면 오키나와는 1972년 일본 국가체제로 재편입되어 40년 이상의 세월이 흘렀다.

전통예능 분야는 오키나와인들의 잠재적 민족주의와 일본인들의 민족주의가 지금도 투쟁을 벌이고 있는 장이다. 1972년 이후 오키나와 전통예능을 일본 전통예능의 일부로 위치시키려는 노력은 일본 정부의 문화 행정을 통해 지속되어 왔다. 2010년 현재 구미오도리류 3종, 류큐 고전음악, 류큐 무용(보존회) 등이 일본 국가의 무형문화재로 지정되어 있고, 오키나와 각지에서 열리는 9종의 축제는 일본 국가의 민속문화재로 지정되어 있다. 2004년 국립극장 오키나와의 개장 기념 공연에서는 천황과 정부 관계자들이 구미오도리를 관람하고 찬사를 보냈다. 이후 국립극장 오키나와의 연구자들은 류큐왕국의 궁중 예능에서 일본 전통예능의 요소를 찾아내고 입증하려는 노력을 계속하고 있다.

그러나 이 글에서 중요하게 생각한 것은 일본인들에 의해 어떤 의미나 이미지가 만들어지는 오키나와 전통예능이 아니라, 오키나와인들 스스로가 어떠한 의미를 부여하는 자문화 인식 장치로서의 전통예능이었다. 1990년대 이후 오키나와를 대표하는 전통예능이 된 에이사가 일본 본토 출신 청년들에 의해 폭넓게 연행되고 오락의 대상이 되는 것에 대해 어떤 우려를 표명하기보다는 에이사를 통해 오키나와 출신 청년들의 자문화에 대한 자부심이 성장하는 것에 주목할 필요가 있다. 무라아스비에서 연행되는 전통예능은 에이사만큼 외부인에게 잘 알려지지는 않았지만, 모든 세대의 촌락공동체 구성원에게 자문화의 전통을 인식시키는 장치가 되어 왔다는 점에서 중요하다.

무라아스비의 전통예능은 앞으로 전승의 문제가 관건으로 남아 있다. 오키나와에서도 청장년 세대의 인구가 감소하는 과소화 현상이 진행되고 있지만, 무라아스비의 마을 축제는 여전히 오키나와 각지에서 활발하게 거행되고 있다. 이 글은 2002~2003년 킨초와 코친다초의 무라아스비 자료를 바탕으로 하였지만, 10년이 지난 시점에서 이 지역들의 무라아스비는 더욱 성대하게 치러지고 있으며 인터넷상의 유튜브를 통해서 그 모습을 관람할 수 있는 시대가 되었다.

참고문헌

1. 논문

진필수(2010), 「오키나와(沖縄)의 전통예능 활성화와 소수민족 정체성의 행방—에이사(エイサー)의 사례」, 『한국문화인류학』 43권 1호.

한경구(2007), 「현대 일본인의 중심의 시간과 주변의 시간」, 『한·일사회의 중심과 주변』, 아연출판부.

宮城真治(1931), 「古代沖縄の正月」, 大藤時彦·小川徹 編(1981), 『沖縄文化論叢 2 : 民俗編 I』, 平凡社.

比嘉盛章(1940), 「西表の節祭とアンガマ踊」, 大藤時彦·小川徹 編(1981), 『沖縄文化論叢 2 : 民俗編 I』, 平凡社.

松田武雄(2004), 「字公民館と青年会の芸能活動—金武町並里公民館フィールドワーク—」, 松田武雄 編, 『沖縄の字(集落)公民館研究』, 日本學術振興會科學研究費報告書.

昇曙夢(1927), 「奄美諸島年中行事」, 大藤時彦·小川徹 編(1981), 『沖縄文化論叢 2 : 民俗編 I』, 平凡社.

植松明石(1962), 「沖縄伊是名島の年中祭祀」, 大藤時彦·小川徹 編(1981), 『沖縄文化論叢 2 : 民俗編 I』, 平凡社.

伊波普猷(1974a), 「南島の稲作行事について」, 『伊波普猷全集 第五巻』, 平凡社.

______(1974b), 「琉球作戯の鼻祖玉城朝薫年譜」, 『伊波普猷全集 第三巻』, 平凡社.

______(1974c), 「組踊の独自性について」, 『伊波普猷全集 第九巻』, 平凡社.

中村誠司(2005), 「沖縄の字誌づくり—既刊字誌の目録情報のデータベース化—」, 松田武雄 編, 『戦後沖縄の字(集落)における地域社会教育と自治的諸活動に関する歴史的実証研究』, 日本學術振興會科學研究費報告書.

Connor, W.(1994), "A Nation is a Nation, is a State, is an Ethnic Group, is a⋯," J. Hutchinson and A. Smith ed., *Nationalism*, Oxford University Press.

2. 단행본

메도루마 슌(2013), 안행순 역, 『오키나와의 눈물』, 논형.

에릭 홉스봄 외(2004), 박지향 · 장문석 역, 『만들어진 전통』, 휴머니스트.

진필수(2008), 『오키나와 문화론 : 미군기지와 촌락공동체』, 민속원.

金武區誌編纂委員會 編(1994), 『金武区誌 : 戦前編』, 金武區誌編纂委員會.

大藤時彦 · 小川徹 編(1981), 『沖縄文化論叢 2 : 民俗編 I』, 平凡社.

柳田国男(1961), 『海上の道』, 筑摩書房.

比嘉政夫(1982), 『沖縄民俗学の方法 : 民間の祭りと村落構造』, 新泉社.

上江洲均(2008), 『沖縄の祭りと年中行事』, 榕樹書林.

矢野輝雄(1993[1974]), 『沖縄芸能史話』, 榕樹社.

仲松弥秀(1993), 『うるまの島の古層 : 琉球弧の村と民俗』, 梟社.

沖縄縣教育廳文化課(2010), 『平成21年度版 : 文化行政要覧』, 沖縄縣教育委員會.

Smith, A.(1986), *The Ethnic Origins of Nations*, Blackwell.

3. 신문

『琉球新報』

4. 인터넷 사이트

국립극장 오키나와 http://www.nt-okinawa.or.jp

오키나와 디지털 아카이브 Wonder 沖縄 http://www.wonder-okinawa.jp

http://g0988103.ti-da.net/d2009-11.html

http://taru.ti-da.net/e604864.htm

http://taru.ti-da.net/e604864.html

찾아보기

사항

ㄱ

ㄴ

ㄷ

ㄹ

ㅁ

ㅂ

ㅅ

ㅇ

ㅎ

기타

인명

ㄱ

ㄴ

ㄷ

ㄹ

ㅁ

ㅂ

ㅈ

ㅊ

ㅋ

ㅍ

ㅎ

최초 수록 지면

제1장 오키나와의 아이덴티티 문제와 자문화 인식 | 이지원

2008년에 발표한 「오키나와의 아이덴티티 문제와 자문화 인식」(한국사회사학회, 『사회와 역사』 78집)을 대폭 보완하고 표와 사진을 추가한 것이다.

제2장 오키나와 복귀운동의 역사적 동학 | 정영신

2013년에 발표한 「오키나와 복귀운동의 역사적 동학 : 동화주의의 형성과 전환, 비판을 중심으로」(한림대학교 일본학연구소, 『한림일본학』 23권)를 대폭 수정·보완하고 사진을 추가한 것이다.

제3장 오키나와평화기념공원 형성의 다른 경로 | 김민환

2013년에 발표한 「오키나와평화기념공원 형성의 다른 경로 : '초석론(礎論)'의 영향과 미 군정기의 경험」(한림대학교 일본학연구소, 『한림일본학』 22권)을 수정·보완하고 사진을 추가한 것이다.

제4장 오키나와전투와 '1피트운동'의 기억의 정치 | 주은우

2013년에 발표한 「오키나와전투와 '1피트운동'의 기억의 정치」(고려대학교 아세아문제연구소, 『아세아연구』 통권 154호)를 부분 수정·보완하고 사진을 추가한 것이다.

제5장 오키나와의 무라아스비(村遊び)와 '전통예능'의 전승 양상 | 진필수

2010년에 발표한 「오키나와의 무라아스비(村遊び)와 '전통예능'의 전승 양상」(비교민속학회, 『비교민속학』 42호)을 부분 수정하고 사진 다수를 추가한 것이다.

한림일본학신총서 발간에 즈음하여

1994년에 문을 연 한림대학교 일본학연구소는 당시 불모지와도 같았던 국내 일본학계에 기초적인 문헌을 공급해서 국내 일본학의 기초를 확고히 해야겠다는 목표를 설정하였다. 일본인 연구자가 일본어로 집필한 중요 입문서 또는 개론서를 한글로 번역해서 국내 일본학 연구자와 학습자에게 필독 양서로 제공한다는 취지였는데, 이는 일본 연구자가 일본과 일본인을 어떻게 바라보고 있는지부터 알자는 판단에서였다. 그리고 총 100권을 채우게 될 '한림신서 일본학총서'의 첫 권이 1995년 5월 간행되었다.

그러나 21세기라는 새로운 세기에 부는 바람은 우리에게 새로운 도약과 변화를 요구하고 있다. 젊은 에너지가 만들어 낸 '한류'라는 바람이 세차게 일고 지금도 진화하고 있으며, 통화위기를 극복한 한국 경제가 세계 무대에서 약진을 계속하는 동안 일본 경제는 '잃어버린 20년'이라는 장기 불황에서 헤어나지 못하고 있다. 이러한 와중에 관동대지진이 일어난 지 88년 그리고 한일병합 101년 만인 2011년 3월 11일에 도호쿠(東北)대지진과 쓰나미에 의한 후쿠시마원자력발전소의 멜트다운에 의한 대량의 방사능 누출이라는 초유의 사태를 맞이하였다. 이 재앙은 일본의 사회, 경제, 정치에만 타격을 가한 것이 아니라 일본인 스스로가 그들의 가치관, 윤리관, 규범에 대해서 그리고 미래에 대해서 재고할 것을 요구하고 있다. 한일 양국을 둘러싼 환경이, 한일 양국이 서로를 바라보는 시선이 지난 18년 동안 매우 빠르게 변했고 지금도 진행되고 있다. 이는 한국의 일본학과 일본의 한국학에 대한 거리와 시점을 바꾸고 재설정할 것을 요구하고 있는 것이며, 이러한 변화에 대응하고 한국의 일본학을 더욱 발전시키기 위해서 본 일본학연구소에서는 '한림일본학신총서'를 새로이 내놓는다. 기존의 '한림신서 일본학총서'의 유산을 승계하면서 보다 다양한 시점에서 보다 깊이 있는 일본학을 우리가 향유할 수 있을 때, 미래 지향적인 한일 관계는 물론이고 '동아시아'를 엮는 유산과 기억 그리고 미래를 가질 수 있게 된다고 믿기 때문이다.

2012년 3월

한림대학교 일본학연구소

한림일본학신총서 6

오키나와로 가는 길
Passages to Uchina

초판 1쇄 2014년 8월 29일

지 은 이 이지원 · 정영신 · 김민환 · 주은우 · 진필수
펴 낸 이 한림대학교 일본학연구소
펴 낸 곳 도서출판 소화
등록번호 제13-412호
주 소 서울시 영등포구 버드나루로 69
전 화 02-2677-5890
팩 스 02-2636-6393
홈페이지 www.sowha.com
전자우편 sowha@sowha.com

ISBN 978-89-8410-460-0 94080
978-89-8410-438-9 (세트)

값 22,000원